问题驱动的
中学数学课堂教学

代数与几何卷

曹广福　王海青　张蜀青　吕松涛　著

清华大学出版社

北 京

内 容 简 介

　　本书基于数学内容的思想性针对高中代数与几何内容为中学数学教师和大学师范生以及数学教育研究生提供了建设性意见。对代数与几何的历史做了一番梳理,本着尊重历史与突出数学思想的原则设计了大量案例,其设计源于教材又不拘泥于教材。

　　本书有别于传统的数学教育理论书籍,作者融数十年数学研究经验与教学经验于数学教育研究中,提出了一些新颖的见解,直接面向一线教学提出具体的教学建议,不失为一本具有重要指导意义的一线教师教学参考书。

　　本书适合大学师范生作为教法教材或参考书,也适合中学一线教师作为培训用书或教学指导用书及中学生的参考读物,还适合数学教育研究工作者作为参考书。

图书在版编目(CIP)数据

　　问题驱动的中学数学课堂教学.代数与几何卷/曹广福等著.—北京:清华大学出版社,
2022.4(2025.8重印)
　　ISBN 978-7-302-60275-0

　　Ⅰ.①问…　Ⅱ.①曹…　Ⅲ.①中学数学课－课堂教学－教学研究　Ⅳ.①G633.602

　　中国版本图书馆 CIP 数据核字(2022)第 036843 号

责任编辑:刘　颖
封面设计:傅瑞学
责任校对:王淑云
责任印制:刘海龙

出版发行:清华大学出版社
　　　　网　　　址:https://www.tup.com.cn,https://www.wqxuetang.com
　　　　地　　　址:北京清华大学学研大厦 A 座　　　邮　　编:100084
　　　　社 总 机:010-83470000　　　　　　　　　邮　　购:010-62786544
　　　　投稿与读者服务:010-62776969,c-service@tup.tsinghua.edu.cn
　　　　质量反馈:010-62772015,zhiliang@tup.tsinghua.edu.cn
印 装 者:天津鑫丰华印务有限公司
经　　销:全国新华书店
开　　本:170mm×240mm　　印　张:14.5　　字　数:201 千字
版　　次:2022 年 4 月第 1 版　　　　　　　　印　次:2025 年 8 月第 3 次印刷
定　　价:54.00 元

产品编号:096338-01

理查德·费曼

我不能创造的,我也无法理解

——费曼

许多人认为,理查德·费曼(Richard Feynman,1918 年 5 月 11 日——1988 年 2 月 15 日)是 20 世纪诞生于美国的最伟大的物理学家,一个独辟蹊径的思考者、超乎寻常的教师、尽善尽美的演员,1965 年,他因在量子电动力学方面作出的卓越贡献,获得诺贝尔物理学奖。费曼认为他对物理学最重要的贡献不是量子电动力学或超流理论,而是根据他 20 世纪 60 年代在加州理工学院授课录音整理而成的三卷教材《费曼物理学讲义》。费曼有一种特殊能力,他能把复杂的观点用简单的语言表述出来,这使得他成为一位硕果累累的教育家。在获得的诸多奖项中,他自豪的是 1972 年获得的奥尔斯特教育奖章。

汉斯·弗赖登塔尔

数学教育是数学的再创造

—— 弗赖登塔尔

　　汉斯·弗赖登塔尔（H. Freudenthal,1905—1990）是国际上极负盛名的荷兰数学家和数学教育家。他是著名数学家布劳威尔的学生,早年从事纯粹数学研究,以代数拓扑学和李群研究方面的杰出工作进入国际著名数学家的行列。作为著名的数学家,弗赖登塔尔非常关注教育问题,他很早就把数学教育作为自己思考和研究的对象,在这一点上弗赖登塔尔与其他科学家有所不同,其他高水平的科学家开始关注和投入研究教育问题时往往是在他们年老之后,而弗赖登塔尔被教育问题所吸引从很早就开始了。他本人对此有一个解释:我一生都是做教师,之所以从很早就开始思考教育方面的问题,是为了把教师这一行做好。弗赖登塔尔指导、推动和亲身参与了荷兰的数学教育改革实践,并对 20 世纪国际数学课程的改革与发展作出了重大贡献。弗赖登塔尔一生发表关于数学教育的著述达几百篇（部）,其中三本著作《作为教育任务的数学》《播种和除草》《数学结构的教学现象》用多种文字出版,在国际上产生了很大的影响。

总 / 序

介入中学数学教育已有若干年,我时常在思考一个问题:"数学教育的本质到底是什么? 我们该教给学生什么?"其实很多人都在思考这个问题,也都有自己的认识,有一种"高大上"的说法:"教学生如何思考,如何学习。"可我们真的知道怎么教学生思考吗? 我们真的知道怎么指导学生学习吗? 我们把很多问题都归咎于应试教育,问题是,我们能进行什么样的教育?

诺贝尔物理学奖获得者、著名物理学家、加州理工学院教授理查德·费曼(Richard Feynman)最后一次住院治疗前,在其办公室的黑板上写下:"我不能创造的,我也无法理解"(What I cannot Create, I do not understand)。从教育的角度说,这句话是很有道理的。很多人都读过弗赖登塔尔的《作为教育任务的数学》,我以为,概括起来,《作为教育任务的数学》表述了两个基本观点:①数学教育应该结合学生的生活体验与数学现实;②数学教育是数学的"再创造"。虽然我对于弗赖登塔尔在《数学教育再探》《除草与播种》等论著中的一些观点持保留意见,但我相信,无论是数学教育工作者还是数学教育研究者乃至教材编写者,大概都会认同弗赖登塔尔的这两个观点。然而,如何结合学生的生活体验与数学现实? 实际操作时往往会出现问题。中学数学教材无论是引入一个概念还是建立一个定理,通常都会创设一些问题情境,其目的也正是为了体现与学生的生活体验相结合。问题是,我们为什么要创设这样的问题情境? 它真的能反映出我们所建立的概念或定理的科学本质吗? 以复数的引入为例,几乎所有的教材都是以 $x^2+1=0$ 在实数范围内无解所以需要扩充数域作为复数导入的问题情境。有些人认为,从代数的角度看,无非是定义一些抽象的运算使之成为一个代数或域,对抽象代数耳熟能详的人来说,这的确是一件自然的事情。可如果一个中学生问你:"老师,为什么要研究 $x^2+1=0$ 这样的方程?它有意义吗?"教师该如何回答?如果你无法回答学生的问题,你又如何让学生相信这个概念是重要的?学生又如何知道该怎样使用这套理论?结合学生的生活体验与数学现实的具体体现是创设合适的问题情境,但这个问题情境应该是有价值的真实情境,而不是虚无缥缈、不着边际的虚假或毫无意义的情境,与其这样,还不如直截了当地引入数学概念。

　　说到真实的问题情境,必然涉及另一个本质问题,什么叫数学的"再创造"?如果教师自己都不知道数学是怎么被创造出来的,他(她)又如何引导学生去"再创造"?教师或数学教育研究工作者固然有别于数学研究工作者,教师与数学教育研究工作者可以不必做具体的数学研究,但至少应该懂数学,具备数学的鉴赏能力,否则他(她)的教育或研究必然是空中楼阁,甚至不知所云,缺少实际的可操作性。

　　小学数学教育属于启蒙教育,需要教育学、心理学的指导,一个小学数学教师如果对教育学、心理学一无所知,那他一定是个不合格的教师。但从中学开始,数学内容的思想性上升为数学教育的核心,应该将数学的"再创造"作为数学教育的灵魂。这就给数学教师与数学教育研究工作者提出了一个严肃的问题:"我们真的懂数学吗?我们具备数学鉴赏能力吗?我们到底该从事或研究什么样的数学教育?"如果我们不懂数学,不具备数学的鉴赏能力,我们又如何引领学生进行数学的"再创造"?除了依样画葫芦,还能干什么?

　　任何数学概念与定理都不是数学家或物理学家头脑中的臆想物,都有其产生的背景,有些概念甚至经过了数百年的考验才最终登堂入室得到广泛的认同,还有些理论曾让数学家与物理学家们争论不休,甚至引起了极度的恐慌。如果数学只是数学家的游戏,那么它就不会被科学家们深究不放,不弄清楚其真面目誓不罢休。可以说,直至微积分,一切的数学都离不开现实与自然科学,即使是现代数学,追根溯源起来,也与自然科学有着千丝万缕、述说不清的渊源。数学课堂怎么引导学生"再创造"?有一种观点认为越简单越好,不要把简单问题复杂化,果真如此,最简单的做法是单刀直入、开门见山地告诉学生一个数学概念或定理,就如前面提到的复数那样。如果是这样,我们从事的还是数学教育吗?恐怕充其量不过是数学知识的传授,而且其中夹杂着很多虚假的成分使学生难辨真伪。

要做好数学教育研究,首先需要了解数学,懂得鉴赏数学。这就好比音乐教师给学生分析一首歌,如果教师不清楚音乐表达的是一种什么样的情感,不知道词曲作者创作该曲的背景,甚至连乐曲是什么调、什么节拍都不甚了解,他(她)又怎么向学生剖析?从这个意义上说,无论是搞数学教育还是做数学教育研究,有必要先学好数学,学会鉴赏数学。

数学教育该以什么样的方式进行?这本无一定之规,课堂是教学的最基本形式,少数有天赋的学生也可能自学成才或者因为特定的环境脱颖而出,就大众而言,通常都需要经过课堂教学这样的特定形式。数学教育是否需要改革?答案是肯定的。问题是改什么?为什么要改?

数学对于数学教师与数学教育研究者而言应该是个"白箱",换言之,数学教师与数学教育研究者应该对数学有透彻的了解,这种了解并非指你是否懂得某个概念与定理,知道怎么用它们,更重要的是,你要清楚概念与定理产生的背景以及它们的科学价值。我们常常把数学文化放在嘴上,可我们真的了解什么是数学文化吗?数学文化不等于介绍一些数学史,或者开展一些课外数学兴趣活动,更重要的是,数学文化体现在每一节数学课的教学过程中。打个比方,一幅画摆在你的面前,如果你是个普通的观赏者,你可能朦胧地觉得这幅画好不好看,至于怎么个好看法,你就说不出所以然来了,如果你面对的是一幅抽象派的画作,你可能压根就无法判定它是好还是不好。但如果你是个专业的鉴赏家(不一定是画家),那么你可能不仅了解作者是谁,是在什么背景下画的这幅画(历史),可能还知道这幅画表达了作者什么样的情感,并能解读出画中的每一个细节(文化)。当然,光线、构图、色彩等则是画家与鉴赏家的基本功(内容)。任何一个高水平解说员对你解说一幅画作的时候一定不会仅仅停留在作者是怎么用光的,构图如何,用了什么色彩,而是向你解释,如此用光是为了表达什么样的意境,构图为什么精巧,色彩表达了什么样的感情,包括远近高低、清晰模糊等都传递了什么信息,这就是文化。数学也是如此,只不过与绘画相比,它更为抽象,需要具备与众不同的鉴赏能力才能读懂,我们有多少数学课堂传递了数学文化? 如果教师做不到,还奢谈什么数学文化?

数学对于学生而言好比"黑箱",数学教师与数学教育研究工作者不仅应该了解数学知识,更应该了解数学文化,知道数学在表达什么,它缘何产生,对数学乃至自然科学产生了什么影响,它的重要性体现在哪里? 我们如何判断一个数学结果的好坏? 好在哪里? 不好在哪里? 只有这样才能引导学生一步一步地揭开"黑箱"的秘密。

课堂教学的最高境界是什么? 是自由王国,还是无招胜有招。

很多人认为教师讲课应该好好写备课笔记,讲什么、重点难点是什么应该做到心中有数。这些自然有一定的道理,但知道重点难点就算备好课了吗? 假如让你在不同的时间里给两个班上同样内容的课,你第一次上课与第二次上课有没有差别? 差别在哪里? 对于新教师来说,也许两次课基本没有什么差别,因为他或者照着讲义(PPT)读,或者把讲义熟记了下来,可以一字不漏地把讲义内容背出来。这样的课成功与否取决于你讲义的水平如何,但不管如何成功,这样的课都算不上高水平的授课。那什么是高水平的授课? 无论你重复讲多少次同样内容的课,你使用的语言都可能各不相同,但意思却是一样的,也就是说,你抓住的是课程的精髓与思想,至于用什么样的语言来表达则是次要的。尤其是有了多媒体之后,很多东西完全可以通过屏幕展示,无须教师费事书写。说到底,语言与文字只是知识的载体,知识又是思想的载体,教师的任务是通过语言将知识所承载的思想传递给学生,而要达到这种境界,绝不是站在与所传授的知识同一水平线上能够做到的,教师需要站在更高的层面上才能真正看清楚知识所承载的思想,否则他(她)只能是照本宣科、依样画葫芦。

教师的教学有层次上的差别。如果教师的课堂教学仅仅停留在就知识论知识上,没有对知识的独立见解,也没有对知识的主客观评判,那么,他的教学就仅仅停留在传授知识的层面上。如果教师的课堂教学具有对概念、原理的深入剖析，而且这种剖析蕴含着自己对知识的独到见解，这种见解也许基于对历史的了解，也许基于自身的研究积累，那么他的教学就有了文化内涵。这就是课堂教学中知识与文化的差别。

很多人认为教学水平取决于教学经验的积累，此言大谬。教学经验的积累的确可以让教师的教学变得更加成熟，但未必能决定他教学的高度，换句话说，经验的积累可以在同一层面上使他的教学更完善，例如教态、语言、板书等都可以通过经验的积累逐步规范与提高。然而，决定教师教育高度的根本因素则是教师的眼界与素养。如果一个教师能够抓住问题的本质，有对问题的独到见解，哪怕他的语言不够规范，仪表不够端庄，板书不够工整，他的教学也是高水平的。反之，如果教师缺少把握本质问题的能力，教学只是停留在细枝末节上，无论他的举止多么高雅，语言多么幽默，板书多么工整，他的教学也是低水平的。

有人说："教育的关键是教会学生如何学习。"问题是如何教会学生学习？这是个值得探讨的问题。学会学习的根本在于掌握基本的思维方法，能否掌握思维方法与思想取决于你对相关学科的鉴赏力。教师传授思想的过程就是教会学生如何学习、如何鉴赏的过程。

本书着眼于高中数学内容的思想性，为教师们的教学和大学师范生以及数学教育研究生的教育实习提供了建设性意见，书中针对教材内容与课堂教学给出了大量案例分析，同时设计了部分高中数学内容的教案供一线教师参考。

本人非数学教育专业出身，无非是凭借多年从事数学研究与数学教学的经验发表一些粗浅的认识，行文素喜信马由缰，不专业之处在所难免，也算是为中国数学教育研究添一块另类的砖头。谬误之处，恭请专家批评指正。

曹广福

2018 年 4 月

本 / 卷 / 序

与前三卷相比,本卷的完成颇不容易,如今终于付梓,也算是了却了又一桩心愿。与前三卷不同的是,本卷内容涉及面较宽,在高考中亦占据了比较重的分量,篇幅的控制是个难题,这就需要有所取舍,所幸最终控制在与前几卷篇幅相当的范围内。

高中学段的代数与几何包括"不等式""向量""立体几何"以及"圆锥曲线",这些内容都是中学传统内容,一线教师耳熟能详。新版教材的体系有所变化,例如不等式的要求有所降低,立体几何在必修与选修中皆有所涉及,这些问题老师们自然一清二楚,此处无须赘述。

与前几卷的写作风格类似,每个部分均力图将相关历史进行一番梳理,以方便读者了解其脉络,这里想针对这个问题稍微展开谈一谈。众所周知,教材是课堂教学的重要参考,但它不同于教案,更不可能把本该教师课堂上做的事一并做完。如果把教材比喻成小说的话,教师的教案则是根据小说改编的剧本,课堂则是根据剧本拍出来的电影或电视剧。剧本不可能是小说的重复,电影或电视剧也不完全是剧本的可视化再现,其中均包含了编剧与导演的再创作元素。与影视不同的是,教师既是编剧又是导演,同时还是演员,担任了三重角色。教材受篇幅限制,很难面面俱到地将某个知识模块的前因后果梳理清楚。然而实际教学过程中如果不把问题的来龙去脉交代清楚,学生也只能熟记知识却不知这些知识缘何产生,其中蕴藏着何种奥妙,所谓的核心素养也就无从谈起了。

数学教育与数学教学是两个不同的概念,一个人只要站在讲台上教数学,他就是在从事数学教学工作,但他的教学能否称之为教育,则要看他教给了学生什么。课程标准说得很清楚,数学教育要培养学生的数学素养,而且还归纳出了六大核心素养。问题是数学课堂如何落实这些核心素养？如何使得核心素养不再成为改革的口号？恐怕关键在教师。教师要培养学生的素养，自己首先要具备这种素养。至于怎么将这种素养传递给学生，那是个教法问题。数学教育的本质是什么？这是个比较大的哲学问题，但有一点是众所周知的，无论是什么学科，都是在不断发现问题、分析问题、解决问题的过程中慢慢形成的，无一例外。正如希尔伯特所说："一个学科，如果能不断的提出问题，那么它就充满活力。"既然数学教育是数学的再创造，当然是引导学生完成这种再创造，而"问题"则是完成再创造的根本。"再创造"依赖于我们的"直觉""思辨""逻辑演绎与计算"能力。知识本身不是教育的目标，而是完成教育的载体，教师最终需要教给学生的是创造这些知识的方法与手段，也可以说是知识背后的思想方法。数学直觉与思辨能力需要在日常的教学过程中不断熏陶，通过对特例或低一级事物的感知、概括过渡到对一般性与高一级事物的直觉。

　　不等式的历史十分悠久，等式的历史有多长，不等式的历史便有多长。然而，我们发现，试图将不等式的历史做一个完整的梳理几乎是不可能的。不等式的著作很多，但似乎没有任何一部数学史书专门谈及这个方面。之所以如此，或许与不等式缺少系统性有关，它遍及数学的每个领域，作为重要的技巧，它被所有人日常使用，却不能自立门户。有人说数学是工具学科，数学是不是工具学科姑且不论，但不等式的确是任何领域使用得极其频繁的工具。中学阶段介绍的不等式不过是不等式之沧海一粟。目前的教材对不等式进行了一些压缩，鉴于不等式在各种估计、估算中确实很重要，所以本书还是保留了传统的内容，对现行教材做了适当补充，供需要的读者参考。

　　相比于古老的不等式与欧几里得几何，系统的向量理论则相对年轻一些，它对数学产生的影响甚为深远，从有限维向量空间（也叫线性空间），到无穷维向量空间，直到微分几何中的切丛、拓扑学中的向量丛、李群中的李代数等无不体现了向量空间的重要性。

　　对几何的历史梳理主要是圆锥曲线部分，欧几里得几何的历史是大家耳熟能详的,本书并未浓墨重彩地介绍。鉴于圆锥曲线的发展比较复杂,先后经历了三个历史时期,涉及纯几何、光学以及坐标几何,如果不把历史梳理清楚,便很难找到合适的教学切入点。就圆锥曲线的教学而言,课堂最难处理的部分也许是概念课,很多人都是根据"动点到两定点的距离之和为常数"直接引入椭圆的定义。问题是怎么想到找两个定点的?又是怎么发现动点到两个定点距离之和为常数的?不熟悉圆锥曲线的历史恐怕很难向学生解释清楚上述问题,课堂上只能照本宣科。了解历史的目的不是为了课堂上介绍历史,而是帮助我们寻找合适的教学切入点,找到概念产生的本原性问题,从而引导学生在分析问题的过程中重建圆锥曲线的概念。

　　需要特别说明的是,书中部分图片并非我们的原创,而是直接复制过来的,特向原作者表示感谢!对教材内容的处理是否合适也需要实践检验,欢迎读者提出宝贵意见。

曹广福

2021 年 11 月

目 / 录

第3章　立体几何　/ 76

第4章　圆锥曲线　/ 144

第1章　不等式

1.1　不等式简介

1.1.1　不等式概述

　　本节并非介绍不等式的历史,试图梳理出不等式的详细历史可能是一件困难的事情,事实上,各种数学史图书中极少有不等式的专门介绍。究其原因,也许是不等式作为实用工具,自身并无系统的理论所致。

　　虽然有关不等式的历史少有详细介绍,但其产生不仅源远流长,而且贯穿古今数学的几乎所有领域,从最古老的数的大小比较,到后来的代数式比较,以及近现代的最大、最小值问题,优化问题,各种估计,无不体现出不等式的重要性与强大威力。

　　不等式内容之庞杂,远非中学阶段一两个章节的内容所能概括,无论是初等不等式还是微分、积分不等式乃至变分不等式,几乎每一个部分都可以写成一本书。实际上专门介绍不等式的书籍已经有很多,例如哈代、利特尔伍德、波利亚合著 *Inequalities*[1] 就是关于不等式的大部头著作。至于针对中学数学所涉及不等式的各种参考书更是数不胜数,这里就不一一列举了。

　　不等式的技巧性极强,或许正因为如此,很多不等式均以人的名字命名,这些不等式不仅著名,而且在处理很多问题时发挥着非常重要的作用,有些不等式还有着很强的几何背景。新版教材将不等式内容弱化是个值得斟酌的问题,即使到了大学高年级课程,虽然涉及的大多是微分、积分不等式,但其基本技巧离不开初等不等式。例如函数空间 L^p 中赫尔德

(Hölder)不等式的证明虽然有一定的技巧性,但其技巧的本质依然是初等不等式。由此可见,初等不等式是未来进行各种估计必备的基本工具,即使不以数学研究为目标,也不宜弱化,这与三角公式不宜弱化是一个道理。

1.1.2 几类著名的不等式

这里拟介绍几类常用的不等式及其拓展,这些不等式不仅其证明方法具有代表性,而且使用的频率也比较高。

1. 算术—几何平均不等式

算术—几何平均值最早出现在欧几里得(Euclid)的《几何原本》中,中学教材仅限于两个量的情形,称为基本不等式,即

$$\sqrt{ab} \leqslant \frac{a+b}{2},$$

这里 a, b 都是非负数。基本不等式的证明方法有很多种,但在证明之前,首先需要理解这个不等式的重要性。从现代的角度看,这个不等式反映的是线性运算(数乘与加法)与非线性运算(乘法)之间的转换,化非线性运算为线性运算的思想自古有之,例如为了计算大数乘除法而产生的对数运算便是如此。从实用的角度看,算术—几何平均不等式可以帮助我们通过代数式的缩放完成代数式的简化与估计,包括最大值、最小值的计算。

基本不等式的证明并非一件复杂的事,将不等式

$$(\sqrt{a} - \sqrt{b})^2 \geqslant 0$$

展开便可以完成证明。这个不等式也有几何化的证明,但有些证明显得颇为生硬,有霸王硬上弓之嫌,需要仔细观察才能看清楚几何图形面积之间的关系。证明大意为,以长为 $a+b$,宽为 b 作矩形,取 $a+b$ 的一半 $\frac{a+b}{2}$ 为边作正方形,如图 1.1 所示放置,通过这个图不难找到基本不等式的证明。

另一个几何化证明则直观自然了许多,以 $a+b$ 为斜边任作一个直角三角形,从直角顶点引斜边的垂线,即斜边上的高,记垂线的长为 c,则该

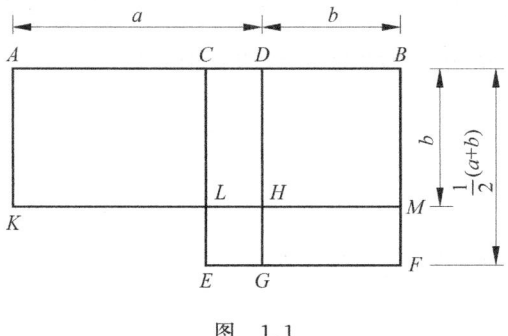

图 1.1

垂线将直角三角形分成了两个小的相似直角三角形,根据相似比很容易证明 $c=\sqrt{ab}$ 。至于 c 为什么不会超过 $\dfrac{a+b}{2}$,估计一般学生也不难看出来,因为只要以 $a+b$ 为直径作一个圆,便知道 c 是垂直于直径的弦的一半,它自然不会超过直径的一半。

从基本不等式到一般的算术—几何平均不等式需要著名的数学归纳法,这个重要工具来自莫洛克斯(Morlocks,1494—1575)、帕斯卡(Pascal,1623—1662)、伯努利(Bernoulli,1654—1705)及柯西(Cauchy,1789—1857)等人。《不等式》[1]一书中便使用了数学归纳法。

所谓算术—几何不等式指的是对任意 n 个非负数 $a_1, a_2, \cdots, a_n$,有

$$\sqrt[n]{a_1 a_2 \cdots a_n} \leqslant \frac{a_1 + a_2 + \cdots + a_n}{n}。$$

$n=2$ 时便是基本不等式,有些中学数学拓展材料中也包含了算术—几何不等式的一般情形。学生只要熟悉数学归纳法,对算术—几何不等式的证明便不难理解。

对于 $n=2$,前面已经证明。假设 $n=k$ 时,有

$$\sqrt[k]{a_1 a_2 \cdots a_k} \leqslant \frac{a_1 + a_2 + \cdots + a_k}{k},$$

需要证明 $n=k+1$ 时,有

$$\sqrt[k+1]{a_1 a_2 \cdots a_{k+1}} \leqslant \frac{a_1 + a_2 + \cdots + a_{k+1}}{k+1}。$$

比较自然的想法是分离出其中一项从而转换成 $n=k$ 的情形,但简单的分解是完不成证明的,这里需要一点技巧。不妨记

$$A_k = \frac{a_1 + a_2 + \cdots + a_k}{k},$$

则

$$A_{k+1} = \frac{a_1 + a_2 + \cdots + a_{k+1}}{k+1}$$

$$= \frac{(k+1)A_{k+1} + (k-1)A_{k+1}}{2k}$$

$$= \frac{\dfrac{a_1 + a_2 + \cdots + a_k}{k} + \dfrac{a_{k+1} + A_{k+1} + \cdots + A_{k+1}}{k}}{2}$$

$$\geqslant \frac{\sqrt[k]{a_1 \cdots a_k} + \sqrt[k]{a_{k+1} A_{k+1} \cdots A_{k+1}}}{2}$$

$$\geqslant \sqrt{\sqrt[k]{a_1 \cdots a_k} \sqrt[k]{a_{k+1} A_{k+1} \cdots A_{k+1}}}$$

$$= \sqrt[2k]{a_1 \cdots a_k a_{k+1} A_{k+1} \cdots A_{k+1}}。$$

这说明

$$A_{k+1}^{2k} \geqslant a_1 a_2 \cdots a_{k+1} A_{k+1}^{k-1},$$

即

$$A_{k+1}^{k+1} \geqslant a_1 a_2 \cdots a_{k+1},$$

两边开 $k+1$ 次方便得证明。

上述证明告诉我们一个事实,数学归纳法的运用是灵活多样的,其关键在于寻找到合适的降维方法将 $k+1$ 的情形转化为 k 的情形。

算术—几何平均不等式的证明方法也不是唯一的,例如还可以利用不等式 $e^x \geqslant x+1 (x \geqslant -1)$ 进行证明。这个方法的思路是比较自然的,因为加法运算移到指数上就变成了数的乘法运算,只需要选择合适的 x 便可。也有些相关问题可以利用对数的性质,因为对数可以化乘积为和,这是比较和与积大小关系时常用的手段,有兴趣的读者不妨尝试一下。

2. 柯西不等式

柯西（Cauchy）不等式有很多种形式，也有很多推广，其意义已经远远超出了不等式本身，尤其是将其与几何相结合时，便与另一个重要概念紧密相连，那就是向量的内积。

柯西不等式的最早形式是纯初等的，它是说对任意两组实数 $a_1, a_2, \cdots, a_n$ 与 $b_1, b_2, \cdots, b_n$，有

$$\left(\sum_{i=1}^{n} a_i b_i\right)^2 \leqslant \left(\sum_{i=1}^{n} a_i^2\right)\left(\sum_{i=1}^{n} b_i^2\right)。$$

这个不等式的证明并不难，至少可以找到两种方法，一种方法是利用拉格朗日（Language）恒等式

$$\left(\sum_{i=1}^{n} a_i b_i\right)^2 = \left(\sum_{i=1}^{n} a_i^2\right)\left(\sum_{i=1}^{n} b_i^2\right) - \sum_{1 \leqslant i < j \leqslant n} (a_i b_j - a_j b_i)^2$$

导出（这个等式的证明是平凡的，两边展开即可）。由上述等式中右端第二项 $\sum_{1 \leqslant i < j \leqslant n} (a_i b_j - a_j b_i)^2$ 非负立得证明，从拉格朗日恒等式还可以看出，当且仅当两组数对应成比例时，柯西不等式成为等式。

另一种方法是设一个参数 λ，由于

$$\sum_{i=1}^{n} (a_i - \lambda b_i)^2 \geqslant 0,$$

将左边展开，得到一个关于参数 λ 的一元二次不等式，由一元二次式非负可知其判别式

$$4\left(\sum_{i=1}^{n} a_i b_i\right)^2 - 4\left(\sum_{i=1}^{n} a_i^2\right)\left(\sum_{i=1}^{n} b_i^2\right) \leqslant 0,$$

由此便得柯西不等式。如果上述不等式成为等式，意味着关于 λ 的二次函数与坐标轴有唯一交点，即

$$\sum_{i=1}^{n} (a_i - \lambda b_i)^2 = 0$$

有解，换言之，存在 λ_0，使得

$$\sum_{i=1}^{n} (a_i - \lambda_0 b_i)^2 = 0,$$

即两组数对应成比例。反之，如果两组数对应成比例，柯西不等式成为等

式是显而易见的。

如果将上述两组数分别记为

$$\boldsymbol{a} = (a_1, a_2, \cdots, a_n), \quad \boldsymbol{b} = (b_1, b_2, \cdots, b_n),$$

则 $\boldsymbol{a}, \boldsymbol{b}$ 可视为 n 维欧几里得空间中的向量,其内积恰好是

$$\boldsymbol{a} \cdot \boldsymbol{b} = \sum_{i=1}^{n} a_i b_i,$$

$\boldsymbol{a}, \boldsymbol{b}$ 的长度分别为

$$\| \boldsymbol{a} \| = \sqrt{\sum_{i=1}^{n} a_i^2}, \quad \| \boldsymbol{b} \| = \sqrt{\sum_{i=1}^{n} b_i^2}。$$

于是柯西不等式可以写成

$$| \boldsymbol{a} \cdot \boldsymbol{b} | \leqslant \| \boldsymbol{a} \| \| \boldsymbol{b} \|。$$

中学不介绍高维空间中的内积概念,但可以在二维或三维空间中将两者联系起来看。由内积的定义

$$\boldsymbol{a} \cdot \boldsymbol{b} = | \boldsymbol{a} | | \boldsymbol{b} | \cos \alpha (\alpha \text{ 是 } \boldsymbol{a} \text{ 与 } \boldsymbol{b} \text{ 的夹角})$$

知不等式

$$| \boldsymbol{a} \cdot \boldsymbol{b} | \leqslant | \boldsymbol{a} | | \boldsymbol{b} |$$

是自然的,等式成立当且仅当两向量平行,即对应分量成比例。正是因为柯西不等式与向量内积之间的这种联系,使得在高维空间中有了定义向量夹角的可能,例如在 n 维欧几里得空间中,如果两个向量的内积等于 0,则称它们相互垂直。这一思想还可以推而广之,引入到函数空间甚至更一般的抽象空间中,傅里叶(Fourier)分析理论正是基于这一思想。不妨回顾一下微积分中的傅里叶级数:如果 f 是黎曼(Riemann)可积的周期函数(不妨设周期为 2π),则 f 有傅里叶展开

$$f \sim \sum_{n=0}^{\infty} (a_n \cos nx + b_n \sin nx),$$

上述展式中的"~"不能简单地改成等号。事实上,何时可以划等号是个迄今悬而未决的问题,这个问题最初由鲁津(Luzin)提出来,它不仅是傅里叶分析的重要研究课题,也因此产生了一门新的学科——调和分析。然而,如果给 f 一些约束条件,这个问题可以得到完美的解决。例如,假设 f 在

$[-\pi,\pi]$ 上平方可积,则有

$$f = \sum_{n=0}^{\infty} (a_n \cos nx + b_n \sin nx)。$$

不熟悉勒贝格(Lebesgue)积分的读者不妨把上面提到的可积性理解成黎曼积分。

傅里叶展开式与柯西不等式有何关系?要说清楚这个问题,就需要涉及上述级数的收敛性了。如果把 $[-\pi,\pi]$ 上所有平方可积的函数放在一起,就构成了一个集合,通常记为 $L^2([-\pi,\pi])$,即

$$L^2([-\pi,\pi]) = \left\{ f \mid \int_{-\pi}^{\pi} f^2 \, \mathrm{d}x < +\infty \right\}。$$

为便于理解,这里依然淡化积分的内涵,只要不涉及完备性,不妨理解成黎曼积分。我们可以在 $L^2([-\pi,\pi])$ 中引入内积概念:

$$\langle f, g \rangle = \int_{-\pi}^{\pi} fg \, \mathrm{d}x, \quad f, g \in L^2([-\pi,\pi])。$$

不难验证,$\langle \cdot, \cdot \rangle$ 满足内积的所有性质。我们把它称为 $L^2([-\pi,\pi])$ 中的内积,$L^2([-\pi,\pi])$ 称为内积空间。

为什么把 $L^2([-\pi,\pi])$ 称为空间?它与欧几里得空间之间有什么相似之处吗?欧几里得空间中的点与向量是对应的,所以也把它称为向量,指的是原点为始点,该点为终点的向量,欧几里得空间中的向量具有线性运算,其线性运算与内积之间满足通常的运算法则(可以类比数的加法与乘法运算法则)。那么 $L^2([-\pi,\pi])$ 中的点是否具有与欧几里得空间中的点类似的性质呢?例如,$L^2([-\pi,\pi])$ 中两个函数的和是不是还在其中?这个问题并不那么平凡,要验证这件事,即要验证两个平方可积函数的和是不是还是平方可积的,证明的关键恰恰是下面的不等式:

$$\left(\int_{-\pi}^{\pi} fg \, \mathrm{d}x \right)^2 \leqslant \left(\int_{-\pi}^{\pi} f^2 \, \mathrm{d}x \right) \left(\int_{-\pi}^{\pi} g^2 \, \mathrm{d}x \right)。$$

事实上,只需要把 $(f+g)^2$ 展开成 $f^2 + g^2 + 2fg$ 便不难明白。这个不等式也称为柯西不等式,可见柯西不等式在研究内积空间中的作用有多大。实际上,柯西不等式是内积空间中向量固有的特征。

既然把 $L^2([-\pi,\pi])$ 中的点称为向量,它有"长度"吗?回顾一下欧几里得空间中向量的长度,类比到 $L^2([-\pi,\pi])$ 中,不难找到长度的定义,似乎应该定义为

$$\| f \| = \left(\int_{-\pi}^{\pi} f^2 \, \mathrm{d}x\right)^{\frac{1}{2}}。$$

如果以此作为长度的定义,函数 1 的长度是多少?直接计算不难得知 $\|1\| = \sqrt{2\pi}$,这有点不合常理,问题出在积分区间的长度并不等于 1,合理的做法是把区间的长度抹去,即定义

$$\| f \| = \left(\frac{1}{2\pi}\int_{-\pi}^{\pi} f^2 \, \mathrm{d}x\right)^{\frac{1}{2}} = \frac{1}{\sqrt{2\pi}}\left(\int_{-\pi}^{\pi} f^2 \, \mathrm{d}x\right)^{\frac{1}{2}}。$$

在上述定义之下,显然有

$$\langle f,g \rangle \leqslant \| f \| \| g \|。$$

现在不妨重新审视一下傅里叶级数,微积分教材中通常会有下面一组积分式:

$$\int_{-\pi}^{\pi} \sin nx \cos mx \, \mathrm{d}x = 0, \quad n,m \in \mathbf{N},$$

$$\int_{-\pi}^{\pi} \sin nx \sin mx \, \mathrm{d}x = 0, \quad n \neq m,$$

$$\int_{-\pi}^{\pi} \cos nx \cos mx \, \mathrm{d}x = 0, \quad n \neq m。$$

如果用内积的符号来表示即

$$\langle \sin nx, \cos mx \rangle = 0, \quad n,m \in \mathbf{N},$$

$$\langle \sin nx, \sin mx \rangle = 0, \quad n \neq m,$$

$$\langle \cos nx, \cos mx \rangle = 0, \quad n \neq m。$$

再算一算 $\int_{-\pi}^{\pi} (\sin nx)^2 \, \mathrm{d}x$ 及 $\int_{-\pi}^{\pi} (\cos nx)^2 \, \mathrm{d}x$ 会发现,这些函数都是单位向量,于是 $\{\sin nx, \cos mx\}$ 构成了一组标准正交的序列。

费了如此多笔墨到底为了什么?为的是那个傅里叶展开式与函数是不是相等!要知道是不是相等,首先要搞清楚是何种意义下的相等,这就涉及级数的收敛性,既然在空间里看,当然是按照空间里的某种"度量"收

敛。前面已经定义了向量的长度,最自然的收敛方式便是按向量的长度(也叫范数)收敛。记级数的前 m 项和为

$$S_m = \sum_{n=0}^{m}(a_n\cos nx + b_n\sin nx),$$

需要考察的是对于 $f \in L^2([-\pi,\pi])$,是否有

$$\|S_m - f\| \to 0?$$

如果善用柯西不等式便不难回答上述问题,而且会得到另一个有趣又很著名的不等式(贝塞尔(Bessel)不等式),有兴趣的读者不妨自己寻找答案,如果能把上述问题搞清楚,抽象的可分(也有不可分)希尔伯特(Hilbert)空间(完备的内积空间)中的正交基(直角坐标系)问题就不是什么疑难事了(有兴趣者不妨参看任何一本泛函分析教材,例如曹广福,严从荃编写的《实变函数论与泛函分析》[2])。

柯西不等式也可以推广到序列空间 $l^2 = \left\{\{x_n\} \mid \sum_{n=1}^{\infty} x_n^2 < \infty\right\}$,对应地有

$$\left(\sum_{n=1}^{\infty} x_n y_n\right)^2 \leqslant \left(\sum_{n=1}^{\infty} x_n^2\right) \cdot \left(\sum_{n=1}^{\infty} y_n^2\right),$$

其中 $\{x_n\},\{y_n\} \in l^2$,其证明与经典柯西不等式大同小异。

柯西不等式的另一个推广方向是通过"长度"(范数)的变化得到新的不等式,这就是所谓的赫尔德不等式:对任意两组实数 $a_1,a_2,\cdots,a_n$ 与 $b_1,b_2,\cdots,b_n$,有

$$\left|\sum_{i=1}^{n} a_i b_i\right| \leqslant \left(\sum_{i=1}^{n}|a_i|^p\right)^{\frac{1}{p}}\left(\sum_{i=1}^{n}|b_i|^q\right)^{\frac{1}{q}},$$

其中 $p,q > 1$ 满足 $\dfrac{1}{p} + \dfrac{1}{q} = 1$。类似地,也可以引入序列空间

$$l^p = \left\{\{x_n\} \mid \sum_{n=1}^{\infty}|x_n|^p < \infty\right\},$$

赫尔德不等式在此序列空间中依然是成立的:对任意 $\{x_n\} \in l^p$,$\{y_n\} \in l^q$,有

$$\left|\sum_{n=1}^{\infty} x_n y_n\right| \leqslant \left(\sum_{n=1}^{\infty}|x_n|^p\right)^{\frac{1}{p}}\left(\sum_{i=1}^{\infty}|y_n|^q\right)^{\frac{1}{q}},$$

其中 $p,q>1$ 满足 $\dfrac{1}{p}+\dfrac{1}{q}=1$。还可以定义函数空间 $L^p([-\pi,\pi])$，$p\geqslant 1$，

对任意 $f\in L^p([-\pi,\pi])$，$g\in L^q([-\pi,\pi])$，有赫尔德不等式

$$\left|\int_{-\pi}^{\pi}fg\,\mathrm{d}x\right|\leqslant\left(\int_{-\pi}^{\pi}|f|^p\,\mathrm{d}x\right)^{\frac{1}{p}}\left(\int_{-\pi}^{\pi}|g|^q\,\mathrm{d}x\right)^{\frac{1}{q}},$$

其中 $p,q>1$ 满足 $\dfrac{1}{p}+\dfrac{1}{q}=1$。上述积分不等式可以换成一般可测集上的
勒贝格积分，但为不增加理解难度，姑且仅限于 $[-\pi,\pi]$ 上的黎曼积分。
各种情形下的赫尔德不等式证明方法基本是一样的，但与柯西不等式的证
明完全不同。事实上，柯西不等式的证明并不适用于赫尔德不等式。

　　证明赫尔德不等式需要一个看上去很初等但不那么初等的不等式：
设 a,b 都是正数，α,β 是满足 $\alpha+\beta=1$ 的两个非负数，则

$$a^{\alpha}b^{\beta}\leqslant\alpha a+\beta b,$$

等式成立当且仅当 $a=b$，α,β 中有一个为 0。之所以说这个不等式不那么
初等，是因为其证明需要一点微积分的方法。这个不等式曾经是一道国际
奥林匹克数学竞赛题，有兴趣的读者不妨自己尝试着完成其证明，以及如
何将这个不等式用于赫尔德不等式的证明。

3. 三角不等式

　　与柯西不等式（赫尔德不等式）密切相关的不等式是有着浓郁几何背
景的三角不等式。顾名思义，三角不等式似乎与三角形有关。事实正是如
此，初中生就知道，三角形两边之和大于第三边。倘若将三角形用向量表
示，所谓三角不等式即为

$$|\boldsymbol{a}\pm\boldsymbol{b}|\leqslant|\boldsymbol{a}|+|\boldsymbol{b}|。$$

如果在平面内建立直角坐标系，将向量用坐标表示，则有

$$\sqrt{(x_1\pm x_2)^2+(y_1\pm y_2)^2}\leqslant\sqrt{x_1^2+y_1^2}+\sqrt{x_2^2+y_2^2}。$$

这就是"三角形两边之和大于第三边"的代数表示。将其推而广之，可以得
到序列空间及函数空间中的三角不等式。不过，对于无穷维空间，在证明
三角不等式之前，首先应该弄清楚，它是不是一个向量空间，换言之，这些

空间对于线性运算是不是封闭的。解决这个问题需要一点初等技巧,这里不妨以一般的函数空间 $L^p([-\pi,\pi])(p\geqslant1)$ 为例:设 $p\geqslant1$,对任意 $f,g\in L^p([-\pi,\pi])$,有

$$|f(x)+g(x)|^p \leqslant 2^p \max\{|f(x)|,|g(x)|\}^p$$
$$\leqslant 2^p \max\{|f(x)|^p,|g(x)|^p\}$$
$$\leqslant 2^p(|f(x)|^p+|g(x)|^p),$$

由此可见 $f+g\in L^p([-\pi,\pi])$,$L^p([-\pi,\pi])$ 的确是向量空间。序列空间可以类似地证明。于是得一般空间上的三角不等式:

对任意 $\{x_n\},\{y_n\}\in l^2$,有

$$\sqrt{\sum_{n=1}^{\infty}(x_n+y_n)^2} \leqslant \sqrt{\sum_{n=1}^{\infty}x_n^2}+\sqrt{\sum_{n=1}^{\infty}y_n^2};$$

对任意 $f,g\in L^2([-\pi,\pi])$,有

$$\sqrt{\int_{-\pi}^{\pi}(f(x)\pm g(x))^2\mathrm{d}x} \leqslant \sqrt{\int_{-\pi}^{\pi}f^2(x)\mathrm{d}x}+\sqrt{\int_{-\pi}^{\pi}g^2(x)\mathrm{d}x}。$$

由柯西不等式很容易得到三角不等式。然而,如果将上述不等式中的 2 换成一般的不小于 1 的 p,证明就远没有这么简单了。这些不等式也有一个响亮的名字"闵可夫斯基(Minkowsiki)不等式":

(1) 设 $p\geqslant1$,对任意两组实数 $a_1,a_2,\cdots,a_n$ 与 $b_1,b_2,\cdots,b_n$,有

$$\left(\sum_{i=1}^{n}|a_i\pm b_i|^p\right)^{\frac{1}{p}} \leqslant \left(\sum_{i=1}^{n}|a_i|^p\right)^{\frac{1}{p}}+\left(\sum_{i=1}^{n}|b_i|^p\right)^{\frac{1}{p}};$$

(2) 设 $p\geqslant1$,对任意 $\{x_n\},\{y_n\}\in l^p$,有

$$\left(\sum_{n=1}^{\infty}|x_n+y_n|^p\right)^{\frac{1}{p}} \leqslant \left(\sum_{n=1}^{\infty}|x_n|^p\right)^{\frac{1}{p}}+\left(\sum_{n=1}^{\infty}|y_n|^p\right)^{\frac{1}{p}};$$

(3) 设 $p\geqslant1$,对任意 $f,g\in L^p([-\pi,\pi])$,有

$$\left(\int_{-\pi}^{\pi}|f(x)\pm g(x)|^p\mathrm{d}x\right)^{\frac{1}{p}} \leqslant \left(\int_{-\pi}^{\pi}|f(x)|^p\mathrm{d}x\right)^{\frac{1}{p}}+$$
$$\left(\int_{-\pi}^{\pi}|g(x)|^p\mathrm{d}x\right)^{\frac{1}{p}}。$$

上述不等式的证明远不像 $p=2$ 那样平凡,需要较强的技巧,这些技巧虽然在大学相关课程内容中会有详细介绍,但鉴于目前中学内容中渗透

了大量大学内容,这些很经典的技巧对于中学或许是有用的,何况它们本来就属于初等方法,这里不妨略作介绍供大家参考。

$p=1$ 时结论是平凡的,故不妨设 $p>1$。首先将不等式左边的被积函数变形

$$|f(x)\pm g(x)|^{p}=|f(x)\pm g(x)|^{p-1}\cdot|f(x)\pm g(x)|$$

$$\leqslant|f(x)\pm g(x)|^{p-1}|f(x)|+|f(x)\pm g(x)|^{p-1}|g(x)|,$$

由前面的证明知 $f+g\in L^{p}([-\pi,\pi])$,设 q 是满足 $\dfrac{1}{p}+\dfrac{1}{q}=1$ 的正数(称为 p 的对偶数),则 $p-1=\dfrac{p}{q}$,可见 $|f(x)\pm g(x)|^{p-1}\in L^{q}([-\pi,\pi])$,由赫尔德不等式知

$$\int_{-\pi}^{\pi}|f(x)\pm g(x)|^{p-1}|f(x)|\mathrm{d}x\leqslant\left(\int_{-\pi}^{\pi}|f(x)\pm g(x)|^{p}\mathrm{d}x\right)^{\frac{1}{q}}\cdot$$

$$\left(\int_{-\pi}^{\pi}|f(x)|^{p}\mathrm{d}x\right)^{\frac{1}{p}},$$

$$\int_{-\pi}^{\pi}|f(x)\pm g(x)|^{p-1}|g(x)|\mathrm{d}x\leqslant\left(\int_{-\pi}^{\pi}|f(x)\pm g(x)|^{p}\mathrm{d}x\right)^{\frac{1}{q}}\cdot$$

$$\left(\int_{-\pi}^{\pi}|g(x)|^{p}\mathrm{d}x\right)^{\frac{1}{p}}。$$

于是

$$\int_{-\pi}^{\pi}|f(x)\pm g(x)|^{p}\mathrm{d}x$$

$$\leqslant\left(\int_{-\pi}^{\pi}|f(x)\pm g(x)|^{p}\mathrm{d}x\right)^{\frac{1}{q}}\left(\int_{-\pi}^{\pi}|f(x)|^{p}\mathrm{d}x\right)^{\frac{1}{p}}+$$

$$\left(\int_{-\pi}^{\pi}|f(x)\pm g(x)|^{p}\mathrm{d}x\right)^{\frac{1}{q}}\left(\int_{-\pi}^{\pi}|g(x)|^{p}\mathrm{d}x\right)^{\frac{1}{p}}$$

$$=\left(\int_{-\pi}^{\pi}|f(x)\pm g(x)|^{p}\mathrm{d}x\right)^{\frac{1}{q}}\cdot$$

$$\left[\left(\int_{-\pi}^{\pi}|f(x)|^{p}\mathrm{d}x\right)^{\frac{1}{p}}+\left(\int_{-\pi}^{\pi}|g(x)|^{p}\mathrm{d}x\right)^{\frac{1}{p}}\right],$$

将右边第一个因式除到左边得

$$\left(\int_{-\pi}^{\pi} |f(x) \pm g(x)|^p \mathrm{d}x \right)^{1-\frac{1}{q}}$$

$$\leqslant \left(\int_{-\pi}^{\pi} |f(x)|^p \mathrm{d}x \right)^{\frac{1}{p}} + \left(\int_{-\pi}^{\pi} |g(x)|^p \mathrm{d}x \right)^{\frac{1}{p}},$$

即

$$\left(\int_{-\pi}^{\pi} |f(x) \pm g(x)|^p \mathrm{d}x \right)^{\frac{1}{p}}$$

$$\leqslant \left(\int_{-\pi}^{\pi} |f(x)|^p \mathrm{d}x \right)^{\frac{1}{p}} + \left(\int_{-\pi}^{\pi} |g(x)|^p \mathrm{d}x \right)^{\frac{1}{p}}。$$

这就完成了闵可夫斯基不等式的证明。

4. 琴生不等式

从几何上看,如果 $y=f(x)$ 是区间 $[a,b]$ 上的下凸函数,那么过函数图像上任意两点的割线位于被割下来的曲线的上方,这里需要线段的一种常用的代数表示,连接坐标轴上任意两点 x_1, x_2 的线段可以表示成 $x = \lambda x_1 + (1-\lambda)x_2, \lambda \in [0,1]$(为什么?),"函数图像上任意两点的割线位于被割下来的曲线的上方"用代数方法表示即

$$f(\lambda x_1 + (1-\lambda)x_2) \leqslant \lambda f(x_1) + (1-\lambda)f(x_2)。$$

或许有读者会感到纳闷,为什么通常所说的下凸函数是指不等式 $f\left(\dfrac{x_1 + x_2}{2}\right) \leqslant \dfrac{f(x_1) + f(x_2)}{2}$,而这里却有所不同?何不尝试着证一证两者的等价性?上述不等式也可以推广到更一般情形:如果 $y = f(x)$ 是 $[a,b]$ 上的下凸函数,$\lambda_1, \lambda_2, \cdots, \lambda_n$ 是满足 $\sum\limits_{i=1}^{n} \lambda_i = 1$ 的非负数,$x_1, x_2, \cdots, x_n \in (a,b)$,则

$$f\left(\sum_{i=1}^{n} \lambda_i x_i\right) \leqslant \sum_{i=1}^{n} \lambda_i f(x_i)。$$

特别地,当 $\lambda_1 = \lambda_2 = \cdots = \lambda_n = \dfrac{1}{n}$ 时,上述不等式即为所谓的琴生(Jensen)不等式:

$$f\left(\dfrac{\sum\limits_{i=1}^{n} x_i}{n}\right) \leqslant \dfrac{\sum\limits_{i=1}^{n} f(x_i)}{n}。$$

上述不等式的证明并不困难,只要知道如何证明 $n=2$ 时的结论,一般情形可以通过数学归纳法论证。

1.2　不等式教学策略

新版教材弱化了不等式的内容,然而,如前所述,无论以数学研究为目的,还是以数学应用为目的,不等式的技巧都是非常重要的。正如很多三角公式不应被忽视一样,不等式技巧也不应该被弱化,否则学生在未来从事与数学相关的工作时将举步维艰、寸步难行。

不等式的类型通常分几类:不等式的证明、解不等式以及不等式的应用等,无论是什么类型的不等式,其技巧性都比较强。过度强调技巧固然不妥,但太弱化了对于提升学生的数学基本功是不利的。

1.2.1　函数不等式

函数不等式是这些年高考中常出现的内容,甚至作为重头戏放在压轴题中,与函数有关的不等式通常有两类,一类是只涉及多项式的简单不等式,题目或者要求在一定的范围内证明这些不等式,或者不等式中含一些参数,要求通过不等式确定参数的范围,颇有些像高考中的函数与导数压轴题,所不同的是,这些不等式无需借助导数,采用初等方法便可以解决。它们是训练学生掌握不等式的很好媒介,有必要限定于初等方法作适当介绍。特别是一元二次不等式是初中与高中的衔接内容,也是处理很多不等式(例如分式不等式)的基础,有必要作比较详细的介绍。另一类则涉及指数、对数或三角函数,这些不等式一般是初等方法无法解决的。有些老师会在课堂上介绍一些未见于教材的二级结论,其中也包括一些不等式,这些不等式对于快速解题无疑是有帮助的。笔者认为,在学生学有余力并且评分标准许可的情况下,适当拓展,让学生多了解一些二级结论未尝不是一件好事,问题在于度的把握。以指数函数 e^x 为例,不等式 $e^x \geqslant 1+x$ 对一切非负实数成立(事实上对一切实数都成立),不等式 $e^x \geqslant 1+x+\dfrac{x^2}{2}$ 对一切非负实数也成立。学生在考试时能否直接使用这些不等式? 这是个值得斟酌的问题,曾经在某地区的模拟考题中就出现过证明 $\cos x \geqslant 1-\dfrac{x^2}{2}$ 的题型,可见介绍这些不等式时需要谨慎,至少在介绍的同时要说清楚其中的原理。所有与初等函数(指数函数、对数函数、三角函数)有关的不等式的本质都是将这些函数用一次函数或多项式控制,这些不等式的证明无一不是以导数为工具,所以应该从近似逼近的角度阐述清楚其内在的原理,不宜让学生机械记忆这些不等式,否则当这些不等式本身成为考题时学生就不知道怎么办了。

1.2.2　初等不等式

初等不等式的证明比较灵活,极富技巧性,其类型复杂多变,试图对不等式进行分类并没有太大的意义。正如函数与导数题一样,永远有新鲜的题型。重要的是掌握一些基本技巧与方法,以不变应万变。在初等不等式证明题中,有两类题型有一定难度,一类是含分式的不等式,另一类是与数列有关的不等式,仅含多项式的不等式多半涉及因式分解与因式缩放,思路相对比较容易找到。

虽然初等不等式的证明灵活多样,但也有一些基本的思路可循,一是要善于观察其结构,二是需要掌握一些常用的不等式,三是注意几何背景。以不等式 $\dfrac{c}{a+b}+\dfrac{b}{a+c}+\dfrac{a}{b+c}<2$(其中 a,b,c 都是正数,且 $a+b>c$, $b+c>a$, $a+c>b$)为例,这是一道经典题,如果注意观察其结构会发现,条件相当于告诉我们不等式左边的每一个分式都小于1,于是很容易想到将分母同化(不是通分)从而使得分母相同,对于小于1的任意分式 $\dfrac{a}{b}$(即

$a < b$），总有 $\dfrac{a}{b} < \dfrac{a+c}{b+c}(c>0)$。想通了这一点马上就得到

$$\frac{c}{a+b}+\frac{b}{a+c}+\frac{a}{b+c}<\frac{2c}{a+b+c}+\frac{2b}{a+c+b}+\frac{2a}{b+c+a}=2。$$

由此可见，观察力很重要。细心的读者或许会发现，不等式的条件意味着 a,b,c 可以看成三角形三个边的长，这就赋予了上述不等式以几何背景。这个不等式的证明蕴含了三角形的一个内在特征："三角形任意一边的长与另两边长度之和的比值不会超过该边长与三角形周长之比的 2 倍。"

1.2.3 教学策略

课堂教学不妨围绕着如下几个方面进行：

1. 不等式的基本性质以及常见的不等式。包括前面提到的一些著名不等式，这些不等式对于证明代数不等式是非常重要的。其中含绝对值的不等式是难点。

2. 求解不等式。这类问题有些类似函数不等式，但不需要借助微积分手段，初等方法便可以解决，这是由这类不等式的结构所决定的。如果不等式仅含多项式、无理式、分式或绝对值，解这类不等式大多用初等方法。

3. 不等式的证明。这是不等式的难点，也是重点，没有多少理论可讲，有的只是技巧。可以通过一些典型的不等式适当总结一些常规方法，但应该指出的是，这些常规方法不是万能的，需要根据具体的问题采取合适的方法。

4. 不等式的应用。不等式的应用目标相对比较明确，基本上都是针对最大值、最小值问题，只不过这些最值问题都是通过不等式来进行估计与计算，这类问题相对于不等式的证明要容易一些。在建立模型后需要仔细观察其结构，决定采用何种方法进行缩放。

当然，具体的教学过程不一定完全按照上述顺序进行，甚至可以交叉

讲授,例如针对不等式的基本性质以及常用的不等式可能出现各种类型的问题,包括求解不等式、不等式证明甚至应用。实际教学如何进行需要根据学情决定。与中学阶段其他很多数学内容不同,不等式没有系统的理论体系,或者说理论很简单,然而内容之庞杂,技巧之多变,很难让学生在短时间内融会贯通。关于这一点,颇有些类似微积分中的不定积分理论。

1.3 不等式教学案例设计

案例 1 不等式的基本性质

教学目的:清楚不等式的意义,掌握判断两个实数大小的基本方法;熟练掌握不等式的基本性质;利用不等式的基本性质,比较两个实数的大小或证明简单的不等式。

教学重点:掌握不等式的基本性质。

教学难点:通过作差比较证明简单的不等式。

教学过程:

一、问题引入

问题 1 大家耳熟能详的一个现象是自然数、实数都是可以比较大小的,你觉得这种比较的意义何在?

生活中不同量之间既可能存在着等量关系,也可能存在着不等量关系,例如同学之间的学业有差异,如何量化比较这种差异?自然是考试成绩,通过考试得分的比较可以判断同学之间学习的差异。这里不妨引导学生寻找生活中更多的例子。

问题 2 如果用 a,b,c 分别表示平面内三角形三边的长,这些边长具有什么特征?

通过初中阶段平面几何中学过的三角形两边之和大于第三边可以得到三组不等式:

$$a+b>c, \quad b+c>a, \quad c+a>b。$$

　　问题 2 告诉我们,不仅实数之间存在大小关系,代数式之间也存在大小关系。

　　问题 3　当涉及若干个不同量的比较时,如何通过两两的比较知道这些量中任意两个量之间的关系?如果对两个大小关系已知的量做某种运算呢?大小关系是否仍然保持?

　　问题 3 涉及不等式的基本性质,这种性质可以引导学生通过特例、归纳、类比等方式得到。

　　二、新课教学

　　问题 4　$a>b$ 与 $b<a$ 是否等价?

　　这两个不等式与等量关系的对称性(即 $a=b$ 与 $b=a$ 等价)貌似有些类似,但这里的等价性不应称为对称性,更不能称为反身性。一般地,在一种特定的关系"～"中,"$a \sim a$"称为反身性,"若 $a \sim b$,则 $b \sim a$"称为对称性。等价关系具有反身性("等于"便是一种等价关系),无论是"大于"还是"小于"关系都不存在反身性。不能把两个不同的关系混为一谈,讲什么对称性与反身性,它是两个量在不同关系(一个大于关系,另一个小于关系)下的等价表示,可以把它称为等价性,但不宜称为对称性。这个等价表示对于联系不同不等式之间的关系不无帮助。例如当两个不等式的方向相反时,利用这个等价表示可以将不等式的方向一致起来以便于讨论相关问题。我们把这个等价关系称为不等式的性质1。

　　性质 1　假设 a,b 是任意实数,则 $a>b$ 当且仅当 $b<a$。

　　这里需要强调的是,实数的大小关系是用这两个实数之差的符号来定义的,有人认为可以把 $a-b>0$ 与 $a>b$ 看成充要条件或等价命题。乍看似乎没问题,细究之下会发现,这里犯了基本的逻辑错误,既用 A 去定义了 B,又用 B 去定义了 A。什么叫定义?它是指对某个对象的本质特征的描述,这里涉及两个关键的东西:"本质特征"与"对象",本质特征反映了对象的内涵与外延。能否反过来用"对象"来描述或定义"本质特征"?例如,我们通常这样来定义圆:"到定点的距离为常数的点的集合称为圆",这个特殊的陈述句是一个命题还是两个命题?如果是一个命题,何来等价一说？在这个概念中，"到定点的距离是常数"是"本质特征"，"圆"是被描述的对象。反过来该怎么说呢？也许这样描述"圆上任意一点到某个定点的距离是常数"？问题是，到底什么叫圆？如果前者是圆的定义，后者就是一句废话！如果圆另有定义，上述两句话可以作为两个命题，这时可以讨论它们的等价性。

罗素的类型理论说明：一个谓词只有用来表述较低级对象才是有效的命题，如果用来表述自身(或同一级对象)和较高级对象，则是无效的，或产生无意义的表述，或产生悖论。

问题 5 问题 4 中的 a,b 一定是某两个实数吗？

设计这个问题的意图非常明显，a,b 也可以是一般的代数式，不妨引导学生寻找一些例子来说明这个问题。几何上的例子或许比较容易找到，事实上，一些代数不等式便是基于一些相关量的几何性质得到的。

问题 6 如果 a,b,c 满足 $a>b,b>c$，那么 a 与 c 之间是什么关系？

这个关系称为传递性，与等量关系的传递性是类似的。通过这个问题的讨论可以得到不等式的第 2 个性质。

性质 2 如果 $a>b,b>c$，那么 $a>c$。

问题 7 如果 a,b 表示两个线段的长，且 $a>b$，假如将这两个线段各截去等长的一段或各增加等长的一段，得到的长度是什么关系？对于一般的实数是不是也有类似性质？

问题 7 反映的是下面的性质。

性质 3 如果 $a>b$，那么对任意实数 c，有 $a+c>b+c$。

问题 8 如果将问题 7 中的两个线段的长度放大相同的倍数，它们之间是什么关系？如果是一般的实数呢？类似结论是否仍然成立？

性质 4 如果 $a>b,c>0$，那么 $ac>bc$；如果 $a>b,c<0$，那么 $ac<bc$。

其他基本性质不一定都需要通过问题引入，有了前面几个基本性质的探讨，学生对不等式其他性质的理解不会是一件困难的事。教师不妨引导学生类比等量关系猜测并证明其他性质。

性质 5 如果 $a>b,c>d$，那么 $a+c>b+d$。

性质 6 如果 $a>b>0,c>d>0$，那么 $ac>bd$。

从上面讨论的几个问题可以看出，所谓不等式的性质无非指不等式在数的运算下保持不变的性质。如果不搞清楚这种不变性，不等式的研究将寸步难行。除了数的加减法与乘法运算，还有除法运算、幂运算以及开方运算(本质上也是幂运算，但此时尚没有介绍一般的指数)，不等式在这些运算下是否保持不变？何种条件下保持不变？有了前面一番讨论，这些规律都不难由学生自主总结与证明。对于除法运算，最基本的性质是对于两个有大小关系的正数，其倒数是什么关系，搞清楚这个关系，其他相关的性质便不难证明。

性质 7 如果 $a>b>0$，则对任意 $n\in\mathbf{N}^*$，有 $a^n>b^n$。

性质 8 如果 $a>b>0$，则对任意自然数 $n\geq2$，有 $\sqrt[n]{a}>\sqrt[n]{b}$。

>>> **例 1** 设 $a,b\in\mathbf{R}$，试比较 a^2+b^2 与 $2ab$ 的大小。

>>> **例 2** 设 a,b 为正数，试比较 $\dfrac{a}{\sqrt{b}}+\dfrac{b}{\sqrt{a}}$ 与 $\sqrt{a}+\sqrt{b}$ 的大小。

这些问题通常都是将两个代数式作差再进行代数式的变形最终变成正负号比较容易看出来的形式。

三、课堂练习

已知 $a\geq1$，试比较 $\sqrt{a+1}-\sqrt{a}$ 与 $\sqrt{a}-\sqrt{a-1}$ 的大小。

四、课堂小结

1. 不等式的基本性质。

2. 如何比较两个代数式的大小。

五、课后思考

已知关于 x 的方程 $m(x-3)+3=m^2x$ 的解为不大于 2 的实数，求 m 的取值范围。

案例 2 一元二次不等式的解法

教学目的：掌握一元二次不等式的求解方法，能熟练运用二次函数的图像求解一元二次不等式。

教学重点：运用一元二次函数图像求解一元二次不等式。

教学难点：一元二次函数图像与一元二次不等式的关系。

教学过程：

一、问题引入

问题 1 假设 $y=ax^2+bx+c$ 是给定的一元二次函数，如何画出这个函数图像的草图？满足不等式 $ax^2+bx+c>0$ 的所有 x 与这个函数的图像是什么关系？

根据二次项系数的符号可以判断二次函数图像（抛物线）的开口方向，利用配方法可以知道二次函数图像的顶点坐标。从几何上看，不等式 $ax^2+bx+c>0$ 指的是使得函数图像位于 x 轴上方部分的原像。

虽然也可以借助诸如因式分解等方式将二次函数转换成两个一次函数的乘积，再分解成一元一次不等式组求解，但图像法更为直观，直接通过函数图像的开口方向以及与 x 轴的交点便可以确定 x 的取值范围。

二、新课教学

问题 2 如何根据一元二次函数图像的分析，具体求解一元二次不等式？

通过对问题 1 的分析，学生不难总结出求解一元二次不等式 $ax^2+bx+c<0$（或 >0）的步骤：

1. 根据二次项系数的符号，确定二次函数图像（抛物线）开口的方向；

2. 求方程 $ax^2+bx+c=0$ 的两个根 x_1,x_2；

3. 在 x 轴上标出 x_1,x_2 的大概位置，图像位于 x 轴下方（上方）部分对应的 x 的取值范围即为所求不等式的解。

实际教学过程中可以将图像法与代数法（因式分解法）做一番优劣性的比较。

问题 3 众所周知，一元二次方程 $ax^2+bx+c=0$ 可能没有实数根或者只有一个实数根，此时如何求解一元二次不等式 $ax^2+bx+c>0$ 或 $ax^2+bx+c<0$？

如果学生善于将一元二次方程的根与一元二次函数的零点联系起来，

就不难回答上面的问题,不等式求解过程与上述过程基本类似。

>>> **例 1**　解不等式 $x^2+2x-3\geqslant0$。

解　对二次式因式分解得 $x^2+2x-3=(x-1)(x+3)$,通过观察函数图像便可以确定 x 的范围。

>>> **例 2**　解不等式 $x^2-4x+4>0$。

解　显然 $x^2-4x+4=(x-2)^2$,故 $x^2-4x+4\geqslant0$,只有当 $x=2$ 时 $x^2-4x+4=0$,由此可得 x 的取值范围。

>>> **例 3**　解不等式 $x^2-4x+5>0$。

解　由于对任意实数 x,有 $x^2-4x+5=(x-2)^2+1>0$,故 x 的取值范围为 **R**。

>>> **例 4**　设 $f(x)=ax^2+bx$,且 $1\leqslant f(-1)\leqslant2,2\leqslant f(1)\leqslant4$,求 $f(-2)$ 的取值范围。

解　由 $f(-1)$ 及 $f(1)$ 的取值范围可知 $1\leqslant a-b\leqslant2,2\leqslant a+b\leqslant4$,于是 $3\leqslant2a\leqslant6$,由 $f(-2)=4a-2b=2a-2b+2a$ 可知 $5\leqslant f(-2)\leqslant10$。

三、课堂练习

1. 求解不等式 $-x^2+2x-3>0$。

2. 已知 $A=\{x\,|\,x^2-3x+2\leqslant0\},B=\{x\,|\,x^2-(a+1)x+a\leqslant0\}$。

(1) 若 $a\subsetneqq b$,求 a 的取值范围;

(2) 若 $B\subseteq A$,求 a 的取值范围。

四、课堂小结

1. 结合二次函数图像解一元二次不等式,可以通过图像特征(开口方向)、求函数零点,确定图像位于 x 轴下方(或上方)的 x 的取值范围。

2. 也可以通过因式分解将一元二次式分解成两个一次式的乘积,根据一次式的符号确定 x 的取值范围。

五、课后思考

思考题　已知函数 $f(x)=ax^2+bx+c$ 的图像过 $(-1,0)$,问是否存在常数 a,b,c 使得不等式 $x\leqslant f(x)\leqslant\dfrac{1}{2}(1+x^2)$ 对任意实数 x 都成立。

◀案例 3 **含绝对值的不等式**

教学目的：掌握含绝对值不等式的解法。

教学重点：将绝对值不等式转化为不含绝对值符号的不等式。

教学难点：等价转化的依据。

教学过程：

一、问题引入

问题 1 两个互为相反的数是什么意思？如果知道一个数 x 的绝对值 $|x|$ 小于或大于某个数 $a(a>0)$，有几种方式表示 x 与 a 的关系？

学生已经熟悉了绝对值的概念，问题 1 不过是对绝对值概念的一个简单运用，学生应该不会感到有任何困难。

问题 2 如果不使用一元二次不等式的求解方法，如何解不等式 $(x-1)^2>2$ 与 $(x-1)^2<2$？

有问题 1 作引子，学生很容易想到上述不等式与绝对值不等式的关系。

二、新课教学

问题 3 对于含绝对值的不等式，通常采取什么方法求解比较合适？例如，如何求解不等式 $|x^2-5x+6|<1$？

但凡含绝对值的代数式，无论是等式还是不等式，均蕴含着两个代数式，通常的方法是作等价变换将绝对值符号去掉，关于这一点，即使没有教师的指点，学生也应该清楚怎么做。去绝对值的方法除了利用 $|x|<a$ 与 $-a<x<a$ 以及 $|x|>a$ 与 $x>a$ 或 $x<-a$ 的等价关系，还可以将不等式的两边平方（与问题 2 反向操作），两种方法本质上得到的是同一组不等式。

>>> 例 1 设 $m\in\mathbf{R}$，解不等式 $|3x|<3m+1$。

与问题 3 不同的是，例 1 中的不等式出现了参数 m，需要根据参数的取值范围来讨论不等式的解。

解 由 $|3x|<3m+1$ 得 $|x|<m+\dfrac{1}{3}$。如果 $m+\dfrac{1}{3}\leqslant 0$，不等式无解，不等式解集为 $\varnothing$。如果 $m+\dfrac{1}{3}>0$，不等式的解为 $-\left(m+\dfrac{1}{3}\right)<x<m+$

$\dfrac{1}{3}$，不等式解集为 $\left\{x \mid -\left(m+\dfrac{1}{3}\right)<x<m+\dfrac{1}{3}\right\}$。

问题 4 如果不等式中含多个绝对值符号怎么办？

含多个绝对值符号的不等式相对比较复杂，有可能是不等式两边均含绝对值的形式，如

$$|f(x)| < |g(x)|。$$

此时，比较自然的做法是两边同时平方得到 $f^2(x)<g^2(x)$，但不必急于将平方展开，因为 $f(x)$，$g(x)$ 或许比较复杂，展开后会使不等式更加复杂，不妨优先考虑不等式

$$[f(x)+g(x)] \cdot [f(x)-g(x)] < 0，$$

从而得到关于 $f(x)$，$g(x)$ 的一组不等式。

也有可能不等式中既有多个含绝对值的项，也有不含绝对值的项，这是最复杂的一种情况，如果每个含绝对值的项比较容易弄清楚绝对值符号内代数式的符号，则优先考虑通过分析代数式的符号去掉绝对值，否则只有将含不同绝对值的代数式分离，再通过两边平方去掉一个绝对值。

>>> 例 2 解不等式 $|x-1|<|x+2|$。

由于不等式两边绝对值内部仅含一次式，显然两边平方比较方便求解。

解 不等式两边平方得 $(x-1)^2<(x+2)^2$，两边展开便可得 $x>-\dfrac{1}{2}$，不等式的解集为 $\left\{x \mid x>-\dfrac{1}{2}\right\}$。

>>> 例 3 解不等式 $|2x+1|+|x-2|>4$。

解 当 $x \leqslant -\dfrac{1}{2}$ 时，原不等式等价于 $-2x-1+2-x>4$，此时 $x<-1$；

当 $-\dfrac{1}{2}<x<2$ 时，原不等式等价于 $2x+1+2-x>4$，故 $x>1$，此时 $1<x<2$；当 $x \geqslant 2$ 时，原不等式等价于 $2x+1+x-2>4$，故 $x>\dfrac{5}{3}$，此时 $x \geqslant 2$。综上可得不等式解集为 $(-\infty,-1) \cup (1,+\infty)$。

三、课堂练习

1. 解不等式 $x-1<|x^2+x+1|$。

2. 设 $a\in\mathbf{R}$, 解不等式 $|2x+1|<2a+1$。

四、课堂小结

1. 去掉绝对值符号的方法有两种,一是利用绝对值的定义去掉绝对值符号,二是在不等式两边平方从而去掉绝对值符号。

2. 如果不等式含有多个绝对值符号,需要视不等式的结构采取合适的方法去掉绝对值符号,最常见的方法是根据 x 的取值范围确定绝对值内部的符号从而去掉绝对值符号。

案例 4　分式不等式的解法

教学目的:掌握简单分式不等式的求解方法。

教学重点:掌握等价转化的思想与方法,懂得将分式不等式转化为同解的整式不等式。

教学难点:如何等价转化。

教学过程:

一、问题引入

问题 1　回顾一下分式方程是如何求解的。这一方法能否运用到分式不等式上?

分式不等式的一般形式为

$$\frac{a}{b}\geqslant\frac{c}{d}\left(\frac{a}{b}>\frac{c}{d}\right) \quad \text{或} \quad \frac{a}{b}\leqslant\frac{c}{d}\left(\frac{a}{b}<\frac{c}{d}\right)。$$

与分式方程不同的是,由于分母的符号可正可负,所以不能简单地通过不等式两边乘分母的形式转化成整式不等式,采用类似分式方程的做法通常需要分情形讨论。如果不等式两边均含分式,由于两边分母符号均可能变化,转化会比较复杂,通常会出现好几个不等式。通过问题 1 引导学生寻找更简捷的转换方式。不难想象,如果不等式两边仅含一个分式,情况就要简单很多。

二、新课教学

问题 2　你觉得分式不等式最简单的形式是什么?如何将其转换为

整式不等式?

由于分式不等式的符号可能会发生变化,通常都把分子与分母写成函数的形式,其一般形式为

$$\frac{f(x)}{g(x)} > \frac{h(x)}{l(x)}, \quad 或 \quad \frac{f(x)}{g(x)} < \frac{h(x)}{l(x)},$$

也可能是

$$\frac{f(x)}{g(x)} \geqslant \frac{h(x)}{l(x)}, \quad 或 \quad \frac{f(x)}{g(x)} \leqslant \frac{h(x)}{l(x)}。$$

如果直接两边乘以分母,由于符号的变化,就需要分类讨论。可以引导学生去分析如何寻找更简捷的方案。比较自然的方法是将分式(也可能一边是分式另一边是整式)移到不等式的同一边,然后通分转化成如下形式的分式:

$$\frac{f(x)}{g(x)} > 0 \quad 或 \quad \frac{f(x)}{g(x)} \geqslant 0,$$

及

$$\frac{f(x)}{g(x)} < 0 \quad 或 \quad \frac{f(x)}{g(x)} \leqslant 0。$$

如果 $\frac{f(x)}{g(x)} \geqslant 0$,说明 $f(x)$ 与 $g(x)$ 同号,当 $g(x) \neq 0$ 时,不等式 $\frac{f(x)}{g(x)} \geqslant 0$ 等价于整式不等式 $f(x)g(x) \geqslant 0$。如果 $\frac{f(x)}{g(x)} \leqslant 0$,说明 $f(x)$ 与 $g(x)$ 异号,当 $g(x) \neq 0$ 时,不等式 $\frac{f(x)}{g(x)} \leqslant 0$ 等价于整式不等式 $f(x)g(x) \leqslant 0$。

如果是严格不等式,则不等式 $\frac{f(x)}{g(x)} > 0$ 等价于整式不等式 $f(x)g(x) > 0$;不等式 $\frac{f(x)}{g(x)} < 0$ 等价于整式不等式 $f(x)g(x) < 0$。

三、例题解析

>>> **例 1** 解不等式 $x > \dfrac{1}{x}$。

解 移项并通分得

$$\frac{x^2-1}{x} > 0,$$

即

$$\frac{(x+1)(x-1)}{x} > 0。$$

若 $x>0$,则 $(x+1)(x-1)>0$,解得 $x>1$。若 $x<0$,则 $(x+1)(x-1)<0$,解得 $-1<x<0$。故不等式的解集为 $(-1,0)\bigcup(1,+\infty)$。

>>> **例2** 解不等式 $\dfrac{x^2}{x^2-1} > \dfrac{x}{x+1}$。

解 不等式移项并通分得

$$\frac{x^2-x(x-1)}{x^2-1} > 0,$$

即

$$\frac{x}{x^2-1} > 0,$$

上述不等式等价于不等式

$$x(x^2-1) > 0, \quad 且\ x \neq \pm 1。$$

解得 $\{x|x>1\}$ 或 $\{x|-1<x<0\}$,故不等式的解集为 $(-1,0)\bigcup(1,+\infty)$。

>>> **例3** 若不等式 $\dfrac{x+a}{x^2+4x+3} \geqslant 0$ 的解集为 $\{x|-3<x<-1$ 或 $x\geqslant 2\}$,求实数 a 的值。

解 由 $x^2+4x+3=(x+1)(x+3)$,知不等式 $\dfrac{x+a}{x^2+4x+3} \geqslant 0$ 等价于

$$(x+1)(x+3)(x+a) \geqslant 0, \quad 且\ x \neq -1,-3。$$

因此有

$$\begin{cases} x+1 \geqslant 0, \\ x+3 \geqslant 0, \\ x+a \geqslant 0; \end{cases} \quad \begin{cases} x+1 \geqslant 0, \\ x+3 \leqslant 0, \\ x+a \leqslant 0; \end{cases} \quad \begin{cases} x+1 \leqslant 0, \\ x+3 \leqslant 0, \\ x+a \geqslant 0; \end{cases} \quad 或 \begin{cases} x+1 \leqslant 0, \\ x+3 \geqslant 0, \\ x+a \leqslant 0。 \end{cases}$$

第一组不等式组得解为 $\{x|x\geqslant \max\{-1,-a\}\}$,第二组不等式无解,第三组不等式的解为 $\{x|x<-3$ 且 $x\geqslant -a\}$,第四组不等式的解为 $\{x|-3<x<-1,$

且 $x \leqslant -a$}。由于已知不等式的解集为$\{x \mid -3 < x < -1$ 或 $x \geqslant 2\}$,对照上述几组不等式的解集知 $a = -2$。

四、课堂练习

1. 解不等式 $\dfrac{(x-2)^2 \cdot (x+1)^3}{x^2+x+1} > 0$。

2. 若 $a > b > c, a, b, c$ 为常数,求关于 x 的不等式 $\dfrac{(x-a)(x-c)}{(x-b)^2} > 0$ 的解集。

五、课堂小结

1. 分式不等式与分式方程求解的区别。

2. 分式不等式的一般求解过程。

案例 5 基本不等式

教学目的:熟练掌握基本不等式 $2\sqrt{ab} \leqslant a+b$,能利用基本不等式证明简单的不等式。

教学重点:基本不等式及其意义。

教学难点:利用基本不等式证明不等式。

教学过程:

一、问题引入

最大值、最小值问题是数学与自然科学研究中的基本问题,日常生活中也经常遇到类似的问题,如产品成本的最小化与利润最大化便是最小值与最大值问题。不妨从一个生活中常见的问题出发引出基本不等式。

问题 1 你家建房时还剩下些材料,你打算使用这些剩余材料在房子旁边依着墙壁修一个高度一定的矩形狗窝,你剩下的材料可以修一个长为 L 的围墙,请问如何修建可以获得最大面积的狗窝?

这是一个二次函数模型,学生可以很快解决。但将这个问题稍做变化得到另一个问题。

问题 2 你家建房的材料用完了,没有准备好修建狗窝的材料,现在你计划依着墙壁修建一个面积为 S 的矩形狗窝,你已选中建狗窝的材料,狗窝的高度也确定了,如何以最小的成本建成这样的狗窝?

这个思考题中出现了函数:$L = x + \dfrac{2S}{x}$,如何求这个函数的最小值?从而引出基本不等式的探究发现及推导证明。

基本不等式:$2\sqrt{ab} \leqslant a+b$ 或 $\sqrt{ab} \leqslant \dfrac{a+b}{2}$,等式成立当且仅当 $a=b$。

二、新课教学

问题 3 通过对两个基本不等式结构的分析,什么情况下可能需要这两个基本不等式?它能帮助解决什么问题?

由此总结出:"当代数式中含两项代数式的和或两项代数式的乘积时可能需要利用这些不等式化'和'为'积'或化'积'为'和',目的是对目标函数做估计或者求最大值、最小值。"通过下面的例子对上述总结做一个诠释。

>>> 例 1 在区间 $(0,2]$ 上,函数 $f(x) = x + \dfrac{1}{x}$ 的最小值是多少?当 x 取什么值时函数达到最小值?

问题 4 当目标函数是两个因式的"积"或两项的"和"时一定可以通过基本不等式求最值吗?

>>> 例 2 在区间 $[0,1]$ 上,函数 $f(x) = x(x+1)$ 的最大值是什么?

例子本身非常简单,学生通过观察便可以看出最大值是什么,但问题的关键在于,这个最大值能不能通过基本不等式得到? 由此引发学生思考并得出下面的结论:

当基本不等式的两边有一边是定值时才有可能利用它求最值。

如果基本不等式的一边是定值,一定可以利用它求最值吗?

>>> 例 3 求函数 $f(x) = x + \dfrac{1}{4x}$ 在区间 $[1,2]$ 上的最小值。

学生通过这个例子可以看到,即使满足"一正、二定"也未必可以通过令两项相等而解出取最值的那个点。最后让学生自己总结出利用基本不等式求最值的基本原则。

>>> **例 4** 已知 x,y 都是正数,求证:

(1) $\dfrac{y}{x}+\dfrac{x}{y}\geqslant 2$;

(2) $(x+y)(x^2+y^2)(x^3+y^3)\geqslant 8x^3y^3$。

基本不等式反映出两个正数的几何平均 $\sqrt{ab}$ 与

算术平均 $\dfrac{a+b}{2}$ 之间的关系。这个不等式有很多种几

何解释,不妨引导学生给出合适的几何解释。其中一

种解释经常在课堂上为老师们所用,如图 1.2 利用射

影定理可以给出解释。

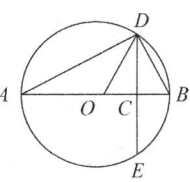

图 1.2

三、课堂练习

1. 若 $ab=1$,求 $a+b$ 的取值范围。

2. 已知 $a,b,c,d\in\mathbf{R}$,求证:

$$a^2+b^2+c^2+d^2\geqslant \frac{2}{3}(ab+ac+ad+bc+bd+cd)。$$

四、课堂小结

1. 基本不等式的本质是通过将两数的和转换成乘积从而达到放缩的

目的,利用基本不等式可以证明一些相对简单的不等式。

2. 利用基本不等式可以进行最值计算。

◀ **案例 6** **不等式的证明**

教学目的:掌握不等式证明的基本技巧,了解不等式的初步应用。

教学重点:不等式的证明及应用。

教学难点:不等式的证明技巧。

教学过程:

一、问题引入

不等式证明的技巧性比较强,新版教材对此没有作过高要求,但了解

一些不等式证明的基本技巧还是必须的,它对于利用代数式的放缩进行估

计以及求最值是有帮助的。

问题 1 假设 a,b,c 是三角形三边的边长，$\dfrac{c}{a+b}+\dfrac{b}{a+c}+\dfrac{a}{b+c}$ 不超过多少？

由于三角形有一个内在的特征：任意两边之和大于第三边，所以学生很容易看出上式一定小于 3，但这个估计也许太粗了，问题的难点在于三个分式的分母各不相同，通分会使代数式变得比较复杂，还有一个方法是将分母改变，使得三个分式的分母相同。如果仅在分母上分别加上 c,b，a，分式会变小，可以得到一个下方估计，即

$$\frac{c}{a+b}+\frac{b}{a+c}+\frac{a}{b+c} > \frac{c}{a+b+c}+\frac{b}{a+b+c}+\frac{a}{a+b+c}=1。$$

实际上这个估计对于任意三个正数都成立，与三角形没有任何关系。上方估计显然应该与三角形边长的内在特征有关系。由于每一个分式都小于 1，利用分式的代数性质：当分式小于 1 时，分子分母同时加上一个正数，分数值会变大，于是有

$$\frac{c}{a+b} < \frac{2c}{a+b+c}, \quad \frac{b}{a+c} < \frac{2b}{a+b+c}, \quad \frac{a}{b+c} < \frac{2a}{a+b+c}。$$

进而

$$\frac{c}{a+b}+\frac{b}{a+c}+\frac{a}{b+c} < \frac{2c}{a+b+c}+\frac{2b}{a+b+c}+\frac{2a}{a+b+c}=2。$$

上式是不是最佳估计？可以作为课外思考题建议学生做进一步分析。

不等式的证明是一类比较灵活的问题，适宜以一些相对简单的典型不等式为案例进行分析讲解，同时对证明的基本方法适当做一番归纳总结。

二、新课教学

问题 2 若 a,b 都是正数，$n>1$，不等式 $a^n+b^n \geqslant a^{n-1}b+ab^{n-1}$ 是否成立？

由于不等式两边 a,b 的指数仅相差 1，比较自然的做法是移项作差运算，即

$$a^n+b^n-a^{n-1}b-ab^{n-1}=a^{n-1}(a-b)-b^{n-1}(a-b)$$
$$=(a^{n-1}-b^{n-1})(a-b)。$$

若 $a > b$，则 $a^{n-1} > b^{n-1}$；若 $a < b$，则 $a^{n-1} < b^{n-1}$，两种情况下都有

$$(a^{n-1} - b^{n-1})(a - b) > 0。$$

若 $a = b$，则等式成立，所以上述不等式恒成立。

问题 2 的论证方法是比较常见的不等式证明方法，即将不等式 $a > b(a < b, a = b)$ 一边的代数式移到另一侧变成不等式 $a - b > 0(a - b < 0, a - b = 0)$，再利用代数式的变形甚至放缩完成证明。

不等式除了通过两边代数式之差的符号来判断，也可以通过两边代数式之商的大小来判定，具体采用什么方法，要根据代数式的结构来选择。

问题 3 设 a, b, c 都是正数，如何判定 $a^a b^b c^c$ 与 $(abc)^{\frac{a+b+c}{3}}$ 的大小？

从这两个代数式的结构可以看出来，采用问题 2 的方法显然难以奏效，原因在于底数与指数均含非常数代数式。但如果作商运算，或许能看出端倪。由于两个代数式具有对称性，不妨设 $a \geqslant b \geqslant c$，两式作商得

$$\frac{a^a b^b c^c}{(abc)^{\frac{a+b+c}{3}}} = \left[\frac{a^{3a} b^{3b} c^{3c}}{(abc)^{a+b+c}}\right]^{\frac{1}{3}} = \left(\frac{a^{2a} b^{2b} c^{2c}}{a^{b+c} b^{a+c} c^{a+b}}\right)^{\frac{1}{3}}$$

$$= \left[\left(\frac{a}{b}\right)^{a-b} \left(\frac{b}{c}\right)^{b-c} \left(\frac{c}{a}\right)^{c-a}\right]^{\frac{1}{3}} \geqslant 1。$$

有些不等式则需要对不等式两边作变形或缩放从而完成比较。

问题 4 对任意自然数 $n \in \mathbf{N}$，$\frac{1}{n+1}\left(1 + \frac{1}{3} + \frac{1}{5} + \cdots + \frac{1}{2n-1}\right)$ 与 $\frac{1}{n}\left(\frac{1}{2} + \frac{1}{4} + \cdots + \frac{1}{2n}\right)$ 是否有恒定的大小关系？

如果 $n = 1$，两者显然相等，不妨设 $n > 1$。可以将问题 4 中的两个和式变一下形，改成对 $n\left(1 + \frac{1}{3} + \frac{1}{5} + \cdots + \frac{1}{2n-1}\right)$ 与 $(n+1)\left(\frac{1}{2} + \frac{1}{4} + \cdots + \frac{1}{2n}\right)$ 的比较，两者的大小关系显然是等价的。如果对两个和式的通项逐项做比较，大小关系会发生变化。难点在于两个和式的系数不同，如果将第二个和式变形可得

$$(n+1)\left(\frac{1}{2}+\frac{1}{4}+\cdots+\frac{1}{2n}\right)=n\left(\frac{1}{2}+\frac{1}{4}+\cdots+\frac{1}{2n}\right)+\left(\frac{1}{2}+\frac{1}{4}+\cdots+\frac{1}{2n}\right),$$

此时还不能直接比较,因为上式多了一项 $\frac{1}{2}+\frac{1}{4}+\cdots+\frac{1}{2n}$。显然

$$\frac{1}{2}+\frac{1}{4}+\cdots+\frac{1}{2n}\leqslant\frac{n}{2},$$

从 $n\left(\frac{1}{2}+\frac{1}{4}+\cdots+\frac{1}{2n}\right)$ 中分离出第一项得

$$n\left(\frac{1}{2}+\frac{1}{4}+\cdots+\frac{1}{2n}\right)=\frac{n}{2}+n\left(\frac{1}{4}+\cdots+\frac{1}{2n}\right),$$

也把 $n\left(1+\frac{1}{3}+\frac{1}{5}+\cdots+\frac{1}{2n-1}\right)$ 的第一项分离出来得

$$n\left(1+\frac{1}{3}+\frac{1}{5}+\cdots+\frac{1}{2n-1}\right)=n+n\left(\frac{1}{3}+\frac{1}{5}+\cdots+\frac{1}{2n-1}\right)。$$

由于

$$\frac{1}{3}+\frac{1}{5}+\cdots+\frac{1}{2n-1}>\frac{1}{4}+\cdots+\frac{1}{2n},$$

可见当 $n>1$ 时,有

$$\frac{1}{n+1}\left(1+\frac{1}{3}+\frac{1}{5}+\cdots+\frac{1}{2n-1}\right)>n\left(\frac{1}{2}+\frac{1}{4}+\cdots+\frac{1}{2n}\right)。$$

问题 4 采用了放缩法,这是不等式证明最常用的方法,但技巧性通常比较强。和式 $1+\frac{1}{3}+\frac{1}{5}+\cdots+\frac{1}{2n-1}$ 与 $\frac{1}{2}+\frac{1}{4}+\cdots+\frac{1}{2n}$ 分别称为数列 $\left\{\frac{1}{2k-1}\right\}_{k=1}^{\infty}$ 与 $\left\{\frac{1}{2k}\right\}_{k=1}^{\infty}$ 前 n 项的部分和(将在函数与微积分卷中专门谈及这个问题)。与数列有关的还有一个概念,称为乘积级数,具体地说,即数列的所有项相乘,其前 n 项的乘积称为乘积级数的部分积。关于乘积级数在部分微积分教材中有所论及,这里不作展开。但不等式的证明中有可能会出现数列前若干项乘积的形式,这类数列通项或者是分式,或者是三角函数。处理通项为分式的乘积的级数的不等式常采用的方法是通过放缩使得各项出现分子分母可以约分的因式(颇有些像求和的裂项法),从而通过约

分使得代数式得到简化。处理通项为三角函数的乘积形式的级数的不等式,通常利用三角公式,这里不妨介绍两类典型的乘积级数不等式的例子。

>>> **例 1** 证明 $\dfrac{1}{2} \times \dfrac{3}{4} \times \dfrac{5}{6} \times \cdots \times \dfrac{2n-1}{2n} < \dfrac{1}{\sqrt{2n+1}}$。

证明 不难证明对任意自然数 $n>1$,有

$$\frac{1}{n^2} < \frac{1}{(n-1)(n+1)},$$

于是

$$\text{不等式左边} = \frac{1}{2} \times \frac{3}{4} \times \frac{5}{6} \times \cdots \times \frac{2n-1}{2n}$$

$$< \frac{1}{\sqrt{1 \times 3}} \times \frac{3}{\sqrt{3 \times 5}} \times \frac{5}{\sqrt{5 \times 7}} \times \cdots \times \frac{2n-1}{\sqrt{(2n-1)(2n+1)}}$$

$$= \frac{1}{\sqrt{2n+1}}。 \qquad\qquad 证毕$$

>>> **例 2** 设 $a \in \left(0, \dfrac{\pi}{2}\right)$,证明 $|\cos a \cdot \cos(2a) \cdot \cdots \cdot \cos(2^n a)| \leqslant \dfrac{1}{2^n \sin a}$。

证明

$$\text{不等式左边} = \frac{1}{\sin a} \sin a \cdot \cos a \cdot \cos(2a) \cdot \cdots \cdot \cos(2^n a)$$

$$= \frac{1}{2 \sin a} \sin(2a) \cdot \cos(2a) \cdot \cdots \cdot \cos(2^n a)$$

$$= \frac{1}{2^2 \sin a} \sin(4a) \cdot \cos(4a) \cdot \cos(8a) \cdot \cdots \cdot \cos(2^n a)$$

$$= \frac{1}{2^n \sin a} \sin(2^{n+1} a), \qquad\qquad 证毕$$

由此可见不等式成立。

也可以利用一些著名的不等式证明相对复杂的不等式,教师可以视情况掌握介绍到何种程度。

三、课堂小结

不等式证明的常用方法:

1. 不等式两边作差运算将不等式 $a>b$(或 $a<b$)转换成 $a-b>0$(或 $a-b<0$);

2. 在可以确定不等式两边符号的前提下,可以作商运算将不等式 $a>b$(或 $a<b$)转换成 $\dfrac{a}{b}>1\left(\text{或}\dfrac{a}{b}<1\right)$;

3. 利用放缩法将不等式某一边或两边变形从而完成证明;

4. 利用常见的不等式证明较复杂的不等式。

第2章 向量

2.1 向量简史

　　人们常常认为向量是为了表示物理学中的既有大小又有方向的量而产生的,事实并非如此。向量确实在物体的运动研究中发挥了重要作用,但向量概念的产生却非源于此。一般而言,数学概念的产生通常源于两个原因,一是科学现实问题,二是数学内部的发展与矛盾冲突。而向量的产生同时兼顾了这两个方面的因素,这两个因素的最根本动因是如何利用代数运算简单地研究几何性质的问题,这是向量之所以出现的本原性问题。由于向量具有丰富的现实背景和数学性质,向量的概念及其理论体系一经形成,便很快地融入到数学的各个分支,为数学的发展提供了强大的动力。

2.1.1 向量概念的萌芽

　　人们为了弄清楚自然现象之间的因果关系与本质,利用数学建立了一些自然法则。但是有一个基本问题一直困扰着科学家们,人们对它的描述几千年里一直处于模糊状态,那就是物理学中的运动问题。为了描述物体运动问题的本质,古希腊时期的亚里士多德(Aristotle)曾借助几何给出了物体复合运动满足平行四边形法则的结论,但是他并没有给出一个清晰的论述。

　　事实上,运动的本质在近代数学以前是一个很复杂的问题,因为人们并不把运动或力看作一个有向的量。17世纪的著名科学家牛顿

(Newton)在《自然哲学之数学原理》中并没有给出力、加速度的明确定义，也没有解释力和加速度是一个什么样的量，直接给出力等于质量乘以加速度。为了解决现实问题，1736 年，欧拉（Euler）在其《力学》中重新澄清和发展了牛顿的概念，他引入有方向的"几何量"的概念。欧拉认为，这个有方向的"几何量"不仅适用于力，也适用于速度、加速度和其他量，这为物理学的研究带来了很大的便利。1788 年，拉格朗日在他的著作《解析力学》中，把力用有向线段来表示并沿坐标轴进行分解。这个既有大小又有方向的"几何量"即为向量概念的前身。可以看出，向量并不是从物理学中抽象出来的量，而是萌芽于人们利用数学来解释物理中的问题。

2.1.2 笛卡儿坐标几何的局限性

1637 年，笛卡儿（Descartes）坐标几何的建立，改变了传统欧几里得几何的研究方法，人们得以将几何曲线上的点和数建立起一一对应的关系，利用代数的方法来描述曲线的性质。然而，人们发现联系代数、分析和几何的笛卡儿坐标系，在解决物理中的实际问题时显得烦琐而无力。笛卡儿坐标解决物理问题的局限性，促使人们产生修订和扩充坐标几何应用的想法。

早在 1686 年，莱布尼茨（Leibniz）就已经发现了这个问题，他认为，"笛卡儿的坐标系是对数的分析而不是对线的分析，尽管几何可以算术化，但一个方程找到了，要找到问题的结构还有一段很长的路要走。将代数引入几何无疑是有效的，但不是最好的"[29]。在莱布尼茨思想的影响下，人们试图找出一种直接表达几何中位置、角和运动问题的方法。为了达到这一目的，必须同时考察有向线段大小和方向两个方面的性质，并找到有向线段之间的运算方法。

2.1.3　复数的几何表示

复数和广义复数的几何表示也促进了向量概念的产生。复数产生于一元三次方程的求解问题。虽然卡尔达诺(Cardano)于 1545 年求解一元三次方程时发现了负数的平方根并认为可把负数的平方根当作"似是而非"的数,可以把它们用于计算,但令他不解的是当一个三次方程的根全是实数时,却有负数的平方根出现在卡尔达诺求根公式中。邦贝利(Bombeli)在 1572 年进一步给出了 $\sqrt{-1}$ 的形式化定义和一些运算规则,并证明了卡尔达诺公式。但是,由于缺乏几何的表示,当时受缚于传统几何学的数学家并不认为复数是正当的概念。因为他们不能理解这个令人惊奇的数,比如 $\sqrt{-1}$ 既不比 0 大,也不比 0 小,更不等于 0。这就需要借助几何给复数一个解释。

直到两个世纪后的 1799 年,挪威测量员韦塞尔(Wessel)才正确地给出了复数的几何解释,他将复数对应于复平面的点,可用从原点到这个点的有向线段来表示[3],韦塞尔创造出一个新的几何研究方法。韦塞尔认为,方向的变化可由代数运算产生,也可以由它们的符号表达,并用有向线段的乘法定义了有向线段的平面旋转变换,它恰好对应于复数乘法的几何直观。

2.1.4　向量概念及理论体系的形成

1. 向量概念的产生

为了方便解决有向线段表示的力学问题,1832 年,德国数学家格拉斯曼(Grassmann)开始寻找一种直接用代数方法处理几何对象之间关系的系统。当时并没有给出"向量"名称,而是直接采取有向线段的形式创造了向量理论体系,并利用向量将三维空间理论拓展到了 n 维空间。

复数在物理学中的巨大作用启发人们寻找三维空间的"广义复数"。哈密顿(Hamilton)论证了有序实数对(a,b)是复数$a+bi$的等价形式,他认为三维空间的复数应由三个有序数组成的数组(a,b,c)描述,其形式为$a+bi+cj$,但是一直不能给出这个三元数的乘法运算。1843年,他发现解决这个问题必须放弃乘法交换律,而且需要三个虚数单位,即四元数$Q=\alpha+\beta i+\gamma j+\delta k$。这个四元数的虚数部分表达了三维空间的有向线段。哈密顿首次引入"向量"这个词来表示有向线段,并将四元数记为

$$Q=\text{Scal.}\,Q+\text{Vect.}\,Q。$$

1873年,麦克斯韦(Maxwell)在其巨著《电磁通论》中开始用四元数来处理电动力学问题,他发现若干物理量彼此之间的关系用哈密顿的四元数表示比笛卡儿坐标系下的方程要简单得多。但是,麦克斯韦在应用中分开处理了四元数乘积的数量和向量部分。麦克斯韦的工作清楚表明,向量是物理的有效工具,而不是单纯的缩写方案,进而出现了大量的向量分析。

向量方法在电磁学、天文学的大量应用,使得向量思想逐渐趋于成熟。20世纪初,物理学家吉布斯(Gibbs)认为在讨论物理概念时不必利用整个四元数,而只需向量部分就足够了,他分别在格拉斯曼和哈密顿的基础上将向量理论系统化,给出了向量的形式化定义,即向量是既有大小又有方向的量,其几何表示为有向线段。并将向量对应于笛卡儿坐标系中的有序数组。

2. 向量理论体系的构建

向量理论体系是基于已有的代数结构而建立的。哈密顿和格拉斯曼在其著作中都强调了类比算术中数的发展而扩充得到向量理论。向量运算是向量理论的主要部分,反映了向量的代数性质,是向量理论体系的支撑框架。

(1) 向量加法与减法的建立

在向量加法与减法产生的问题上,很多人误以为是从物体运动问题抽象得到。这是因为,早在古希腊时期亚里士多德就曾用平行四边形来表示

物体的运动问题。16 和 17 世纪的物理学家也经常利用平行四边形法则
对合成运动进行分解。但是,在向量概念产生以前,复合运动的平行四边形
法则并没有表示将线段相加的思想,而是为复合运动的结果做一个图解。
数学来源于现实世界的问题,又作为工具用于解决实践的问题。用平行四
边形表示物理量合成运动的目的,是让物理运动问题的描述变得清楚。

　　向量加法和减法是伴随着向量概念的出现而产生的运算关系,它源于
人们利用代数对几何问题的解析研究。前面提到,为了改变笛卡儿几何处
理物理问题研究的笨拙性,莱布尼茨试图找出一种直接表达几何中位置、
角和运动问题的运算方法。然而,他未能建立几何量之间的加、减和乘法
运算。直到 150 年后,默比乌斯(Möbius)和格拉斯曼才基于莱布尼茨的
想法,开始研究有向线段的加法运算。为了在几何量之间建立直接的代数
运算,德国数学家格拉斯曼从研究几何线段的负值入手,将 BA 看作与
AB 相反的量。在这样的条件下,只要 A,B,C 在同一条直线上,即使点 C
在 A,B 之间,等式 $AB+BC=AC$ 也依然成立。他强调,这里 AB,BC 和
AC 不是只有长度的线段,它们的方向性质也保留了下来。后来验证,A,
B,C 不在同一条直线上时,这个式子仍然成立,即现代意义下的向量加法
三角形法则,如图 2.1 所示。

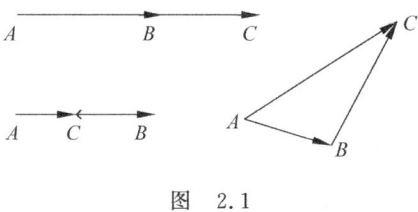

图　2.1

挪威的测量员韦塞尔也是出于寻求代数方法描绘方向的目的,在找到利用
有向线段表示复数的几何意义之后,也是采取同样的方法建立了有向线段
的加法运算规则。他认为方向的变化可由代数运算产生,也可以用它们的
符号表达。在得到反向的有向线段表示方法后,即 $BA=-AB$,韦塞尔开
始寻找表示倾斜直线的代数表示方法。1799 年,在他的论文开头部分,用
文字描述了有向线段的加法,也就是向量加法的运算规则:"两条有向线

段被称作相加,如果我们采取下面的方式组合它们,将第二条有向线段的起点放置在第一条有向线段的终点,连接第一条有向线段的起点和第二条有向线段的终点所得到的有向线段,就是这两条有向线段的和"。

（2）向量数乘运算的形成

向量加法和减法揭示了不同方向向量之间的一种组合方式。由前面对向量加法的分析可知,两个同向向量的相加只是把它们大小相加,其方向不变。那么如何用简洁的形式表示同向向量相加所得到的向量呢？或者说,如何表示同向向量之间的关系呢？向量的数乘正是基于这个问题而形成的概念。根据数的乘法定义,可以把同一个向量连续若干次相加定义为一个乘积的形式。例如,$a+a+a=3a$,由此可得数乘向量的定义,即如果将一个向量的大小乘以一个正数,而其方向保持不变,则称为向量与正数相乘。随着向量理论的丰富,将实数乘以向量简称为数乘。

向量数乘概念是进一步探讨向量之间关系的理论基础。历史上,单位向量就是根据向量的数乘关系定义的。所谓单位向量,即长度为1的向量,每一个向量都可以看作同向的单位向量的数乘。因此,要建立两个向量之间的关系,只需考虑两个单位向量之间的关系即可。换言之,可从简单的单位向量出发,通过数乘和加法得到更多的向量,并建立向量之间的乘积关系。

（3）向量分解运算的产生

向量加法运算关注的是向量的组合,相加得到的向量都是从第一个向量的起点指向最后一个向量的终点,并没有对多个不同方向向量之间的数量关系进行说明。同样,向量数乘也只是两个共线向量之间的数量描述。那么,不同方向向量之间的数量关系是什么呢？不同方向的向量相加得到的向量与这些向量之间存在何种关系？这些问题都是向量理论需要进一步搞清楚的内容。

为了建立任意向量之间的数量关系,首先需要将向量用相同的单位向量（不同方向）来表示。即将向量分解为若干个向量之和。据此定义,如果一个向量表示为不同的单位向量的数乘之和,则称这个向量由这些不同单位向量生成。这正是向量线性相关与线性无关概念的由来,即如果一个向量能由其他向量线性表示,则称这些向量线性相关,否则称它们线性无关。由向量的线性运算可得到一个显然的结论:在 m 维向量空间中,存在 m 个线性无关的向量,但任何 $m+1$ 个向量都线性相关。根据这个结论可以直接推论得到一个有着重要应用的定理:每一个 m 维向量系统中的向量,都能用系统中的 m 个线性无关向量的数值关系来表示,而且这些线性无关向量的系数是唯一的。不妨以平面向量为例,如果 e_1,e_2 是同一平面的两个不共线向量,那么对于这一平面内的任一向量 a,存在唯一一对实数 λ_1 和 λ_2,使得 $a=\lambda_1 e_1+\lambda_2 e_2$,这就是平面向量基本定理。这时,如果将这些 m 维向量表示为单位向量的线性组合,则可以简化描述向量之间的数量关系。例如,如果向量 $a,b,c,\cdots$ 可分别表示为

$$a=\lambda_1 e_1+\lambda_2 e_2, \quad b=\mu_1 e_1+\mu_2 e_2, \quad c=\gamma_1 e_1+\gamma_2 e_2,\cdots$$

则它们的和为 $a+b+c+\cdots=(\lambda_1+\mu_1+\gamma_1+\cdots)e_1+(\lambda_2+\mu_2+\gamma_2+\cdots)e_2$。

向量的分解运算在向量体系中有着非常重要的地位,它蕴含了向量体系的构建过程,展示了高维向量系统的特性。高维向量系统可以通过向量分解所得各个分量的"数量关系"来刻画,即每一个 m 维向量系统能被任意 m 个无关的向量用相同的方法生成。另外,向量的分解可将向量之间的运算转化为数组的运算,并且不依赖任何坐标系统,简化了运算,实现了从向量的几何表示到纯粹的数组表示。如果将不共线向量 e_1 和 e_2 取为与平面直角坐标系中坐标轴方向相同的单位向量,则可以将平面直角坐标系中的点与向量对应起来,这就是向量的坐标定义,即一个平面向量是一组有序的实数组。从而可把向量所有的性质用通常的算术运算来表示。这大大简化了向量运算的复杂性,也便于将二维向量的研究推广到高维,进而实现空间结构的代数化。

(4)向量乘积运算的构建

作为一个类似于数系的代数系统,人们试图寻找向量更多的代数结构以便描述更多的数学与实际问题。向量的数量积与向量积是向量运算结构的重大创造。

历史上很多数学家都定义过等价于现代向量系统的数量积和向量积结构,并根据这种关系的特性给出不同的名称。例如,哈密顿和泰特(Tate)给出数量部分为 0 的四元数 $\alpha = x\mathbf{i} + y\mathbf{j} + z\mathbf{k}$ 与 $\alpha' = x'\mathbf{i} + y'\mathbf{j} + z'\mathbf{k}$ 的乘积,所得结果的向量部分相当于现代向量的向量积,数量部分 $\alpha\alpha' = -(xx' + yy' + zz')$ 等价于数量积的负值,并称 $\mathbf{i} \cdot \mathbf{i} = -1$ 为点积。默比乌斯根据投影而定义的算术投影积也等价于现代意义下的数量积,但是所定义的几何积只是一个平面图形,而不是一个向量。

格拉斯曼所定义的内积和外积与现代向量乘积相同,所以有人认为现代数学意义上的向量概念始于格拉斯曼系统。格拉斯曼构造向量乘积的出发点仍然是利用向量将代数概念移植到几何中。通过考察一般的几何对象的乘积,他发现,如果考虑线段的方向性,不仅矩形的面积,而且平行四边形的面积也可以表示为邻边的乘积。如果将其和前面所建立的向量的加法进行结合,这个新型号的乘积符合普通的乘法规则,但是当交换两个乘积因式时需要变"+"为"−"。在研究这个乘积不满足交换律的同时,他发现了另外一种符合交换律的积。即将一个向量垂直投影到另外一个向量,然后将投影向量的长度和被投影向量的长度相乘。因为乘积因式可交换,并且两个互相垂直向量的积为 0,只有在两向量的方向形成一个小于 90° 的角时,即一个向量在另外一个向量方向上的投影长度不为零时,投影乘积才为非零值,格拉斯曼称其为内积,并将前面不满足交换律的乘积称之为外积。

向量的乘积揭示了代数运算存在着多样形式,它描述了几何方向、度量以及三角之间的关系,这使得向量描述几何空间的性质有了更广阔的舞台,为数学不同分支内在的联系提供了一座桥梁。

3. 向量概念的发展和演变

向量概念为几何研究提供了新的代数方法。利用向量可将空间中的点对应于一个有序数组,这从代数角度深化了对几何空间的认识,将直观的三维空间推广到更高维空间。同时,向量也将形象化的几何直观语言用来描述和解决代数问题。格拉斯曼认为可以在几何空间的基础上构建一种代数,而不仅仅是把几何的理论转化为抽象的语言,这种代数具有更一般的意义,它摆脱了具体几何空间的限制,只是类比应用了几何的语言和方法。

1887 年,佩亚诺(Peano)类比三维空间中的向量表示方法,用 n 元有序数组表示向量,并给出了 n 元有序数组在现代意义上向量坐标的加法和数乘,即向量 $a=(a_1,a_2,\cdots,a_n)$ 与 $b=(b_1,b_2,\cdots,b_n)$ 的和定义为 $a+b=(a_1+b_1,a_2+b_2,\cdots,a_n+b_n)$,向量 a 与实数 k 的数乘定义为 $ka=(ka_1,ka_2,\cdots,ka_n)$。1888 年,佩亚诺在《几何计算》中采取了公理化的方法将向量概念一般化,定义了类似现代向量空间的线性系统,并指出实变量多项式函数具有和向量类似的线性结构。此后,佩亚诺改变了用几何形式的有向线段来定义向量概念,而采取相反的方法,以纯逻辑推理的方法在线性系统中将向量作为一个原始概念,并把向量作为先决条件来研究几何。公理化体系的向量由此产生,在公理化体系下,向量是向量空间中的一个元素。

向量概念的形成是数学发展史上的一个里程碑,它为数学的发展提供了巨大动力,揭示了数学知识内部的整体联系性,使得不同数学分支之间“互通有无”,相互渗透着思想和方法。具有代数和几何双重性质的向量被应用到了数学的各个分支。随着几何逐步渗入分析,在讨论无限维函数空间时,因其元素也具备向量的线性运算性质,故也被称作向量,但这种几何化的分析利用坐标方法显然是不够的,于是促使了源于几何的向量空间概念的诞生。向量空间的产生是划时代的,它不仅将研究几何的代数方法转化成了公理化方法,更重要的是,将有限维空间的研究拓广到了无穷维空间,使得数学研究进入了一个新纪元,正如希尔伯特所说:“从来没有一件事物像无限这样震撼人类的心灵。”

2.1.5　向量理论对数学发展的影响

1. 向量为几何的发展注入活力

从 17 世纪开始,几何的发展与代数及分析取得的显著进步形成了鲜明的对比。现代符号化的运算、函数思想和无穷小方法的使用,彻底改变了人们关于古老数学的观点。这使得保持两千年结构不变的欧几里得几何相形见绌。1637 年笛卡儿创立了坐标系,让古老的几何融入了代数和分析的元素,但是几何和代数与分析并未能水乳交融般地融合到一起,被牛顿、欧拉等数学家延伸到了 18 世纪的笛卡儿坐标几何系统并不能很好的解决力学所呈现的几何问题。因为利用坐标研究图形过程中摒弃了几何的直观,只是诉诸代数计算。这种计算过程常常脱离几何图形,看不到其几何意义。

19 世纪出现的向量概念为人们提供了将代数和几何结合起来的新方法,向量融几何与代数性质于一体。从几何上看,向量在平面或者空间中具有平移不变性。从代数上看,它具有类似于数量的线性运算性质。向量方法不仅具有几何的直观,又具有坐标法的简便。换言之,利用向量可以在几何中引入适当的公式语言,使得证明过程更为简洁,同时,解析方法具有几何直观,能够展现代数运算的本质。

向量体现了几何直观和代数运算之间的本质关系。向量的加法运算和数乘运算与实数运算具有类似的性质。即具有零元素、逆元素,并满足交换律、结合律、数与因式的分配律以及数乘结合律等。以两个向量 a 和 b 的数量积 $a \cdot b = |a||b|\cos\alpha$ 为基础,可以用代数方法表示欧几里得距离和角的概念。也就是说,向量将几何的直观转化为用代数符号化的语言进行描述。这种几何直观与代数运算的结合,可以使复杂的理论变得易于理解。例如,在空间直角坐标系中,利用向量可简洁地描述两个方向之间的夹角。如图 2.2 所示,设直线 l_1 与 l_2 的夹角为 φ,分别在直线 l_1 和 l_2 上各取一点 $A(x_1, y_1, z_1)$,$B(x_2, y_2, z_2)$,使得 OA 与 OB 都是单位向量,它们分别为 l_1 与 l_2 的方向向量,根据数量积可得,$\cos\varphi = x_1 x_2 + y_1 y_2 + z_1 z_2$,由此可以得到直线 l_1 与 l_2 的夹角计算方法。

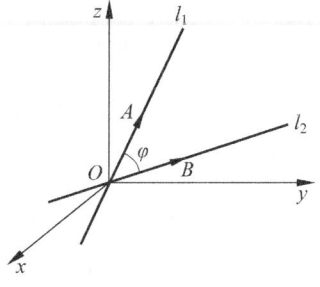

图 2.2

随着代数方法不断地用于几何研究,代数变换及群论思想逐渐被引入到几何中。1872 年,克莱因(Klein)在其爱尔兰根纲领中,将几何研究的对象看成在特殊变换群作用下保持不变的图形特性。也就是说,任何图像的几何性质在坐标系改变的情况下,必须能用不变的公式来表达。反之,任何一个公式,如果在坐标变换群作用下保持不变,则必然表示一个几何性质。克莱因正是利用兼具几何和代数性质的向量来研究图形在几何变换下的性质。平移、旋转、反射和度量单位的改变是组成坐标变换的基本变换。如果用向量坐标表示两点变换前后的坐标之差,例如对平面内始点与终点分别为 (x_1,y_1),(x_2,y_2) 的向量 (X,Y) 进行坐标变换,变换后这两个点分别记为 (x_1',y_1'),(x_2',y_2'),设 (X',Y') 表示坐标变换后的向量坐标,则 $X=x_1-x_2$,$Y=y_1-y_2$,$X'=x_1'-x_2'$,$Y'=y_2'-y_1'$,可以发现新坐标系中向量坐标完全依赖于两点坐标的初始值。特别地,它们在平移变换下不改变,且在其他情况下向量坐标的关系与两点坐标之间的关系完全一样。因此,向量体现了坐标系变换下几何图形所具有的不变特性。几何变换能把一个图形变成一个比较简单的图形,通过对变换后的图形性质的分析,发现原来图形的性质,进而将复杂问题转化为简单的问题而得到解决。借助向量概念和性质,克莱因建立了更具一般性的仿射变换以及射影变换,并用变换给出了几何学的一个新定义,即几何是研究图形在一个变换群的变换下保持不变的那些性质的一门学科。这为几何学的研究开辟了新的、富有成效的途径。

1797 年,拉格朗日在他的《解析函数论》中把时间作为第 4 个维数,这代表了四维空间概念的萌芽。但是,在向量概念产生以前,数学家都是根据未知量的个数,类比直观的平面和三维空间的性质来推测几何空间的维度,并没有一个清晰的多维空间的概念。例如,柯西认为二元或三元函数的定义域是笛卡儿坐标描述的平面或三维空间中的点的总数,类似地将变量的个数多于三个的表达式也可以用坐标中解析的点来表示,并用三维空间的术语进行思考。在历史上,严格的 n 维几何系统是由数学家格拉斯曼首先给出的。在 1844 年的《扩张论》中,格拉斯曼认为数学对象的基本关系是相等与不等、变化与不变的关系。类比数的相等关系给出了向量之间的组合关系,他认为线是由点生成,面可以由两个不共线的向量生成。根据向量之间线性无关的关系,格拉斯曼建立了 n 维空间的概念,将一直围于三维空间的几何推向了 n 维空间,让人们对几何研究的对象有了新的认识。类似于把几何从三维推广到任意维,黎曼于 1854 年在《论几何学的基本假设》中,根据由向量内积和外积运算而得到的张量理论,把高斯曲面的内蕴几何学推广到任意维数的空间。他把空间看成多维的拓扑流形,从而开拓了黎曼几何的新篇章。

2．代数运算对象的扩充

代数最初是建立在数字的算术运算基础上的学说。这种算术运算是脱离了给定的具体数字在一般形态上加以考察的。人们不仅从现实中抽象出数的概念,也建立了数与数之间的运算关系,实现了认识上的第一次抽象。公元 3 世纪,丢番图(Diophantus)在《算术》一书中给出了未知量的符号表示,首次简化了一些经常出现的量、关系和运算,使得运算的形态更趋于一般化。阿拉伯天文学者花拉子米(al-Khowārizmi)在公元 830 年基于解方程的形式规则给出了"代数"的名称,体现了代数是一门关于形式运算的一般学说。即在代数中的一切量都可以用字母或符号来表示,并按照一定的规则进行运算。韦达(Vieta)于 16 世纪为代数发展了一套符号体系,这标志着人们实现了从算术到代数的转化。也是人类活动抽象层次的第二次飞跃。这次飞跃实现了从具体的数字运算到抽象符号运算的转变,这是数学走向抽象化的重要一步。

向量的产生是代数学从对数字的算术运算到抽象的字母运算转变之后的又一次质的飞跃,它使得代数保持数的运算基础的同时,把运算的对象推广成更广泛的对象。这是更高层次的抽象,使得人们对代数研究的重点不再限于运算本身,而是运算的规律,因为不同的运算对象和规律能够描述不同的代数体系。到了 18 世纪,负数和虚数的意义问题被很多数学家提了出来。19 世纪初期,英国数学家开始致力于代数学的公理化,并确定整数的性质究竟有多少可以推广到其他形式的量上去。皮科克(Peacock)把代数区分为"算术代数"和"符号代数",将负数仅仅看成一个符号,他认为符号代数里的所有法则都可以从相同运算的正整数运算中导出。由此开始,人们对代数关注的焦点从符号的意义转移到了运算规则上。代数理论作为符号及其组合法则的科学进一步由德摩根(De Morgan)推进了。他认为代数系统可以不通过算术法则而通过任意一些符号和这些符号上的运算规则来创造。但是并没有发现新的与算术中代数规则不一样的体系。向量概念的出现揭开了全新的代数领域,打破了对于"数"所必须遵循的规则的古老信念。不同于数的运算,向量的运算规则具有新的特点,例如两个向量的数量积不再是向量而是一个实数,两个都不为零的向量作数量积,其数量积可以为零,且数量积没有逆运算。两个向量的向量积同样没有逆运算,并且不满足乘法的交换律。向量运算规律的建立使得代数运算的对象更具一般化,形成了不同于"数系"的崭新的数学结构。

利用向量的几何性质可以使得代数几何化,创造出一种适用于几何的代数运算。空间中的向量可以由它在坐标轴上的投影坐标给出,其投影坐标是一组数。这样一来,向量的加法和数乘运算就对应到由它的坐标组成的行(或列)上的相应运算。因此,由实数组成的数组就可以看作向量,同时在"行"或"列"上所进行的运算解释为在空间中向量上所进行的运算,这就使得线性代数中得以引进几何术语,从而让线性代数理论变得直观而清晰。随着线性代数中向量理论的完善和发展,佩亚诺于 1888 年提出了向量空间的定义,由此构建线性代数的一般理论。根据坐标系中点的定义,可以建立 n 维向量空间与 n 维点空间之间的一一对应关系。当一组全为零的数组看作"坐标原点"时,每一个点都对应一个向量,即从坐标原点出发到这个点为止的向量。利用向量在代数中引进几何术语,使得人们有可能在代数研究中,可以基于几何直观进行类比,以更好地了解数学对象的性质。

3. 分析学的发展

18 世纪的分析学不断发展的动力仍然是解决物理问题的需要,随着物理学所研究的现象在广度和深度两个方面的发展,数学家逐渐地将研究重点从曲线和与之相关的几何变量转移到含有多个变量的问题。达朗贝尔(d'Alembert)在 1746 年提出了一个关于多元变数的著名问题,即振动弦的计算问题。一个振动点的位置 $u(x,t)$ 实际上是一个关于空间坐标 x 和时间 t 的函数。把位移作为这两个变量的函数来研究并试图了解所有可能的运动就导致了偏微分方程的研究。数学家们不断地探索同一问题的处理方法,当他们清楚了构成这些现象的物理原理时,其物理现象便可以通过偏微分方程进行描述。对两个或多个变量系统研究的一个重要突破出现在 19 世纪中期,麦克斯韦在 1864 年关于电磁学规律的偏微分方程研究中用两个向量方程简洁地说明了六个标量的偏微分方程。麦克斯韦利用向量进行电和磁的特性研究,他的工作清楚地表明,向量是物理研究合适的工具,而不仅仅是书写的缩减方案。向量概念的出现以及在物理学中的应用使得人们在分析中引入向量的方法,很多分析的基本定理都可以用向量表示,普通函数的性质也可以推广到向量函数,于是,19 世纪 80 年代的分析学研究中出现了一个新课题——向量分析。

向量线性运算构成的 n 维向量空间为分析的发展提供了宽广的舞台,产生了极其深远的影响,很多数学问题都可以看成向量空间中相关问题,例如由闭区间上连续函数全体构成的集合按照函数的加法及函数与数的乘法便构成一个向量空间。因此,可以把闭区间上的连续函数看作一个向量,而把对具体函数的研究转变为对一些函数构成的集合的结构研究。将函数看作空间的一个点,可以用变换或算子的观点统一处理经典分析不同分支的具体问题,这种思想在 19 世纪末被很多数学家用于研究变分法、偏微分方程、积分方程等不同领域中的诸多问题。如果将函数看成空间的元素或点,那么算子就是定义在这个空间上并将其中的点映射到另一空间(或原空间)中的点的映射。1887 年,意大利数学家沃尔泰拉(Volterra)利用线性函数表示曲线集合上的函数,考虑的不是函数本身而是"依靠于其他函数的函数"。正像在经典分析中,为了研究函数的性质,必须先研究函数的定义域所在的空间结构一样,为了研究算子的性质,也需要研究算子的定义域所在的函数空间的结构。这一思想推动了 20 世纪数学领域中的一个重要学科——泛函分析的产生,它也称为无限维空间上的分析学。

无限维空间可以看成通常欧几里得空间(直线、平面及三维欧几里得空间)的推广,空间中的每个点都表示一个向量,在无限维空间中可以引进点与点之间距离概念,也可以引入向量的长度概念,从而使得向量空间成为距离空间或赋范空间。20 世纪初期的数学家将实函数、多项式、同型矩阵等都看作向量,并用公理的形式把具有向量线性结构的集合统称为线性空间。显然,线性空间在结构和性质上与向量空间没有什么两样,但是这样推广后使得代数运算对象的范围扩大了。早期的泛函分析建立在函数空间的基础上。古典分析对定义在实数集或复数集上的函数性质给出了细致深入的研究,而泛函分析则是研究一般线性空间以及这些空间上的函数,特别是函数空间。

综上可知,向量不是简单地从物理学中的位移、速度、力等概念抽象出来的数学概念,而是在解决具体问题中经过归纳、概括,最终抽象出来的。向量经历了物理量的具体化表示、数学符号形式化和现代数学公理化定义三种形态的变化。从利用代数方法简洁地解决几何问题,到用几何的语言来描述和解决代数问题,向量概念蕴含着丰富的数学思想和方法。向量概念的出现极大地扩充了数学的研究对象,使数学研究对象中的"数量关系"和"空间形式"具备了更加丰富的内涵和更加广泛的外延。向量思想将不同的研究对象用统一的语言结合在同一框架中,体现了数学高度抽象性与普适性的本质。

2.2 平面向量教学策略

2.2.1 从整体知识体系到具体的课堂

高中数学中向量内容主要涉及两个方面:向量及其运算以及向量的应用。教师最好对向量的历史有个初步了解,比较系统地掌握向量的理论体系,熟悉其来龙去脉,这样有助于将章节中的各知识点串联成相对完整的知识体系。在此基础上再细化到对每节课具体教学内容的分析,进而实现由知识点到知识体系的构建,让学生通过对向量思想方法的领悟形成稳固的知识结构。

高中数学向量教学内容可看作从"已有几何"到"代数化几何"的演化

过程。在这个演化过程中,包含着数学知识的形成、代数与几何相互作用、以及代数对象的一般化与数学结构等数学知识再抽象的过程。因此,高中数学向量的教学中既要让学生掌握教材中的相关知识点,也要让学生理解向量定量运算描述几何定性性质的方法,深化对向量理论知识的认识,逐步引导学生感悟到向量理论构成了一个与欧几里得几何体系平行的、能描述几何性质的代数理论体系,即欧几里得空间。

　　向量内容的知识点比较多,并且每个小节的内容都有实际的物理例子或模型,这会让人误以为向量理论是由物理中不同概念抽象出来的各种结论,而掩盖了向量结构体系以及丰富的数学内涵。此外,考虑到高中学生的认知能力,高中数学教材既没有直接给出向量体系构造中的一些重要概念,比如线性相关、线性无关、正交基等概念,也没有明确现代数学公理化结构下的向量代数体系,而是把这些概念和内容化整为零地分布到各个小节中。这就需要以部分章节内容为单位,逐步实现从几何直观上的向量到具有运算法则的代数对象、再到公理化代数结构下一般向量概念的转化,从而逐步理解向量法的本质,掌握利用向量将代数与几何相结合的方法,初步感悟向量蕴含的现代数学思想。

　　具体地说,向量的教学过程是知识转化中学生不断深化对数学认识的过程。从促使向量产生的本原性问题出发引入向量的概念,通过图形的几何性质和向量的直观特性让学生初步意识到向量可以作为几何的研究工具。通过对向量概念的本质分析实现从几何直观下的向量到可建立代数运算的向量的转变。在向量线性运算的教学中,引导学生逐步完成从数的算术运算到一般对象的代数运算、从代数运算到代数结构的转变,渗透公理化向量概念的思想。在数乘和平面向量基本定理的教学中,引导学生实现从几何直观下的向量运算到更简捷的数组运算的转变。借助向量的坐标表示,构建出几何空间与向量空间的一一对应(同构)关系。通过向量数量积的构造及分析,使学生意识到向量构建了一种利用代数运算描述几何性质的理论体系,逐步学会如何利用向量将欧几里得几何体系转化为代数的量化描述。

　　图2.3直观描述了向量教学中的知识转化、新知识形成及其深化过程。

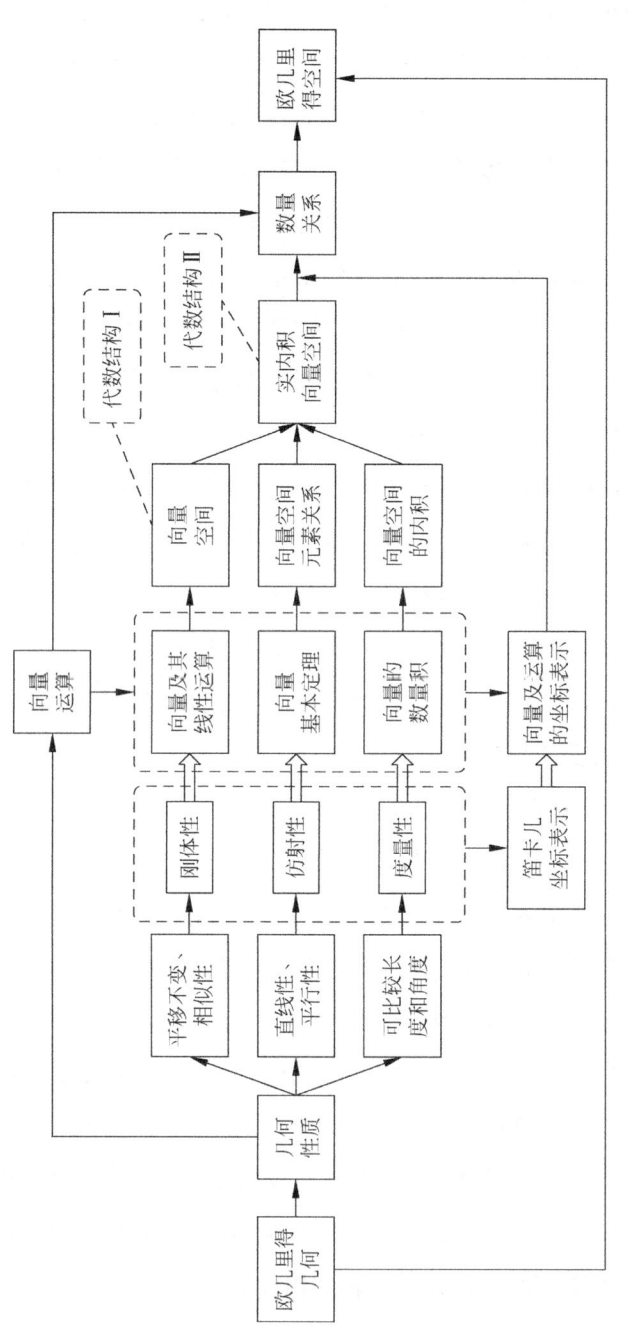

图 2.3

2.2.2　教学策略

　　揭示向量的本质及其思想需要从几何直观下的向量、作为代数运算对象的向量、构成数学结构的向量三个层面不断深化对向量的认识。教材的篇幅与体系决定了它只能以半学术化的知识形态呈现相关内容,通常不会指出向量产生的原因,也不会按照向量的代数理论体系来组织材料,向量的数学结构更鲜有涉及。实际教学过程中,教师对内容讲述的深度与广度可以视学情灵活掌握。一般情况下,教师的教学通常从几何直观入手,因为几何直观下的向量在学生已有的知识背景下比较容易接受,必要的情况下,可以在高观点下适度分析。

2.2.3　强化几何直观下向量本质的揭示

　　向量作为有向线段的几何表示为学生认识向量的特点提供了直观帮助。利用向量的几何直观表示,学生很容易认识到向量是既有大小又有方向的量,也容易理解向量之间的相等、平行等关系。但是,向量教学不应仅仅停留在几何直观。借助有向线段直接给出向量的相关理论固然有助于学生掌握相关的向量知识,但牺牲掉的可能是对向量概念的本质认识,也无法了解向量的真正价值,学生对向量的理解停留在底层面的既有大小又有方向、可以作为解题工具的"向量",无法领会向量作为数学研究对象所带来的方法和思想。

　　几何直观可以帮助学生完成对向量的初步认识,一旦上升到向量的代数层面,几何直观就不够用了,需要引导学生完成对向量认识的第二步——代数抽象过程。只有在代数框架下,学生才有可能对向量的思想与方法有所了解与领悟。教学过程中,可以从向量的几何直观开始,甚至结合物理原理,让学生意识到向量的线性运算与力的合成、大小变化是相关的。在此基础上进一步归纳抽象,类比数的乘法与加法运算,逐步形成向量自身的线性运算概念,进而建立向量的代数结构体系。

如何帮助学生完成直观向量到抽象向量的过渡,从而建立抽象的向量代数结构体系,这是个有一定挑战性的问题。如前所述,向量概念的产生是代数学从对数字的算术运算到抽象的字母运算转变之后的又一次质的飞跃,它使得代数保持数的运算基础的同时,把运算的对象推广成更广泛的对象。这是更高层次的抽象,使得人们对代数研究的重点不再限于运算本身,而是运算的规律,因为不同的运算对象和规律能够描述不同的代数体系。

在向量的概念(包括长度、方向、表示)到向量的线性运算(数乘、加法)直到向量基本定理,整个教学过程中既要注意其几何直观,也要注意从几何直观到代数运算的升华。例如,向量基本定理的教学既可以结合物理中力的合成,也可以结合直角坐标系中任意点(向量的终点)的向量表示:

$$\pmb{\alpha} = x\pmb{i} + y\pmb{j} \text{。}$$

这个表示可以帮助学生理解向量基本定理的本质,同时也在几何直观与代数结构之间架设了一座桥梁。

2.2.4　教学中渗透向量思想

向量概念的产生和发展是一个从低级到高级不断抽象的过程,也是应用范围逐步扩大的过程。从最初作为物理中既有大小又有方向的量、作为复数的几何表示,到 n 维向量空间的有序数组,再到现代数学中线性空间的元素,向量经历了一个由具体到一般,由非形式化到形式化不断完善深化的过程。

正如菲利克斯·克莱因所说,中学数学教师应具备较高的数学观点,因为初等数学现象只有在非初等的理论结构内才能得到深刻的理解(参见文献[6])。现代数学中的向量具有高度的概括性,作为线性空间中的元素,它把几何、代数与分析的研究对象融合在一起,使得数学研究的内容和方法更具一般性。中学向量知识是现代数学向量理论的基础,也可以看作现代数学中向量概念和理论的特例。事实上,学生对函数及其运算已经有了初步的了解,函数的数乘、加法运算颇有些像向量的线性运算,正因为如此,才有了后来的函数空间概念。中学阶段已经具备了完成向量抽象过程的条件,在可能的情况下,课堂不妨适当作一番拓展,从现代数学的观点分析中学向量内容,让学生从看似不同的对象中发现其共性,有助于升华对向量的认识,领悟向量的基本思想。

2.3 平面向量教学案例设计

案例 1 平面向量概念与数乘运算

教学目的:了解向量产生的原因和背景,建立几何性质与向量属性之间的关系,初步了解向量的代数性质。掌握向量的模、零向量、单位向量、平行向量、数乘等概念。

教学重点:掌握向量、零向量、单位向量、相等向量、平行向量数乘等概念及其表示方法,理解这些概念的本质。

教学难点:向量概念的本质,向量相等、数乘的含义。

教学过程:

一、问题引入

问题 1 如图 2.4 所示,A,B 为连线垂直于河岸且相距 90m 的两个港口,一艘船从 A 港口出发,驶向 B 港口。已知船的速度大小为 17m/min,水流的速度大小为 8m/min。如果船要从河的对岸 A 沿垂直于河岸的航线 AB 到达 B 港口,应该怎么办?

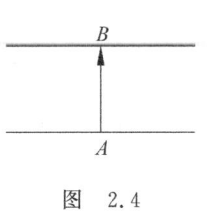

图 2.4

物理中的矢量与数学中的向量不同,物理中的矢量是数学中向量的具体表现形式(参见文献[27])。采取向量产生的根源和现实物理问题相结合的方式,设置真实有效的问题情境。在探究中了解最初用来刻画运动问题中既有大小又有方向的量,其表现形式是有向线段。进而,给出向量的定义,即向量是既有大小又有方向的量。

二、新课教学

问题 2 如果 a,b,c 是三个方向相同的向量,它们的长度分别为 $2,4,6$,如何用有向线段把它们表示出来?如果把向量 a 平移到向量 b,使得它们具有相同的始点,移动后的向量大小与方向会发生变化吗?这些向量之间是什么关系?

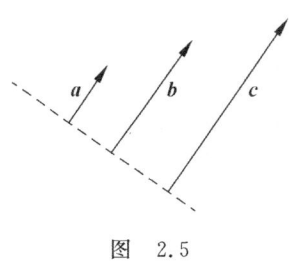

图 2.5

如图 2.5 所示,有向线段的长度表示了向量的大小,有向线段的起点指向终点的方向表示向量方向。因为这三个向量的方向是相同的,所以学生能直观地看出它们是平行的。通过观察这三个向量的大小关系,将发现三个向量长度之间的倍数关系。

问题 3 是不是任意两个方向相同的向量之间都是倍数关系?两个方向相反的向量呢?类比实数的乘法运算,能否建立平行向量之间的运算关系?与实数 0 与 1 对应的向量应该是什么向量?如果两个向量方向一致,长度相同,这两个向量可以视为同一个向量吗?

两个方向相同或相反的非零向量称为平行向量,记着 $a /\!/ b$,规定零向量与任意向量平行。两个平行向量可以平行移动到同一条直线上,所以平行向量也称为共线向量。类比实数的运算,学生不难建立平行向量对应的数乘运算。并进而建立零向量与单位向量的概念。要让学生意识到,向量的数乘相当于对向量作伸缩变换或反射变换。

通过对这个问题的讨论,学生还可以了解向量由其大小与方向唯一确定,即向量具有平移不变性。换言之,两个向量只要具有相同的方向与大小,就视为同一个向量,或说它们相等。

问题 4 向量的数乘运算与通常实数的乘法运算具有完全类似的运算法则吗?

这里所谓的运算法则指的是数乘的交换律与结合律,待到介绍了向量的加法运算后,还需要讨论数乘对于加法的分配律。

>>> **例1** 如图2.6所示，D,E,F 分别是 $\triangle ABC$ 各边的中点，写出图中与 $\overrightarrow{DE},\overrightarrow{EF},\overrightarrow{FD}$ 相等的向量。

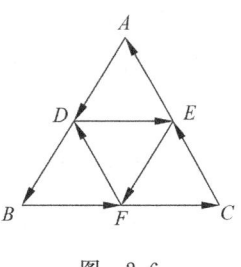

图 2.6

将三角形中位线定理作为例题，既巩固了所学新知，又使学生意识到，可以利用向量的代数关系来描述几何性质。这里有很多向量的相等关系，可以引导学生尝试利用向量之间的关系，证明三角线中位线定理。

问题5 能否利用向量的运算证明三角形中位线定理？

这个问题初步展示了向量的代数运算与几何量之间的关系，为几何问题代数化提供了一个示范，但仅有本节课的概念尚不足以解决上述问题，可以留给学生作为课外思考，后一节课再行证明。

三、课后思考

1. 平行向量的方向一定相同吗？共线向量一定相等吗？

2. 有向线段的共线与向量的共线是不是一回事？相等的向量一定共线吗？不相等的向量一定不共线吗？

案例2 向量加法运算及其几何意义

教学目的：理解向量加法概念及其几何意义，实现从算术运算到代数运算认识上的转化，培养学生发现问题、分析问题的逻辑思维能力。

教学重点：向量加法运算平行四边形法则和三角形法则的本质。

教学难点：向量加法法则的本质。

教学过程：

一、问题引入

问题1 如何用向量概念描述三角形中位线定理？

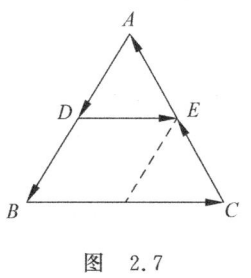

图 2.7

通过这个问题不仅有效地复习了向量概念、相等向量与共线向量等知识，也为后续学习提供帮助。

问题2 如图2.7所示，能否通过三角形中其他向量构建出 $\overrightarrow{DE}$ 和 $\overrightarrow{BC}$ 的关系？进而利用向量的运算来证明三角形中位线定理？

在学习了向量的加法运算之后,便可以回答问题 2。通过这个问题可以自然地引入向量的加法,并尝试利用向量建立一种解决几何问题的新方法。

二、新课教学

问题 3 平面内两个方向相同或相反但大小不同的力作用于同一个物体,物体将向何方向运动?作用力的大小是多少?如何表示这个合力?

生活中类似的例子并不鲜见,例如拔河比赛就是两个方向相反的力相互作用,因为学生已经清楚了可以利用向量表示有方向有大小的量,应该不难想到用向量解决问题 3。

问题 4 平面内两个方向与大小不同的力作用于同一个物体,物体将向何方向运动?作用力的大小是多少?如何表示这个合力?

学生如果了解力的合成遵循平行四边形法则,就不难知道如何解决上述问题,也不难想到如何利用向量表述上述问题。在此基础上进一步提出数学化的问题。

问题 5 设 a,b 是平面内任意两个向量,它们可以相加吗?如何定义这种加法才是合理的?这种加法运算与向量的顺序有关吗?换言之,$a+b$ 与 $b+a$ 是否相同?

类比问题 3 与问题 4,学生不难想到应该如何定义向量的加法运算,两个向量相加是否可以交换可以类比实数的交换律。

问题 6 设 a_1,a_2,$\cdots$,a_n 是平面内 n 个向量,应该如何定义它们的和?

可以与若干个实数加法法则作类比,不难归纳出若干个向量如何相加。但这里会出现一个问题,若干个向量相加是否与累加的顺序有关?对应到的代数法则称为结合律,如图 2.8 所示。

加法结合律可以通过几何方法证明,事实上,利用数学归纳法不难完成这个证明。从而得到向量的运算法则:

设 a,b,c 是平面内的向量,0 表示零向量,则有:

(1) $a+b=b+a$;

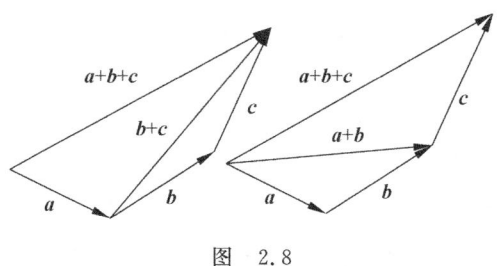

图 2.8

（2）$a+0=a$；

（3）$a+(-a)=0$；

（4）$(a+b)+c=a+(b+c)$。

在此基础上与实数的加法运算作类比,会发现它们具有类似的特点。在学习了函数概念之后,不妨回过头来重温向量的加法运算,将发现这种运算完全是形式化的,因而可以推广到更宽泛的对象,建立一个重要的抽象概念：交换群。

问题 7 如果将向量的数乘与加法运算结合起来,它们是否有类似实数乘法与加法的运算法则?

利用三角形的相似性不难证明数乘对于向量加法的分配律。

>>>例 1 利用向量法证明三角形中位线定理。

证 如图 2-7 所示,$\overrightarrow{DE}=-(\overrightarrow{EA}+\overrightarrow{AD})$,$\overrightarrow{BC}=-(\overrightarrow{CA}+\overrightarrow{AB})$,由于

$$\overrightarrow{EA}=\frac{1}{2}\overrightarrow{CA},\overrightarrow{AD}=\frac{1}{2}\overrightarrow{AB},故\overrightarrow{DE}=\frac{1}{2}\overrightarrow{BC}。$$ 证毕

>>>例 2 长江两岸之间没有大桥的地方,常常通过轮渡进行运输。如图 2.9 所示,一艘船从长江南岸 A 点出发,以 5km/h 的速度向垂直于对岸的方向 D 点行驶,江水的速度为向东 2km/h。求船实际航行的速度 v 与方向(用与江水速度的夹角表示)。

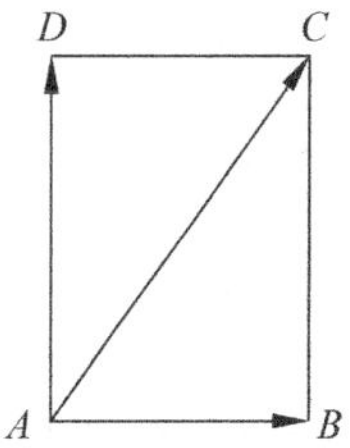

由勾股定理不难计算船实际航行的速度 v 为

$$v^2=5^2+2^2=29,$$

故 $v=\sqrt{29}$ km/h。船实际航行的方向与江水方向的夹角为

图 2.9

$$\alpha = \arctan \frac{5}{2}。$$

可以查表求近似值。

实际的问题可能是：

思考题　一艘船从长江南岸 A 点出发，以 5km/h 的速度向对岸 D 点行驶，江水的速度为向东 2km/h。假设船的航行路线是直线，船应该按什么方向行驶方能到达 D 点？

有例 2 做铺垫，学生可以自主分析并回答上述问题。

◀ **案例 3**　平面向量基本定理

教学目的：掌握平面向量基本定理，会利用向量基本定理解决简单的问题。

教学重点：平面向量基本定理及其本质。

教学难点：平面向量基本定理本质的分析。

教学过程：

一、问题引入

问题 1　在歌曲 MV《纤夫的爱》中有一个镜头：尹相杰在岸边拉纤，于文华撑着伞坐在船头唱歌，船上另有一个小伙子拿着竹篙不时地撑一下。既有纤夫，何须竹篙？

通过对这个问题的剖析，可以了解即使各个方向力的方向不发生变化但只要大小发生变化，合力的方向与大小也会发生变化。在此基础上可以作一个定量化的理想假设：河岸近似直线，船在河道中央，河宽 m m，纤绳 n m，尹相杰以恒定的力 F 沿着岸边拉纤（方向与大小都不发生变化），如果船上的小伙子不用竹篙撑船，船将向什么方向航行？如果要保持船始终沿着河道中央航行又不减慢船速，乘船的小伙子应往哪个方向以多大的力量撑篙？如果船偏离了河道中央，距离岸边只有 $\frac{m}{3}$ m，小伙子如何撑船才能让船回到河道中央？

二、新课教学

将问题 1 一般化，可以得到一个数学化的问题：

问题 2 假设 a，b 是平面内的两个向量，λ，$\mu \in \mathbf{R}$，$\lambda a + \mu b$ 表示什么向量？

不妨先从 λ，μ 均为正整数开始，再讨论负整数以及一般的实数。

问题 3 假设 a，b，c 是平面内的三个向量，能不能由 a，b 得到 c？这个问题的意义何在？

这里显然需要分情况讨论，因为 a，b 可能平行也可能不平行。由 a，b 得到 c 的问题或许并不那么难以回答，但是这个问题的意义却不是显而易见的，需要教师引导学生去逐步发现。其意义表现在三个方面，一是现实意义。与问题 1 的设计类似，如果两股力不平行（平行时则形成合力或相消），即使两股力的方向不发生变化，但通过调整力的大小可以让合力的方向发生改变。二是几何意义。不妨从直角坐标开始说起，平面内的直角坐标与向量是什么关系？如果把坐标轴的两个单位方向看成 e_1，e_2，能否利用这两个向量表示平面的任意向量？这个问题将为后面探讨向量的坐标表示埋下伏笔。如果是两个不共线向量呢？能否生成平面内的任意向量？注意到几何中三点确定一个平面，而如果将两个不共线的向量始点移到一处，则始点及它们的终点构成三个不同的点，显然它们确定了一个平面，因而确定了平面内的任意向量。三是代数意义。从向量理论体系构造的角度看，平面向量基本定理通过向量的代数运算描述向量之间的关系，这种关系称为线性相关。由此可得下面的结论。

定理（平面向量基本定理） 假设 e_1，e_2 是同一平面内的两个不共线向量，则对该平面内的任意向量 a，有且仅有一对实数 λ，μ 使得

$$a = \lambda e_1 + \mu e_2。$$

联想到前面直角坐标与向量关系的讨论，通常把 e_1，e_2 称为平面内所有向量的基底。换言之，基底充当了坐标的角色，事实上，两个不共线的向量可以构成所在平面内的斜坐标，由此可见平面向量基本定理的重要性。

问题是具体如何实现这种表示？几何作图并不困难，只需要从 a 分别向 e_1，e_2 作平行线，与这两个方向所在直线相交，连接始点与交点所成的

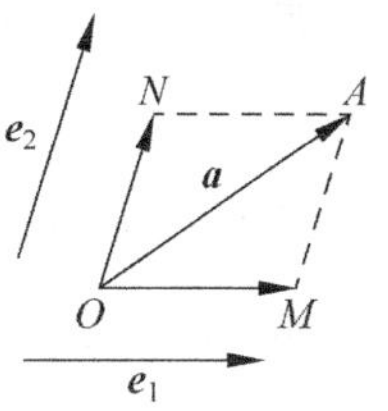

向量即为所求(见图 2.10),所以存在性是容易证明的。

如何证明定理中的表示是唯一的? 不妨假设另有一组数 λ', μ' 使得

$$a = \lambda'e_1 + \mu'e_2,$$

则有

$$a = \lambda e_1 + \mu e_2 = \lambda'e_1 + \mu'e_2,$$

于是

$$(\lambda - \lambda')e_1 + (\mu - \mu')e_2 = \mathbf{0}。$$

如果 $\lambda - \lambda' \neq 0$,则 $e_1 = \dfrac{\mu - \mu'}{\lambda - \lambda'}e_2$,这与 e_1, e_2 不共线矛盾。$\mu - \mu' \neq 0$ 可类似证明。故定理中的表示是唯一的。

图 2.10

问题 4 仔细品味一下向量基本定理,你觉得这个定理可以与过去学过的什么概念类比?

问题 3 已经对此问题做过一些暗示,但学生可能仍然难以体会这个问题的重要性,可以针对这个问题稍作细化,通过直角坐标系与平面向量基本定理的类比,两个不共线的向量可以构成一个坐标系,称为斜坐标。工程上常见的俯视图用的就是坐标轴成 45° 角的斜坐标。如果将这两个不共线的向量单位化,可以得到坐标轴方向的单位向量。在线性代数中,向量空间的极大线性无关组便充当了坐标系的角色,将极大线性无关组的每个向量单位化之后,向量用极大线性无关组表示的系数称为该向量的坐标。这也就是教材中把平面内两个不共线向量称为基底的缘故。

问题 5 假设 m, n 是不共线的两个向量,$a = \lambda_1 m + \mu_1 n, b = \lambda_2 m + \mu_2 n, c = \lambda_3 m + \mu_3 n, d = \lambda_4 m + \mu_4 n$,如何计算 $a + 2b, a + 2b + 3c$ 及 $a + 2b + 3c + 4d$? 这个计算过程告诉了我们什么?

通过这个简单的计算可以看出,只要将向量表示为两个不共线向量的线性组合,这些向量的线性运算就对应到两个不共线向量系数的对应运

算,这就印证了问题 4 的讨论。

问题 6 能不能将直角坐标系用向量的语言重新表述?

只需要写出坐标方向的两个单位向量,由平面向量基本定理便知:可以将平面内任意向量用这两个单位向量线性表示,而两个单位向量的系数恰好就是坐标分量。通过这个问题的讨论,强化了直角坐标系与平面向量基本定理之间的关系。将来学习更高维的向量空间对比较抽象的极大线性无关组概念也就不会感到陌生了。

>>> 例 1 已知两个非零向量 e_1,e_2 不共线,如果 $\overrightarrow{AB}=e_1+e_2$,$\overrightarrow{BC}=2e_1+8e_2$,$\overrightarrow{CD}=3(e_1-e_2)$,证明 A,B,D 三点共线。

证明 因为 $\overrightarrow{AB}=e_1+e_2$,$\overrightarrow{BD}=\overrightarrow{BC}+\overrightarrow{CD}=2e_1+8e_2+3e_1-3e_2=5(e_1+e_2)=5\overrightarrow{AB}$。这说明 $\overrightarrow{AB}$ 与 $\overrightarrow{BD}$ 共线,B 为其公共点,故 A,B,D 三点共线。   证毕

>>> 例 2 如图 2.11 所示,等腰梯形 $ABCD$ 的两条对角线相交于点 M,$CM=\dfrac{1}{4}AC$。设 $\overrightarrow{AB}=a$,$\overrightarrow{AD}=b$,$\overrightarrow{CD}=c$,分别用 $\{a,b\}$,$\{b,c\}$ 表示 $\overrightarrow{MA}$,$\overrightarrow{MB}$,$\overrightarrow{MC}$ 和 $\overrightarrow{MD}$。

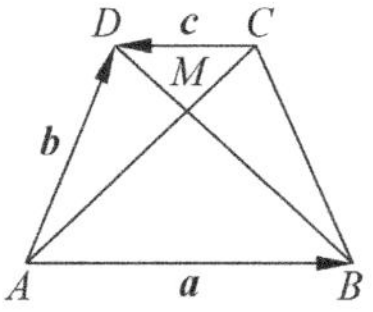

图 2.11

解 由于 $ABCD$ 是等腰梯形,$CM=\dfrac{1}{4}AC$,所以 $c=-\dfrac{1}{3}a$,故 $|AM|=|BM|$,$|DM|=|CM|$。由已知得 $\overrightarrow{MA}=\overrightarrow{CA}-\overrightarrow{CM}=\overrightarrow{CA}-\dfrac{1}{4}\overrightarrow{CA}=\dfrac{3}{4}\overrightarrow{CA}=\dfrac{3}{4}(c-b)=\dfrac{3}{4}\left(-\dfrac{1}{3}a-b\right)=-\dfrac{1}{4}a-\dfrac{3}{4}b$。$\overrightarrow{MB}$,$\overrightarrow{MC}$ 和 $\overrightarrow{MD}$ 可类似计算。

上述两个例子初步反映了向量与平面几何之间的关系,为利用向量解决几何问题埋下了伏笔。

三、课后思考

1. 设 e_1,e_2 是两个不共线向量,向量 $a=e_1+\lambda e_2$ 与向量 $b=-e_1+2e_2$ 共线的条件是什么?

2. 证明：三角形的三条中线共点。

> **案例 4** 平面向量的正交分解及坐标表示

教学目的：掌握平面向量正交分解及其坐标表示方法；借助向量的坐标表示，可以把向量的一切运算转化为数的运算。

教学重点：正交分解下的向量坐标表示；平面向量线性运算和共线的坐标表示。

教学难点：向量坐标表示和坐标运算。

教学过程：

一、问题引入

问题 1 向量 i,j 为平面内两个相互垂直的向量，根据平面向量基本定理，对平面内的任一向量 a，有且只有一对实数 x,y，使得 $a = xi + yj$。如果 i,j 为直角坐标系中坐标轴的单位向量，数组 x,y 在直角坐标系中表示什么？

这个问题的意图很清楚，将向量始点移到坐标原点，向量的终点就唯一决定了该向量，反之亦然。

二、新课教学

问题 2 在给定的直角坐标系下，任给一个向量 a，如何用坐标轴方向的单位向量将该向量表示出来？

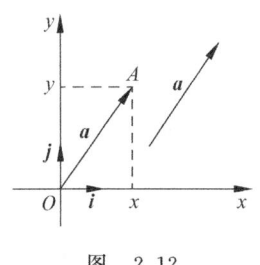

图 2.12

几何上并不难搞清楚这个问题，将向量的始点移到坐标原点，从向量的终点向坐标轴引垂线，垂线与坐标轴的交点即为所求（见图 2.12）。

这个问题的重要性体现在可以建立向量与坐标系中的点之间的一一对应，任意向量都由其终点的坐标唯一确定。反之，任给平面内一个点，从坐标原点到该点的有向线段便确定了一个向量，终点的坐标便是该向量用单位坐标向量表示时的系数。这样就建立了向量与平面内的点之间的一一对应关系。

问题 3 如果向量的始点不在坐标原点，如何在坐标系中表示该向量？如图 2.13 所示，A,B 为平面内的任意两点，i,j 为坐标轴的单位向量。已知 A 的坐标是 (x_1,y_1)，B 的坐标为 (x_2,y_2)，如何将向量 $\overrightarrow{AB}$ 用 i,j 的表示？

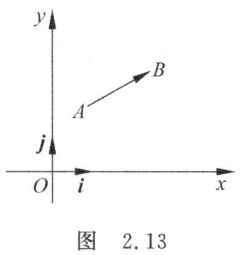

图　2.13

当向量的始点不在坐标原点时，如何将其用单位坐标向量表示？这不是一件显而易见的事情。由于向量具有平移不变性，所以只要将向量的始点移到坐标原点便可，但如何将这种平移用代数运算表示出来？这是问题的关键。这就涉及向量运算与对应坐标运算之间的关系。通过简单的几何分析不难看出只需要将向量终点坐标与始点坐标分量分别相减即可得到始点平移到原点后的向量。

问题 4　通过对问题 3 的分析，能否看出在特定的直角坐标系中，向量的数乘与加法运算与其坐标之间是什么关系？例如，如果 $a=(x_1,y_1)$，$b=(x_2,y_2)$，$\lambda\in\mathbf{R}$，如何计算 $a+b,a-b,\lambda a$ 的坐标？

类似问题 3 的分析以及平行四边形法则，可知两个向量的和（差）等于其坐标分量对应相加（相减），数乘等于其坐标分量分别数乘，即

$$a\pm b=(x_1\pm x_2,y_1\pm y_2),\quad \lambda a=(\lambda x_1,\lambda y_1)。$$

这就为向量的线性运算提供了极大的方便。

>>> **例 1**　已知 $a=(2,1)$，$b=(-3,4)$，求 $a+b,a-b,3a-6b$ 的坐标。

解　略

>>> **例 2**　已知点 A,B,C 的坐标分别为 $A(2,-4),B(-3,5),C(0,9)$，求向量 $\overrightarrow{AB}+2\overrightarrow{BC}-\dfrac{1}{3}\overrightarrow{AC}$ 的坐标。

解　$\overrightarrow{AB}=(-3-2,5-(-4))=(-5,9)$，$\overrightarrow{BC}=(0-(-3),9-5)=(3,4)$，$\overrightarrow{AC}=(0-2,9-(-4))=(-2,13)$。故

$$\overrightarrow{AB}+2\overrightarrow{BC}-\frac{1}{3}\overrightarrow{AC}=(-5,9)+2(3,4)-\frac{1}{3}(-2,13)=\left(\frac{5}{3},\frac{38}{3}\right)。$$

问题 5　如果两个向量共线，它们的坐标表示有什么关系？

如果两个向量 a,b 共线，则存在 $\lambda\in\mathbf{R}$，使得 $a=\lambda b$ 或 $b=\lambda a$（不排除其中一个向量可能为零）。不妨设 $b\neq\mathbf{0}$，$a=(x_1,y_1)$，$b=(x_2,y_2)$，由 $a=\lambda b$ 可知 $x_1=\lambda x_2$，$y_1=\lambda y_2$。

>>> **例 3** 已知 $a=(4,2)$，$b=(6,y)$，且 $a/\!/b$，求 y。

解 因为 $a/\!/b$，故存在 $\lambda\in\mathbf{R}$，使得 $a=\lambda b$，于是 $4=\lambda 6$，$2=\lambda y$，解得 $y=3$。

>>> **例 4** 已知 $A=(-1,-1)$，$B=(1,3)$，$C=(2,5)$，试判断 A,B,C 三点的位置关系。

解 $\overrightarrow{AC}=(3,6)$，$\overrightarrow{AB}=(2,4)$，可见 $\overrightarrow{AC}=\dfrac{3}{2}\overrightarrow{AB}$，即 $\overrightarrow{AC}/\!/\overrightarrow{AB}$。

问题 6 已知 P_1,P_2 的坐标分别为 (x_1,y_1)，(x_2,y_2)，若 $a=\overrightarrow{P_1P_2}$，如何计算 a 的长度？

如果知道向量的始点与终点坐标，则可以利用欧几里得空间中两点距离公式计算向量的长度。

三、课后思考

1. 在 $\triangle ABC$ 中，$A(x_1,y_1)$，$B(x_2,y_2)$，$C(x_3,y_3)$，试求出 $\triangle ABC$ 的重心 G 的坐标。

2. 已知 $A(x_1,y_1)$，$B(x_2,y_2)$ 为平面直角坐标系中的两个点，求向量 $\overrightarrow{OA}$ 与 $\overrightarrow{AB}$ 的长度。

案例 5 平面向量的数量积及坐标表示

教学目的：掌握平面向量的数量积及其坐标表示方法；理解平面向量数量积所描述的几何度量性质。

教学重点：向量数量积的概念及其性质。

教学难点：向量坐标表示和坐标运算。

教学过程：

一、问题引入

问题 1 假设一个与水平面成夹角 α 的力 F 作用于一个物体，使得该物体沿水方向从 O 点移动到 A 点，此时物体移动所做的功是多少？

学过简单运动力学的学生基本都能回答出这样的问题，如果记物体移动所做的功为 W，则

$$W = |\overrightarrow{OA}||F|\cos\alpha。$$

这就是说，只有水平方向的力导致物体移动才会做功。这个问题为向量内积概念提供了物理背景。

二、新课教学

如果将两个向量的始点放在同一点（例如坐标原点），则只要两个向量不共线，它们将确定了一个三角形，所以从几何的角度看，两个向量的夹角是确定的，问题在于如何通过这两个向量将其计算出来。教材在假设已知两个向量长度及夹角的前提下给出了内积的定义，但从这个定义无法让人理解为什么要定义这样的内积，所以实际的教学过程中有必要挖掘内积内在的本质。

问题 2 假设 a，b 是两个向量，如何计算它们的夹角？

如果学生已经学习了余弦定理，这个问题不难回答：假设两向量的夹角为 α，则由余弦定理得

$$|a-b|^2 = |a|^2 + |b|^2 - 2|a||b|\cos\alpha。$$

如果可以计算 $|a-b|$，由上式便可计算夹角，反之亦然。问题在于如何由此得到内积的概念，鉴于已经知道了向量的坐标表示，所以这里不妨稍微绕个圈子，看看当知道了两个向量的坐标表示后，如何计算它们的夹角。不妨设 $a=(x_1,y_1)$，$b=(x_2,y_2)$，则 $a-b=(x_1-x_2,y_1-y_2)$，于是

$$|a-b|^2 = x_1^2 + x_2^2 - 2x_1x_2 + y_1^2 + y_2^2 - 2y_1y_2,$$
$$|a|^2 = x_1^2 + y_1^2, \quad |b|^2 = x_2^2 + y_2^2。$$

将坐标表示代入余弦公式得

$$\cos\alpha = \frac{x_1x_2 + y_1y_2}{\sqrt{x_1^2+y_1^2}\sqrt{x_2^2+y_2^2}}。$$

上式的分母即两个向量的长度，分子是什么呢？需要给它一个名称，它是由坐标分量的乘积构成的，所以把它称为向量的某种积，如果我们注意到两个向量做这种乘积之后变成了通常的数，就不难给它一个名分："向量

的数量积",对应到两个向量还有另一种乘积,作这种乘积运算后得到一个新的向量,该向量与原来的两个向量是垂直的。换句话说,它与原来的向量构成了三维空间,这种乘积也对应有物理背景,如电磁学中的右手螺旋法则,通常称之为向量的外积。因此,对应地,也把"数量积"称为"内积",记为 $a \cdot b$。网络上有一种说法,认为向量的内积是比"数量积""点积"更宽泛的概念,理由是内积可以针对更抽象的内积空间,而数量积则针对欧几里得空间,这恐怕有些想当然。"数量积"对应于"向量积""点积"对应于"叉积""内积"对应于"外积",它们是同一个概念的不同称呼。"点积"与"叉积"更可能取意于符号"·"与"×","数量积"与"向量积"取意于向量运算的结果。"内积"与"外积"则是纯代数术语,是否真的如网络所言源于维数的减少与增加不得而知。

如果此前没有学习余弦定理也没关系,稍微多走一步,不妨设向量的夹角是锐角 α(钝角情形适当修改一下证明即可),从向量 a 的终点(三角形的一个顶点)向 b 引垂线,得到两个直角三角形,a 在 b 上投影的长度为 $|a|\cos\alpha$,再运用两次勾股定理便可得到余弦定理。由此得到内积概念:

$$a \cdot b = |a||b|\cos\alpha。$$

教材中直接用上式定义内积,但学生很难从这个定义中理解为什么如此定义内积,先利用坐标表示导出向量的夹角计算公式,再通过坐标引入内积概念,显得自然一些,学生也比较容易理解为什么要这么定义内积。再结合问题 1 会发现,内积与物理也是相通的。

≫≫≫ 例 1 设 a,b 是两个向量,若 $a \cdot b = 0$,a 与 b 是什么关系?若 $a \cdot b = |a||b|$ 呢?

解 $a \cdot b = 0$ 意味着 $a \perp b$,$a \cdot b = |a||b|$ 意味着 a 与 b 平行。

≫≫≫ 例 2 已知 $|a| = 5$,$|b| = 4$,a 与 b 的夹角 $\theta = 120°$,求 $a \cdot b$。

解 $\cos120° = -\dfrac{1}{2}$,由内积定义知

$$a \cdot b = |a||b|\cos120° = -10。$$

问题 3 向量的内积是否具有与实数乘法运算类似的法则?

这些法则包括内积的交换律、对加法的分配律等,可以从定义出发分别检验:

(1) $a \cdot b = b \cdot a$;

(2) $(\lambda a) \cdot b = a \cdot (\lambda b) = \lambda(a \cdot b)$;

(3) $a \cdot (b + c) = a \cdot b + a \cdot c$;

(4) $a \cdot a \geqslant 0$。

>>> 例 3 已知 $|a| = 6$,$|b| = 4$,a 与 b 的夹角为 $60°$,求 $(a + 2b) \cdot (a - 3b)$。

解 $(a + 2b) \cdot (a - 3b) = a \cdot a + 2b \cdot a - 3a \cdot b - 6b \cdot b$

$$= 6 + 24 - 36 - 96 = -102。$$

>>> 例 4 已知 $|a| = 3$,$|b| = 4$,且 a 与 b 不共线,当 k 为何值时,向量 $a + kb$ 与 $a - kb$ 互相垂直?

解 $a + kb$ 与 $a - kb$ 相互垂直当且仅当

$$(a + kb) \cdot (a - kb) = 0,$$

即

$$a \cdot a + kb \cdot a - ka \cdot b - k^2 b \cdot b = 9 - 16k^2 = 0,$$

解得 $k = \pm \dfrac{3}{4}$。

>>> 例 5 已知 m, n 是两个单位向量,其夹角为 $60°$,设 $a = 2m + n$,$b = 2n - 3m$,求 a 与 b 的夹角。

解 设 a 与 b 的夹角为 α,则

$$\cos\alpha = \frac{a \cdot b}{|a| |b|} = \frac{(2m + n) \cdot (2n - 3m)}{|2m + n| |2n - 3m|},$$

而

$$|2m + n|^2 = (2m + n) \cdot (2m + n)$$

$$= 4m \cdot m + 2n \cdot m + 2m \cdot n + n \cdot n$$

$$= 4 + 1 + 1 + 1 = 7;$$

$$|2n - 3m|^2 = (2n - 3m) \cdot (2n - 3m)$$

$$= 4n \cdot n - 6m \cdot n - 6n \cdot m + 9m \cdot m$$

$$= 4 - 6 + 9 = 7;$$

$$(2\boldsymbol{m}+\boldsymbol{n}) \cdot (2\boldsymbol{n}-3\boldsymbol{m})=4\boldsymbol{m} \cdot \boldsymbol{n}+2\boldsymbol{n} \cdot \boldsymbol{n}-6\boldsymbol{m} \cdot \boldsymbol{m}-3\boldsymbol{n} \cdot \boldsymbol{m}$$

$$=2+2-6-\frac{3}{2}=-\frac{7}{2}。$$

故

$$\cos\alpha=\frac{\boldsymbol{a} \cdot \boldsymbol{b}}{|\boldsymbol{a}||\boldsymbol{b}|}=-\frac{1}{2}。$$

这说明 $\boldsymbol{a}$ 与 $\boldsymbol{b}$ 的夹角为 $\alpha=120°$.

>>> 例 6 已知直线 l 的一般方程为 $Ax+By+C=0$，$P=(x_0,y_0)$ 为直线外一点。求证：

(1) 由方程系数 A,B 构成的向量 $\boldsymbol{n}=(A,B)$ 垂直于直线 l；

(2) 点 $P(x_0,y_0)$ 到直线 l 的距离为：$d=\dfrac{|Ax_0+By_0+C|}{\sqrt{A^2+B^2}}$.

证 (1) 设 (x_1,y_1) 为直线上固定点，(x,y) 为直线上任意的点，则 $Ax+By+C=0$ 且 $Ax_1+By_1+C=0$，两式相减得

$$A(x-x_1)+B(y-y_1)=0。$$

记 $\boldsymbol{a}=(x-x_1,y-y_1)$，则 $\boldsymbol{a}$ 为与直线 l 共线的向量，由

$$\boldsymbol{n} \cdot \boldsymbol{a}=A(x-x_1)+B(y-y_1)=0，$$

知 $\boldsymbol{n}\perp l$.

(2) 假设直线上的点 $Q(x,y)$ 与 $P(x_0,y_0)$ 的连线垂直于直线 l，则

$$\overrightarrow{PQ}=(x-x_0,y-y_0) /\!/ \boldsymbol{n}，$$

故存在 $k\in\mathbf{R}$，使得 $\overrightarrow{PQ}=k\boldsymbol{n}$，即

$$x=x_0+kA，\quad y=y_0+kB。$$

代入直线方程得

$$Ax+By+C=A(x_0+kA)+B(y_0+kB)+C=0，$$

进而

$$Ax_0+kA^2+By_0+kB^2+C=0，$$

即

$$-k(A^2+B^2)=Ax_0+By_0+C。$$

点 $P(x_0, y_0)$ 到直线 l 的距离为

$$d = |\overrightarrow{PQ}| = \sqrt{(x-x_0)^2 + (y-y_0)^2} = |k|\sqrt{A^2+B^2},$$

因此

$$\frac{d}{\sqrt{A^2+B^2}}(A^2+B^2) = |Ax_0 + By_0 + C|,$$

这说明

$$d = \frac{|Ax_0 + By_0 + C|}{\sqrt{A^2+B^2}}。 \qquad 证毕$$

三、课后思考

（1）实数除法是乘法的逆运算，向量的数量积存在逆运算吗？请举例说明。

（2）在平行四边形 $ABCD$ 中，$AB=4$，$BC=2$，$\overrightarrow{AB} \cdot \overrightarrow{AD} = -4$，求 $\angle ABC$ 的大小。

◀ **案例 6** **平面向量应用举例**

教学目的：掌握利用平面向量解决数学及物理问题的方法。

教学重点：运用向量解决问题。

教学难点：几何、代数、物理问题与向量问题之间的转化表示。

教学过程：

一、问题引入

问题 1 从向量的定义及前面的讨论，你认为向量有可能应用到什么方面？

这个问题显得有些泛，学生也只可能有初步的直觉，从向量的定义、运算法则以及其几何背景、物理背景可以猜测，向量在几何、物理等方面具有应用的潜力。例如平面中的几何问题可以用向量的语言重新描述，导致物体产生位移的力是有大小与方向的量，等等。但具体如何运用向量法去解决几何与实际问题，学生需要一个熟悉的过程，因为向量法的本质是将几何问题代数化，这对于习惯了用几何法解平面几何题的学生而言需要一个思维方式的转变过程。

　　向量法运用于一些几何问题固然可以使得问题得到简化,但也应该防止过度"代数化"带来的弊端,如果学生已经经过了平面几何严格的逻辑训练,在此基础上再介绍向量法,对于学生多角度掌握平面几何的解题方法是有益的。对于立体几何的教学,向量的运用可能存在度的把握问题。与平面几何不同的是,立体几何承担着培养学生空间想象能力的任务。向量法运用过度了,学生或许会有丧失空间想象能力之虞。因为形式化的代数演算有可能将内在的几何特征湮没了。折中的办法是几何法与向量法并重,学生更容易通过不同方法的比较看清向量法的本质。

二、新课教学

　　问题 2　假设 $P_1(x_1, y_1)$,$P_2(x_2, y_2)$是平面内的两个点,$P(x, y)$是 $\overrightarrow{P_1P_2}$ 所在直线上任一点,如何用合适方法表示 P 与 P_1、P_2 的位置关系?

　　这个问题几何上很简单,说的是三点共线问题,既然给出了三点的坐标,当然也可以用坐标把三点的关系表示出来。但既然是向量的应用,这里最好用向量的语言来描述这种关系。既然三点共线,说明向量 $\overrightarrow{P_1P}$ 与 $\overrightarrow{PP_2}$ 共线,故存在 $k \in \mathbf{R}$ 使得 $\overrightarrow{P_1P} = k\overrightarrow{PP_2}$,$k$ 取不同的值意味着 P 与 P_1、P_2 不同的位置关系。不妨利用坐标将关系 $\overrightarrow{P_1P} = k\overrightarrow{PP_2}$ 表示出来:

$$(x - x_1, y - y_1) = k(x_2 - x, y_2 - y),$$

即

$$\begin{cases} (1+k)x = x_1 + kx_2, \\ (1+k)y = y_1 + ky_2。 \end{cases}$$

如果 $k = -1$,则 $P_1 = P_2$,故不妨设 $k \neq -1$。从而

$$\begin{cases} x = \dfrac{x_1 + kx_2}{1 + k}, \\ y = \dfrac{y_1 + ky_2}{1 + k}。 \end{cases}$$

记 O 为坐标原点,则上式可以写成

$$\overrightarrow{OP} = \frac{\overrightarrow{OP_1} + k\overrightarrow{OP_2}}{1 + k}。$$

令 $\lambda = \dfrac{1}{1+k}$ 则

$$\overrightarrow{OP} = \lambda \overrightarrow{OP_1} + (1-\lambda)\overrightarrow{OP_2}。$$

可以根据 k 或 λ 的取值讨论 P 与 P_1, P_2 的位置关系。

问题 3 如何用向量法证明平行四边形法则?

不妨设平行四边形为 $OABC$,其中 O 为坐标原点,将其余三个顶点的坐标写出来,即 $A = A(x_1, y_1)$,$B = B(x_2, y_2)$,$C = C(x_3, y_3)$,则平行四边形的两个对角线分别为:$\overrightarrow{OB} = (x_2, y_2)$,$\overrightarrow{AC} = (x_3 - x_1, y_3 - y_1)$,分别计算向量 $\overrightarrow{OA}, \overrightarrow{OC}, \overrightarrow{OB}$ 及 $\overrightarrow{AC}$ 的长度,即可得到平行四边形法则的证明。

问题 4 当力作用于物体时会使物体产生位移,两个力度大小不同的力有没有可能做一样的功? 为什么?

由于力有大小与方向,导致物体产生位移的力是与物体移动方向一致的力,所以,需要将一般的力做分解,求出与物体移动方向一致的力,用向量表示即 $W = S|F|\cos\alpha$,其中 S 为物体的位移,$|F|\cos\alpha$ 为力 F 在物体移动方向上投影的大小。当然,这里需要假设力的方向与物体移动方向的夹角小于 $90°$,否则就是反方向移动了。随着角度的减少,较小的力量做更多的功,所以角度不同,两个力度大小不同的力有可能做一样的功。

>>> **例 1** 已知 $A(3,1)$,$B(-1,3)$ 为平面直角坐标系中两点,O 为坐标原点,若 C 满足 $\overrightarrow{OC} = \alpha\overrightarrow{OA} + \beta\overrightarrow{OB}$,其中 $\alpha, \beta \in \mathbf{R}$,且 $\alpha + \beta = 1$,求点 C 的轨迹方程。

解 设 C 的坐标为 $C = C(x, y)$,由 $\overrightarrow{OC} = \alpha\overrightarrow{OA} + \beta\overrightarrow{OB}$ 可知

$$(x, y) = \alpha(3, 1) + \beta(-1, 3)。$$

由于 $\alpha + \beta = 1$,故

$$(x, y) = \alpha(3, 1) + (1-\alpha)(-1, 3)。$$

不难看到,当 α 变化时,C 的轨迹为直线。将 α 消去可得 C 的轨迹方程为

$$x + 2y - 5 = 0。$$

>>> **例 2** 求证:$|x_1 x_2 + y_1 y_2| \leqslant \sqrt{x_1^2 + y_1^2}\sqrt{x_2^2 + y_2^2}$。

证 记 $a=(x_1,y_1)$，$b=(x_2,y_2)$，则 $a\cdot b=x_1x_2+y_1y_2$，$|a|=\sqrt{x_1^2+y_1^2}$，$|b|=\sqrt{x_2^2+y_2^2}$，由内积定义知

$$a\cdot b=|a||b|\cos\alpha,$$

其中 α 为 a 与 b 的夹角，因为 $|\cos\alpha|\leqslant 1$，故 $a\cdot b\leqslant|a||b|$，即

$$|x_1x_2+y_1y_2|\leqslant\sqrt{x_1^2+y_1^2}\,\sqrt{x_2^2+y_2^2}。$$

应该注意的是，高维柯西不等式就不能采用上述方法了，因为高维情形之所以用坐标分量的乘积之和定义内积，正是缘于柯西不等式。

>>> 例 3 假设三角形 $\triangle ABC$ 三个顶点的坐标分别为 $A(x_1,y_1)$，$B(x_2,y_2)$，$C(x_3,y_3)$，如何计算 $\triangle ABC$ 重心的坐标？

通过这个例子将看到用向量法有时比纯粹的几何法要简单直接很多，记 $\overrightarrow{AB}$，$\overrightarrow{BC}$，$\overrightarrow{CA}$ 的中点分别为 D，E，F，不难得知其坐标分别为 $D=\left(\dfrac{x_1+x_2}{2},\dfrac{y_1+y_2}{2}\right)$，$E=\left(\dfrac{x_2+x_3}{2},\dfrac{y_2+y_3}{2}\right)$，$F=\left(\dfrac{x_3+x_1}{2},\dfrac{y_3+y_1}{2}\right)$，故三角形的三条中线分别为

$$\overrightarrow{CD}=\lambda\left(\frac{x_1+x_2}{2},\frac{y_1+y_2}{2}\right)+(1-\lambda)(x_3,y_3),$$

$$\overrightarrow{AE}=\mu\left(\frac{x_2+x_3}{2},\frac{y_2+y_3}{2}\right)+(1-\mu)(x_1,y_1),$$

$$\overrightarrow{BF}=\nu\left(\frac{x_3+x_1}{2},\frac{y_3+y_1}{2}\right)+(1-\nu)(x_2,y_2)。$$

设 $\overrightarrow{CD}$ 与 $\overrightarrow{AE}$ 的交点坐标为 $H(x,y)$，则存在 λ_1，μ_1 使得

$$x=\lambda_1\frac{x_1+x_2}{2}+(1-\lambda_1)x_3$$

$$=\mu_1\frac{x_2+x_3}{2}+(1-\mu_1)x_1,$$

$$y=\lambda_1\frac{y_1+y_2}{2}+(1-\lambda_1)y_3$$

$$=\mu_1\frac{y_2+y_3}{2}+(1-\mu_1)y_1。$$

解之得 $\lambda_1 = \mu_1 = \dfrac{2}{3}$，于是 $x = \dfrac{x_1 + x_2 + x_3}{3}$，$y = \dfrac{y_1 + y_2 + y_3}{3}$。

设 $\overrightarrow{CD}$ 与 $\overrightarrow{BF}$ 的交点坐标为 $G(\tilde{x}, \tilde{y})$，则存在 μ_2, ν_2，使得

$$\tilde{x} = \mu_2 \left(\frac{x_2 + x_3}{2}, \frac{y_2 + y_3}{2} \right) + \nu_2 \left(\frac{x_3 + x_1}{2}, \frac{y_3 + 1}{2} \right),$$

$$\tilde{y} = (1 - \mu_2)(x_3, y_3) + (1 - \nu_2)(x_1, y_1)。$$

类似解得 $\mu_2 = \nu_2 = \dfrac{2}{3}$，故 $\tilde{x} = \dfrac{x_1 + x_2 + x_3}{3}$，$\tilde{y} = \dfrac{y_1 + y_2 + y_3}{3}$。这说明三角形的三个中线交于一点 $(x, y) = \left(\dfrac{x_1 + x_2 + x_3}{3}, \dfrac{y_1 + y_2 + y_3}{3} \right)$。

>>> 例 4　一艘船以 $5\mathrm{km/h}$ 的速度向垂直于对岸的方向行驶，船实际航行方向与水流方向成 $30°$ 角，求水流速度与船的实际速度，并用向量表示船实际航行的速度与方向。

解　假设水流速度为 $v_1\mathrm{km/h}$，船的实际速度为 v。依题意，$v_1 = \dfrac{5}{\tan 30°} = 5\sqrt{3}$，船的实际速度为

$$v = \sqrt{5^2 + v_1^2} = 10\mathrm{km/h}。$$

以船出发的始点为坐标原点，水流方向为 x 轴的正向建立直角坐标系，$\boldsymbol{i}$，$\boldsymbol{j}$ 分别为 x 轴与 y 轴的单位方向，v 为船行驶的速度方向向量，则

$$\boldsymbol{v} = 5\sqrt{3}\,\boldsymbol{i} + 5\boldsymbol{j}。$$

三、课后思考

1. 试用向量法证明 $\cos(\alpha - \beta) = \cos\alpha\cos\beta + \sin\alpha\sin\beta$。

（提示：设 $\boldsymbol{a} = (\cos\alpha, \sin\alpha)$，$\boldsymbol{b} = (\cos\beta, \sin\beta)$，计算两个向量的内积）。

2. 已知矩形 $ABCD$ 中，$A(2,1)$，$B(5,4)$，$C(3,6)$，E 是 CD 边的中点，联结 BE 与矩形的对角线 AC 交于 F 点，求 F 点的坐标。

（提示：可以先通过相似三角形计算 F 点分割对角线 AC 的分割比，根据分割比求坐标）。

第 3 章   立体几何

3.1   欧几里得几何简介

　　欧几里得几何是最古老的几何,也是中学传统的教学内容,相信所有的中学教师对其历史或多或少有所了解,所以本节不准备详论。事实上,试图全面阐述欧几里得几何的历史不是本章区区几页篇幅力所能及的,这里只能粗略介绍其大概,素材大多取自克莱因的《古今数学思想》[4,5],有兴趣的读者可以从这部鸿篇巨制中看到更详细的史实。平面几何与立体几何是密不可分的,讲立体几何自然绕不开平面几何,所以这一节针对的是欧几里得几何而不仅仅是立体几何。

3.1.1   古巴比伦与古埃及的几何

　　人类文明绵延数千年,数学亦然,虽然在古希腊之前,数学作为一门独立的学科并不存在,但已经有了数学的萌芽。古巴比伦人并不重视几何,关于划分土地或是某些工程问题都比较容易化为代数问题,包括面积、体积等问题都是按照固定的法则或公式给出的,当然这些公式不一定正确。例如,他们对一般三角形与直角三角形、四边形与正方形常常分不清楚,所以,不知道对图形所用的计算公式是否正确也就不足为奇了。

　　古埃及人通常不将算术与几何分开,他们把几何看成实用的工具,用算术与代数解有关面积、体积及其他几何问题。由于尼罗河两岸经常发大水,大水后需要重新丈量土地,确定农民土地的边界,于是产生了几何。虽然他们有计算矩形、梯形以及三角形的固定方法,但不能肯定这些方法是否正确(参见文献[6])。但是对圆面积的计算却精确得令人吃惊,那时,他们已经知道取 π 的值为 3.1605。而且还能精确给出截棱锥体的体积计算公式,这是当时最了不起的公式,用今天的形式写出来即为

$$V = \frac{h}{3}(a^2 + ab + b^2),$$

上式中的 h 是高, a, b 分别是上下底的边长。

3.1.2 古希腊的几何

古希腊的数学在历史上首屈一指,堪称人类文明史上伟大的发明创造。泰勒斯(Thales)首先将古埃及的实用几何带进了希腊,随之,毕达哥拉斯(Pythagoras)学派对图形进行了大量的研究,最早研究的是面积问题。几何上三大作图问题也诞生于同一时期。

1. 倍立方问题

所谓倍立方问题,指的是做一个立方体,使得体积等于给定立方体的两倍。相传古希腊提洛斯岛上瘟疫流行,居民得到神的指示:"把神殿上的立方体形的祭坛加到两倍,瘟疫便可以停止。"所以倍立方问题也称为提洛斯问题。

2. 化圆为方

传说这是公元前 5 世纪哲学家阿拉克萨格拉在狱中对着监狱的方铁窗与圆月亮想到的问题。

3. 三等分任意角

据说这是亚历山大国王为公主找别墅时遇到的问题。

立体几何是三维欧几里得空间中几何的传统名称,立体测绘处理诸如圆柱,圆锥,圆台,球,棱柱,棱锥等的体积测量问题。球与正多面体在毕达哥拉斯时代就被研究过,但当时对棱锥,棱柱,圆锥和圆柱的研究很少见,直到柏拉图(Plato)时期才有了比较系统的研究。

希波克拉底(Hippocrates)研究过化圆为方与倍立方问题,他也写过

一本叫《几何原本》的书,但已经失传了。德谟克利特(Democritus)发现棱锥与圆锥的体积分别等于同底等高的棱柱与圆柱体积的三分之一,不过据说证明并不是他做出来的,而是欧多克索斯(Eudoxus)。有一种说法,德谟克利特的著作可能是欧几里得《几何原本》问世前最重要的数学著作。亚里士多德(Aristotle)的哲学对数学的影响并不大,但他发明了演绎逻辑,它对于古希腊的论证几何发挥了重要作用。而且亚里士多德对"定义""公理""公设"都给出了明确清晰的解释。

欧几里得的《几何原本》确立了几何学的逻辑体系,这是数学史上第一部公理化的著作,也是使用时间最长的教科书,其在西方的影响堪比《圣经》。《几何原本》并非都是欧几里得原创性的结果,它是总结、整理了前人结果的基础上形成的。

欧几里得的《几何原本》与阿波罗尼奥斯(Apollonius)的《圆锥曲线》集古希腊数学之大成,代表了那时候数学的最高成就。与今天数学研究的组织形式类似,古希腊也分好几个中心,形成了诸多学派,包括爱奥尼亚学派(Ionian school)、毕达哥拉斯学派、埃利亚学派(Eleatie school)、诡辩学派、柏拉图学派、欧多克索斯学派以及亚里士多德学派。在对数学的认识上,不同学派之间也颇多观念相左之处,例如,柏拉图认为,有一个独立、永恒的观念世界,它是宇宙的真实存在,而数学概念是这世界中的一部分。亚里士多德则认为,物质世界才是真实可取的。不过他也不否认观念,他认为物理对象有一些普遍性的本质,数及几何形状也是实物的属性,它们通过抽象思维为人所认识,但它们是从属于实物的。

柏拉图不仅发现了平面几何中的新定理,也推动了立体几何的研究。他认为,由于天文学是同运动着的立体打交道的,所以在研究天文学之前需要懂得这种立体的科学,但是这种科学被人忽视了。柏拉图与他的同事着手研究立体几何,并且得到了一些新的定理。他们研究了棱柱、棱锥、圆柱及圆锥,而且他们已经知道正多面体只有五种。毕达哥拉斯学派知道可以用 4,8,20 个等边三角形做出三种正多面体,用 6 个正方形可以做出立方体,用 12 个正五边形可以做出正十二面体,但正多面体不能多于五种这一事实却不是他们证明的,据说为特埃特图斯(Theaetetus)所证明。柏拉图最重要的发现是圆锥曲线,后人认为,圆锥曲线的起因应该是为了对付那几个著名的作图问题。

古希腊仅次于阿基米德(Archimedes)的伟大数学家首推欧多克索斯,在古代,他在数学上的第一个大贡献是关于比例的一个新理论。越来越多无理数(不可公度比)的发现迫使希腊人不能不面对这些数,这些出现在几何论证中的东西确实是数吗?欧多克索斯引入了变量的概念,它不是数,而是代表诸如线段、角、面积、体积、时间等能够连续不间断变化的东西。量与数(指自然数)不同,对于量是不指定数值的。然后欧多克索斯定义两个量之比并定义比例,把可公度和不可公度都纳入其中,但他仍然不用数表达这种比。比和比例的概念是与几何学密不可分的。欧多克索斯的意图是避免将无理数当成数,他甚至连线段长度、角的大小以及其他量与量的比都避免赋予数值。

欧多克索斯的理论为不可公度比提供了逻辑基础,但也带来了一些严重的后果,他使得人们将数与几何完全分开,因为只有几何才能处理不可公度比,由此带来的后果便是将研究的重心转移到了几何。数学家们纷纷加入到几何的队伍中,乃至此后的两千年间几何学成了严密数学的全部。甚至从今天的一些习惯说法也能看到那时候的影响,例如,我们通常把 x^2 读成 x 的平方而不是二次方,把 x^3 读成 x 的立方而不是三次方,这明显带有几何的痕迹。

阿基米德是公认的古希腊最伟大的数学家,他不仅通过构造等比数列,利用穷竭法计算了抛物线弓形的面积,给出了 π 的范围,还求出了球的表面积与体积。作为欧几里得的徒孙,他的几何著作《论球和圆柱》《论螺线》《沙的计算》《论图形的平衡》等至臻古希腊几何的巅峰。

公元一世纪左右,作为希腊数学中心的亚历山大开始衰落,而东方的中国,数学开始兴盛起来。遗憾的是,西方的数学史书鲜有提及中国对数学的贡献。

3.1.3 古中国的几何

早在仰韶文化时期,我国的陶器上便刻有表示 1234 的符号。在原始公社末期,已开始使用文字取代结绳记事了。西安半坡(仰韶文化时期,也称新石器时代)出土的陶器上,有 1~8 个小圆点组成的等边三角形及将正方形分成 100 个小正方形的图案,半坡遗址的房屋基址都是圆形与方形的。为了化圆为方,人们还发明了规、矩、准、绳等测量工具,据《史记》记载,夏禹治水时便使用了这些工具。商代中期,我们已经使用了十进制,其中最大的数为 3 万。到了周代,又把阴阳符号构成的八卦表示成八种事物发展为 64 卦,表示 64 种事物。公元前一世纪的《周髀算经》提出用矩测量高、深、广、远的方法,并提出了勾三股四弦五等例子。春秋战国时代,筹算已经得到普遍应用,其使用的也是十进制,这个时期的测量学在现实中得到了广泛应用。人们通过天地与国土面积的测量,城池的修建以及水利工程建设积累了大量数学知识。

公元一世纪东汉前期诞生的《九章算术》对我国数学的影响好比《几何原本》对西方数学的影响。与西方几何不同的是,中国的几何一般不脱离数量关系,通常需要计算出长度、面积、体积,在《九章算术》中便有各种多边形、圆、弓形等图形的面积计算公式,还有各种立体的体积公式。魏晋时期刘徽所著《九章算术注》是那个时代最伟大的数学著作,该书将《九章算术》中的公式、解法进行了全面的论证,并发展了出入相补原理、截面积原理、齐同原理和率的概念,尤为难得的是,在圆面积公式与锥体体积公式的证明中引入了无穷小分割与极限思想,发明了正确计算圆周率的方法,纠正了《九章算术》中的一些错误,还给出了求球体积的方法。

中国古代另一部伟大的数学著作系祖冲之父子的《缀术》,祖冲之的儿子祖暅利用刘徽的"牟合方盖"解决了球体体积的计算问题。可惜,该书已经失传。

3.1.4 欧几里得的《几何原本》

欧几里得的原作《几何原本》共含第十三篇,有些版本十五篇,后两篇系后人所续。虽然该书大多是整理前人已有的结果,但书中对公理的选择属于欧几里得,很多精彩严密的论证也属于他。欧几里得的手稿早已失传,传世的版本来自亚历山大城的泰奥恩对《几何原本》的修订本和泰奥恩的讲稿以及佩拉尔发现的一本希腊手稿。《原本》列出了五个公设与五个公理(也有称为十个公理),对于学过欧几里得几何的人都是耳熟能详的,这里就不赘述了。

《几何原本》的第十一篇至第十三篇涉及立体几何,第十一篇首先给出了一些定义:

(1)立体是有长、宽、高的那种东西。

(2)立体的边界是一个面。

(3)若一直线垂直于一平面内所有与其相交的直线,则直线与平面相垂直。

(4)两平面相交,若在其中一平面内向交线所作的垂线垂直于另一平面,则两平面垂直。

(5)平面与平面的夹角是每一平面内过公共交线上一点的垂线所夹的锐角,称之为两面角的平面角。

还有平行平面、相似立体形、立体角、棱锥、棱柱、球、圆锥、圆柱、立方体、正八面体、正十二面体以及其他立体的定义。有些定义显得有些粗糙,不够严谨。例如关于二面角的定义中假定了平面交线上任意点处的那个锐角都是相等的。

第十一篇仅考虑由平面组成的立体图形,第十二篇主要讲由曲线和曲面所围图形的面积与体积,关于曲线与曲面所围图形的面积与体积主要采用了穷竭法,例如"圆的面积之比等于其直径平方之比"采用的是内接与外接正多边形夹挤的方法。这对于学习过微积分的读者固然不是一件难事,但在远古的希腊能运用极限的思想十分了不起。

第十二篇还证明了几个关于立体体积的不平凡的命题：

命题 1　底为三角形而高相等的棱锥之比等于其底之比。

命题 2　任一正圆锥是与其同底等高圆柱的三分之一。

命题 3　同高的圆锥与圆锥以及同高的圆柱与圆柱之比等于其底之比。

命题 4　球之比等于其直径的三次方之比。

第十三篇讲正多边形的性质与正多边形内接于圆时的性质以及怎样把五种正多面体内接于球。值得一提的是,关于正多面体不能多于五种的证明需要用到第十一篇中的一个定理："立体角各面角之和必小于 360°"。可以在每个顶点每次用三个等边三角形拼凑成一个正四面体;用四个等边三角形拼凑成一个正八面体;用五个等边三角形拼凑成一个正二十面体,可以在每一顶点用三个正方形拼凑成一个立方体;用三个正五边形拼成一个正十二面体。除此之外不再有其他正多面体了,因为即使只用三个其他正多边形拼凑在一个顶点,其各面角之和都会超过 360°(参见文献[6])。

3.1.5　非欧几何的诞生

《几何原本》影响之深远,不仅取代了此前所有的几何著作,而且其主要内容一直延续至今,成为中学数学课程的重要组成部分。但正如克莱因[6]所指出的,其缺点也是显而易见的,有些问题可以纠正,有些在当时是无法解决的。欧几里得与后代众多数学家都犯了把直觉当事实的错误,甚至在一些假定中使用了直线与圆的连续性。尽管如此,在一千多年的时间里,欧几里得几何仍然是数学家们认为的物质空间和此空间内图形性质的正确理想化,很多人甚至认为欧几里得几何是真理。17 世纪末和 18 世纪初的哲学家们普遍认为："数学定律与欧几里得几何一样,是宇宙设计中所固有的。"即便是莱布尼茨这样的大师也持这样的观点。在公元前三世纪直到 17 世纪,包括康德(Kant)在内的哲学家们都一致认为欧几里得几何是唯一的与必然的,只有一位哲学家例外,他就是休谟(Hume)。休谟否认宇宙中的事物有一定的法则并遵循先后顺序,他认为:这些先后顺序只是观察的结果,而人类却由此断言它们将永远以同样方式出现。科学是经验性的,特别是欧几里得几何的定律未必是物质的真理。

休谟的观点虽然被康德否认了,但在悠悠数千年数学历史的长河中,数学家们对欧几里得几何坚信不疑的同时,却对欧几里得公理与公设中的某些公设忐忑不安,虽不怀疑它的真理性,却觉得它不像其他公理与公设那样具有说服力,这就是平行公理(亦说平行公设)。

非欧几何产生的初衷并非为了否定欧几里得几何,恰恰相反,是为了消除对欧几里得平行公理的怀疑。人们试图按两条途径来弥补平行公理带来的遗憾,一条途径是用更为简单明了的命题取代平行公理,另一条途径是企图通过其余九个公理证明平行公理,但实质上都徒劳无功。

虽然后人都称第一门非欧几何为罗巴切夫斯基(Lobachevskii)几何,但实际上最早知道存在非欧几何的人是高斯(Gauss),他在 15 岁(1792年)时便已经意识到存在一种逻辑几何,其中平行公理不成立,那时称为反欧几里得几何,后又称为星空几何、非欧几里得几何。高斯认为欧几里得几何未必是物理空间的唯一几何,没有必然的真理性。不过高斯并未给出他关于非欧几何的相关定理的完整证明,而且所得到的一些结论与罗巴切夫斯基和波尔约(Bolyai)所做的工作几乎一样。更重要的是,后两个人发表了一系列文章,这些文章表明与欧几里得几何一样,非欧几何在逻辑上也是自洽的。波尔约做了与罗巴切夫斯基类似的工作,但波尔约的工作发表在罗巴切夫斯基的工作之后,尽管有过非欧几何发明权之争,但人们还是把非欧几何称为罗巴切夫斯基几何。罗巴切夫斯基几何剔除了欧几里得几何中的第五公理,取而代之以"过平面上一已知直线外的一点,至少可以引两条直线与该已知直线不相交。"人们也把该几何称为双曲几何,它是一种负曲率几何(所谓负曲率指的是对曲线上某个点的切线方向角对弧长的转动率为负值,负曲率曲面上的三角形的内角和小于 π)。

除了罗巴切夫斯基几何,还出现了另一门非欧几何。黎曼于 1851 年在其发表的论文《论几何学作为基础的假设》中明确提出了另一种几何学的存在,他规定:"在同一平面内任何两条直线都有公共点(交点)。"黎曼几何不承认平行线的存在,而给出了另一个公设:"直线可以无限延长,但总的长度是有限的。"但保留欧几里得几何的其他九个公理。这就是如今狭义的黎曼几何,它是曲率为正常数的几何(所谓正曲率指的是曲线上某个点的切线方向角对弧长的转动率为正值,正曲率曲面上的三角形的内角和大于 π)。也就是普通球面上的几何,又叫球面几何。

如同罗巴切夫斯基与波尔约的工作一样,黎曼的工作也深受高斯的启发,高斯在大地测量与地图测绘方面做了大量工作,他认为一个曲面本身便可以看着一个空间,或许正是这一观念催生了黎曼几何。

3.2　立体几何教学策略

相比于若干年前的中学数学,立体几何在现行中学教材中所占比重并不大,内容也做了一定的删减,人民教育出版社 2019 年出版的 A 版必修第二册的第八章介绍了立体几何初步,包括"基本立体图形""立体图形的直观图""简单几何体的表面积与体积""空间点、直线、平面之间的位置关系""空间直线、平面的平行""空间直线、平面的垂直"。这本教材共 273 页,立体几何从第 102 页到第 177 页共有 76 页,所占篇幅不到整册教材的三分之一。

这一章的难点本该在锥体体积的严格证明,教材避开了这个问题。小学阶段采用"实验"法"证明"了锥体体积,高中教材放在阅读与探究部分,通过祖暅原理将一般柱体转换成同底面积等高的三棱柱,再将三棱柱截成三个等体积的三棱锥,从而完成锥体体积公式的证明。在微积分下放到中学之前,祖暅原理停留在直观层面可以理解。既然微积分教学已经在高中广泛开展,运用极限思想证明祖暅原理并不困难,为什么仍是一带而过?学习微积分不就是为了解决问题吗? 数千年前的古人尚且知道运用极限思想解决这些问题甚至更复杂的问题,我们一边学着微积分一边还停留在直观的解释,多少有点令人费解。虽然中学新教材只讲导数,对定积分不作要求,但祖暅原理的极限法证明并不困难,利用微元法很容易证明:假设放置于水平面上的两个柱体被任一平行于水平面的平面所截,其截面面积都相等。两个与水平面平行的平面距离为 Δx,它们将两个柱体分别截成两个小柱体,可以近似将两个柱体看成母线垂直于底面的小柱体,其体积分别为 $dV_1 = S_1 \Delta x$,$dV_2 = S_2 \Delta x$,由于 $S_1 = S_2$,所以 $dV_1 = dV_2$,再经过一个"累加"过程便可以得到相等的体积,具体计算时可以将高作 n 等分,取 Δx 为高的 n 等分中的一段。微元法的基本思想与平均变化率的基本思想相通,学生如果理解从平均变化率到瞬时变化率的思想,就不难理解微元法的思想。事实上,在球的表面积与体积公式推导中已经使用了这种方法。当看到 2019 年人教版高中数学教材中介绍球的表面积与体积之前的下述思考时我们还是颇为吃惊的:

思考

在小学,我们学习了圆的面积公式,你还记得是如何求得的吗?类比这种方法,你能由球的表面积公式推导出球的体积公式吗?

于是便再次去翻开小学教材,发现教材的确介绍了圆的面积公式,采用的是分别将圆八等分、十六等分…,然后将一个个小扇形拼凑出类似矩形的图形,直观上看,当等分越来越细时,拼凑出来的图形就越接近矩形了。这个方法本质上就是割圆术,换了一种说法而已。我们没有在小学实践过,也未能有幸欣赏到相关的教学,不知道效果如何,这里不好妄加评论。但令人费解的是,既然小学都可以学习割圆术,为什么祖暅原理却只做直观解释?而且高中也并未对球面的表面积作出证明,而是直接根据表面积公式推导体积公式。实际教学过程中,完全可以采用切片的方法推导球的体积,然后再仿照教材求体积的方法寻找体积与表面积的关系,再得出表面积公式。

选择性必修第一册第一章介绍空间向量与立体几何,包括"空间向量及其运算""空间向量基本定理""空间向量及其运算的坐标表示""空间向量的应用",其重点在于空间向量的应用。这本教材共 152 页,第一章共

47 页,约占全书三分之一,其中"空间向量的应用"占了将近一半的篇幅。可以看出,教材比较注重空间向量在立体几何中的应用。

向量的确是数学学科中重要的概念,如上一章所介绍,向量理论对现代数学的影响非常深远,中学适当引领学生了解向量的基本概念、运算法则及其运用是有必要的,甚至可以从向量的角度重新解释或解决一些传统的问题,但需要适度。任何事情过度了就会走向反面,轻则很不自然,重则本末倒置、不伦不类。

立体几何与平面几何都是中学最古老的数学内容,这部分内容是否需要改革? 如何改革? 可能是每一个从业者需要认真思考的问题。首先需要搞清楚改革的目的,否则改革就是盲目的。如今无论是中学还是小学都增加了原本不属于相应学段的内容,传统的内容被挤压就在所难免了,欧几里得几何可能是传统内容中删减得比较多的部分。欧几里得几何过时了吗? 从其历史的简介可以看出,数千年中数学家们的很多研究与欧几里得几何密切相关,一个平行公理便催生了两门非欧几何,可见欧几里得几何对数学的影响之大。从教育的角度看,立体几何是培养学生空间想象能力、数学思辨及逻辑演绎能力的重要载体,立体几何的教学不应该忽略它的这几项教育功能。从这个意义上说,立体几何的教学要注意两个方面的问题。

(1) 强化(而不是削弱)学生空间想象能力、直觉思辨能力及逻辑演绎能力的培养。尤其是空间想象能力的培养在立体几何中显得更为重要,向量法固然可以让几何问题代数化从而变得更简单,但用之不当也容易削弱上述三个重要能力的培养。

(2) 在强化空间想象能力、直觉思辨能力及逻辑演绎能力基础上学会运用向量解决几何问题的基本方法。向量是一个既古老又现代的概念,说它古老是因为远在公元前 350 年,亚里士多德便已经知道可以用向量表示物理上的力的大小与方向。说它现代是因为直到牛顿时代人们才开始将向量用有向线段来表示,而将向量的运算与空间结构相联系则始于 19 世纪末 20 世纪初。中学教材虽然仅限于平面与空间向量,但耗费大量笔墨介绍向量的初衷应该是让学生了解向量及其运算的价值与意义。如果学生不能从中领略这一点,向量的引入将失去了意义。

　　教材在必修部分专门介绍立体几何并不涉及空间向量,而在选择性必修部分专门介绍空间向量及其在立体几何中的应用或许正是出于上述两点考量。教师在课堂上如何实施,则是一件见仁见智的事情。也许在选择性必修部分针对同样的问题同时从几何法与向量法两个角度寻找解决问题的方案,然后做一番比较。换言之,相同的问题同时采用不同的解决途径,这样学生或许更能体会立体几何的优美与向量法的精妙。实际教学中很多教师似乎也是将必修与选择性必修合二而一,在学习完立体几何的必修部分后马上转到选择性必修的相关部分。学生此前已经学习了平面向量,对空间向量不会产生理解上的困难。

3.3　立体几何初步教学案例设计

案例 1　**柱、锥、台、球的结构特征**

　　教学目的:会用语言概述棱柱、棱锥、圆柱、圆锥、棱台、圆台、球的结构特征,掌握柱、锥、台的分类。

　　教学重点:了解大量空间实物及模型,概括柱、锥、台、球的结构特征。

　　教学难点:柱、锥、台、球的结构特征的概括。

　　教学过程:

　　一、问题引入

　　问题 1　我们生活在三维空间中,所见到的物体大多都是立体化的,大家都见过什么形状的物体?

　　作为高中学生,已经具备初步的立体感,对现实中出现的立体图形也不陌生,而且所见过的形状远比立体几何能解决的图形多得多,例如鸡蛋就是个近似椭球的物体,不是立体几何能解决的。学生能说出的立体图形可能远远超出课本能解决的范围。但这并非坏事,通过不同图形的比较,找出有可能解决的那些图形。有平面几何做基础,学生应该不难想象哪些图形有可能是立体几何能解决的。教师可以寻找一些有代表性的物体(见图 3.1),或者直接通过教材中的实物图片进行展示。

纸箱　　　　　　　　　　茶叶盒　　　　　　　　　　金字塔

图　3.1

二、新课教学

问题 2　看看下面的图形,你能联想到现实中见过的什么图形?

这是从现实到抽象的第一步,让学生通过这些图形联想到现实中的实际物体,从而初步建立三维物体与三维图形之间的关系(见图 3.2)。

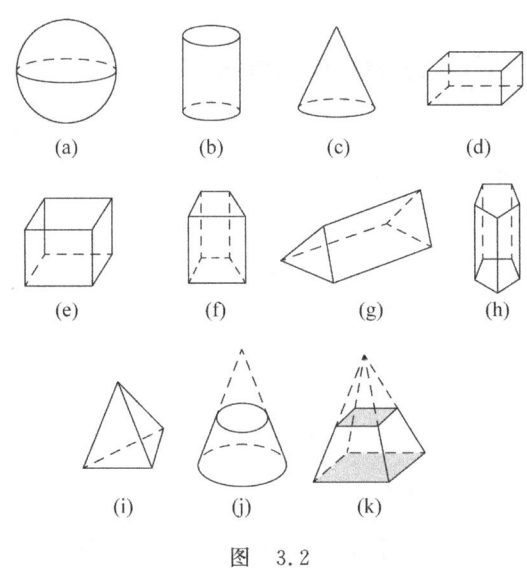

图　3.2

问题 3　上述图形有什么不同?

在问题 2 的基础上将抽象的图形进行分类,从而得到长方体(立方体)、棱柱(长方体是特殊的棱柱)、圆柱、棱锥、圆锥、棱台、圆台、球等立体几何中常见的研究对象。通过图形的特征进行第二次抽象。

问题 4 棱柱是怎么构成的?

学生自主概括出棱柱的几个关键特征应该并不困难:

(1)有两个面互相平行;

(2)其余各面都是平行四边形;

(3)相邻两个四边形的公共边互相平行。

在此基础上给出棱柱的概念。还可以进一步对棱柱进行细分,根据底面多边形的形状(顶点数或边数)得到各种类型的棱柱。

可以类似问题4下面几个问题。

问题 5 棱锥、棱台是怎么构成的?

问题 6 圆柱是怎么构成的?

问题 7 圆锥、圆台是怎么构成的?

问题 8 球是怎么构成的?

棱锥、棱台的结构不难类似棱柱归纳出来,但学生可能很难从运动的角度去思考圆柱、圆锥(圆台)以及球的结构特征。不妨尝试先从通过对称轴截面的角度做分析比较,将发现所有过对称轴的截面都是全等的,所以这些几何体也可以看成任意截面绕对称轴旋转所得。虽然教材在此没有介绍对称轴,只介绍了旋转轴,但学生对平面图形的对称轴概念已有了解,对立体图形的对称轴概念应该不会感觉太陌生。用对称轴概念还有一个好处,它可以涵盖更广的几何体,因为并非所有有对称轴的几何体都是旋转体,例如正方体并非旋转体,解析几何中的椭球也不一定是旋转体。

问题 9 观察图 3.3,它们是如何构成的?

图 3.3告诉学生,除了前面所说的柱体、锥体、台体、球,还可以通过这些几何体构造一些新的几何体,现实中不乏这样的物体,时间许可的情况下,可以由学生找出更多类似的几何体。

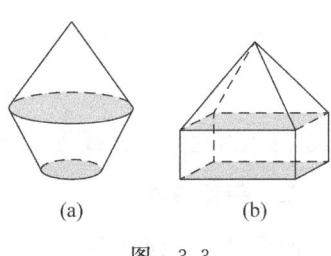

(a)　　　(b)

图　3.3

问题 10 如图 3.4 所示,长方体 $ABCD$-$A'B'C'D'$ 被一个平面截成两个几何体,其中 $HE /\!/ CB /\!/ C'B'$,被截出来的两个几何体是什么几何体?

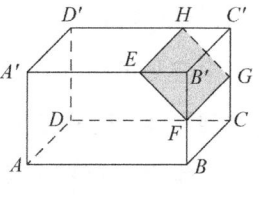

图 3.4

这道来自教材的问题可以帮助学生发展初步的空间想象能力,不需要凭借实物便可以搞清楚空间几何体的一些特殊截面与几何体之间的关系。

三、课后作业

略

▶ **案例 2** **空间几何体的直观图**

教学目的:掌握斜二测画法画水平设置的平面图形的直观图,采用对比的方法了解在平行投影下画空间图形与在中心投影下画空间图形两种方法的各自特点。

教学重点:用斜二测画法画空间几何体的直观图。

教学难点:掌握斜二测画法。

教学过程:

一、问题引入

问题 1 一个长方形平放在地面上,你站在比较远的地方实际看到的形状像长方形吗? 为什么你看到的形状与真实的形状不同? 能说出其中的道理吗?

在前面通过一些几何体的展示,学生实际上已经见到过几何体的直观图,但还没有形成有意识的认知。通过这个问题的强化可以使学生意识到我们眼里看到的物体形状与物体的实际形状是有差异的。是何种原因导致的这种差异? 由此引出平行投影问题。我们之所以能看到物体,是因为有光,物体会把光线反射出来,由于人站立的地方与物体有较远的距离,可以近似看成一束平行光,这就好比一束光线将一个长方形投影到地面上形成了一个影子。

二、新课教学

问题 2 如何在图纸上实现人眼从远处所看到的水平放置的正方形?

学生如果没有事先预习教材,多半不知道如何建立合适的坐标系,如果从平行投影的角度看,x 轴与 y 轴可以按照任意的夹角建立坐标系。即使我们告诉学生要建立一个 x 轴与 y 轴成 45°角的坐标系,学生也不明白为什么要按照这个特定的角建坐标系。"斜二测"画法是工程制图中"斜二等轴测投影"的简称,尽管理论上按其他角度建坐标系并无不可,但 45°角的坐标系比较符合人的视觉直观。如图 3.5(a)、(b)所示,斜二测画法包括正面斜二测、水平斜二测,教材所说的直观图指的是所谓的正面斜二测图。正面斜二测与水平斜二测的区别在于 y 轴与 z 轴的变形系数不同,前者 y 轴的变形系数为 1/2(即 y 轴方向的长度为实际长度的一半),其余轴的变形系数为 1,后者 z 轴的变形系数为 1/2,其余轴的变形系数为 1。课堂上可以向学生简单科普一下工程制图中的"正等测图"与"斜二测图","正等测图"指的是 z 轴向上,x 轴在左,y 轴在右,分别与 z 轴成 120°角向斜下方,参见图 3.5(c)。

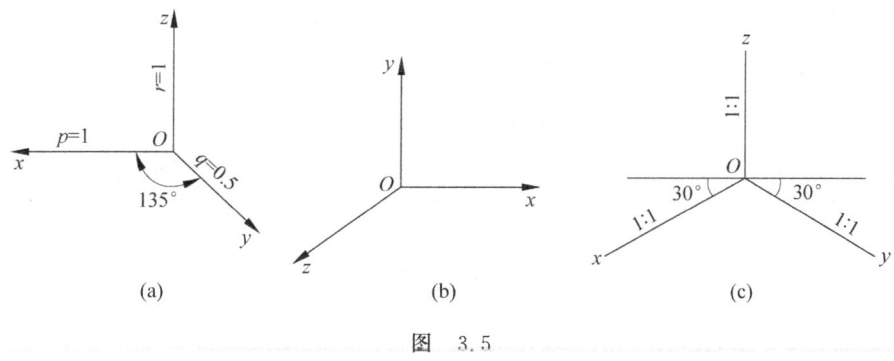

图 3.5

(a) 正面斜二测;(b) 水平斜二测;(c) 正等测图

问题 3 画平面图形的直观图通常分几个步骤?例如,如何画一个正五边形与正六边形的直观图?

教材中有正六边形的作图过程。正五边形的做法类似,确定了水平方向的边与五个顶点,剩下的就好办了。

>>> 例 1 用斜二测法画出水平放置的圆的直观图。

解 建立 45°角的坐标系,将 y 轴方向直径按一半的比例在 y' 轴上画出来,x 轴方向直径的长度不变,画出由 x'、y' 轴上的直径端点确定的椭圆就是水平放置的圆的直观图,参见图 3.6。

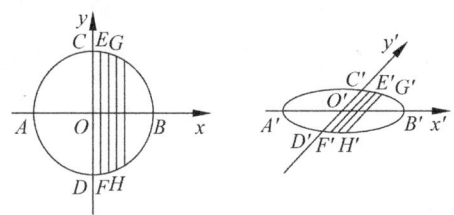

图　3.6

问题 4　如何画水平放置的立体直观图?

与平面图形不同的是,立体图多了个 z 轴方向,直观想象一下,一个纸箱子的一面正对着我们放置在地上,正对着我们的一面看上去与实际的形状有没有差别? 清楚这一点便不难了解如何合理地确定 z' 轴方向了。这里最好通过上述方法引导学生自己思考如何建立水平放置立体图形的直角坐标系,这样就不难理解"正等测图""水平斜二测"为什么按那样的方式建坐标系了。

>>> 例 2　请画出长方体与圆柱的直观图。

解　(1)长方体的直观图画法:首先按照斜二测法建立坐标系,在 $x'Oy'$ 坐标面上画出长方体下底面的直观图,得到一个平行四边形,再沿 z 轴方向按照 $1:1$ 画出侧棱便可以成图了。

(2)圆柱的直观图画法:首先按照斜二测法建立坐标系,在 $x'Oy'$ 坐标面上画出圆柱下底面的直观图,在 z' 轴上取点 O' 使得 OO' 的长度为圆柱母线的长,以 O' 为中心画出上底面便可以成图了。

三、课堂练习

思考题　正方体上方放置了一个直径等于正方体边长的球,球与正方体上底面相切于上底面的中心,请画出该立体图的直观图。

四、课后作业

略

◢ **案例 3**　**柱体、锥体、台体的表面积与体积**

教学目的:掌握柱、锥、台的表面积和体积的求法。

教学重点：柱体、锥体、台体的表面积和体积计算。

教学难点：台体体积公式的推导。

教学过程：

一、问题引入

问题 1　几何体的表面积指什么？棱柱、棱锥、棱台的表面由什么图形构成？应该如何求其表面积？圆柱、圆锥、圆台呢？

教材中已经给了表面积的定义，学生并不难回答表面积问题，棱体的表面积也不难计算。但对于圆柱、圆锥、圆台的表面积计算并不像棱体那么简单，因为要"剪开"圆柱或圆锥，需要有一点空间想象能力，所以这里可以先抛出问题，后面再研究如何计算。实际计算中，学生可能容易忽视底面面积的计算。涉及一些应用题时，如果不注意审题，有可能又多算了底面的面积。例如管子的表面积、没有盖的桶的表面积等。

问题 2　长方体的体积公式是定义还是推导出来的？对于一般的柱体应该如何计算其体积？

很多人认为，由于单位立方体的体积是 1，所以一般的长方体体积公式可以将长方体分割成若干个单位正方体从而得到体积公式。然而这并没有真正回答上述问题，因为没有回答为什么单位立方体的体积为 1？这是定义还是证明出来的？如果回答了单位立方体的体积怎么来的，一般长方体的体积问题自然就解决了。正如长度会以某个线段作为一个单位，以此为标准去测量一般线段的长度。平面图形的面积也是一样的道理。对于空间立体，也需要找一个单位体积，用它作为一般立体体积的标准，这个单位立体就是所谓的单位立方体，即长、宽、高均为一个单位的立方体。有了这个单位，对于一般的几何体，只需要看含多少个单位立方体，如果出现不足一个单位的，还需要看不足一个单位的部分占单位立方体的多少。学生搞清楚这个道理，就不难理解长方体的体积是怎么来的，也不难知道应该如何推导一般柱体的体积。

二、新课教学

问题 3　圆柱、圆锥及圆台的表面积可以类似棱柱、棱锥、棱台计算吗？

棱柱、棱锥或棱台的侧面是多边形,可以直接计算其面积,但圆柱、圆锥或圆台的侧面是弯曲的,不能直接计算,需要想办法将其"剪开"再铺开,看铺平后是什么图形,进而转化成平面图形面积的计算(见图 3.7)。

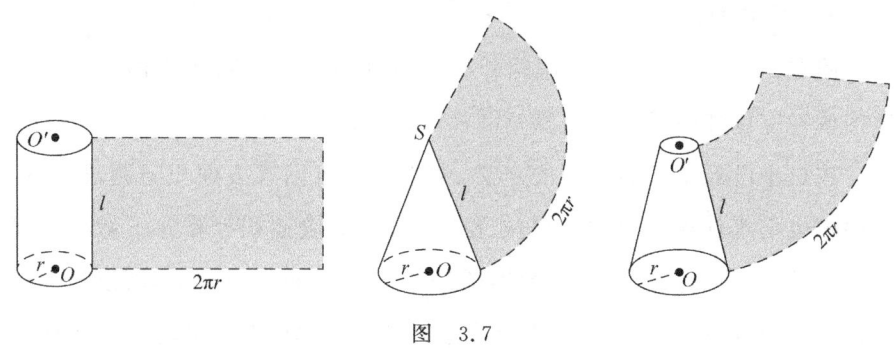

图 3.7

进而得表面积公式:

$$S_{圆柱} = 2\pi r(r+l);$$

$$S_{圆锥} = \pi r(r+l);$$

$$S_{圆台} = \pi(r'^2 + r^2 + r'l + rl)。$$

问题 4 猜猜柱体的体积公式应该是什么?如何证明你的猜测?

从长方体的体积公式不难推测柱体的体积应为底面积乘以高(即上下底面的距离),可以先从母线垂直于底面的柱体开始,对于斜柱体可以利用祖暅原理证明。对于棱柱体可以通过将底面分割成若干三角形从而转换成三棱柱体积的证明。如何证明三棱柱的体积公式?如果能找到与底面面积相等的矩形,问题便可迎刃而解。由于三角形的面积为底乘高的二分之一,以三角形一边及该边上的高为矩形的两个边,可以得到与三棱柱等高的长方体,且底面面积为三棱柱底面面积的两倍。将长方体沿底面的对角线剖开,就得到一个体积为长方体体积一半的三棱柱,由祖暅原理立知两个三棱柱的体积相等。进一步可以得到一般棱柱的体积公式。

为了寻找圆柱的体积公式,理论上可以"化圆为方",即找一个正方形,使得其面积与圆柱底面面积相等,由此构造一个与圆柱等高的长方体,再利用祖暅原理便可以得到圆柱的体积公式。

问题 5 锥体的体积公式可以推导出来吗?

不妨以圆锥为例,棱锥情形完全类似。设圆锥的底面半径为 r,高为 h,将圆锥的高 n 等分,每一等分的高为 $\dfrac{h}{n}$,由等比关系可以求出第 i 个截面的半径,把每一个小圆台近似看成圆柱,可以求出其体积,将这些体积相加可以得到圆锥体积的近似值。和式中涉及数列的和 $\sum\limits_{i=1}^{n} i^2$。为了求出圆锥的体积,就需要对高的分割越来越细,换言之,n 将越来越大。不必详细讲解极限的定义,直观分析便可以得到 n 趋于无穷时的极限恰为 $\dfrac{1}{3}\pi r^2 h$。

上述求体积的方法不妨粗线条一些,不必拘泥于细节,让学生领会其基本的思想,知道锥体的体积是严格计算出来的,而不是实验出来的。待到大学系统学习微积分时再详细介绍这类问题的计算方法。

问题 6 由台体与锥体的关系如何推出台体的体积公式?

台体可以看成用平行于锥体底面的平面截去一个小锥体所得。如果台体的上底面积与下底面积分别为 S_1 与 S_2,高为 h,利用锥体的体积公式以及相似关系不难推出台体体积公式。

三、课堂练习

1.已知圆锥的表面积为 $a\,\mathrm{m}^2$,且它的侧面展开图是一个半圆,则这个圆锥的底面直径为(　　　)。

2.棱台的两个底面面积分别是 $245\,\mathrm{cm}^2$ 和 $80\,\mathrm{cm}^2$,截得这个棱台的棱锥的高为 $35\,\mathrm{cm}$,求这个棱台的体积。

四、课后练习

略

案例 4 **球的表面积与体积**

教学目的:了解球的表面积与体积推导过程中所用的基本数学思想和方法,能运用球的表面积和体积公式灵活解决实际问题。

教学重点:引导学生了解推导球的体积和表面积公式所运用的基本思想和方法。

教学难点：推导表面积与体积公式中空间想象能力的形成。

教学过程：

一、问题引入

问题 1 球的表面积与体积之间有什么关系？

这里暂时不必给出表面积公式，事实上，此前并未在任何学段介绍过球的表面积公式，这个公式从何而来？虽然理论上可以类似锥体体积公式的推导方法找出求和公式，但由于和式中将会出现根号，难以用初等方法计算出来。如果找出表面积与体积的关系，可以先推导出体积公式，再利用两者的关系求出表面积公式。换言之，教学过程可以与教材顺序反过来。

这里可以借鉴小学的方法以球心为顶点将球分割成若干底面为球面一部分的锥体，当分割很细时，"曲面"锥体可以近似看成高为球半径的小圆锥，把这些小锥体的体积相加就得到了球的近似体积：

$$V \approx \sum_{i=1}^{n} \frac{1}{3} R S_i \approx \frac{1}{3} RS,$$

其中 S_i 为小圆锥的底面面积，S 为球的表面积。当分割越来越细时，极限就是球的体积，于是得到球的表面积与体积的关系式

$$V = \frac{1}{3} RS。$$

如果此前学习了导数，由球的体积公式推导表面积公式就简单多了。将体积 V 看成半径 R 的函数，换言之，将半径 R 看成自变量，当半径增加 ΔR 时，体积的增加值为

$$V(R + \Delta R) - V(R) = \frac{4}{3}\pi(R + \Delta R)^3 - \frac{4}{3}\pi R^3,$$

体积的平均变化率即球的表面积的近似值，即

$$S \approx \frac{V(R + \Delta R) - V(R)}{\Delta R}$$

$$= \frac{\frac{4}{3}\pi \Delta R((R + \Delta R)^2 + (R + \Delta R)R + R^2)}{\Delta R}$$

$$= \frac{4}{3}\pi((R + \Delta R)^2 + (R + \Delta R)R + R^2)$$

当 ΔR 越来越小时，$\frac{4}{3}\pi\left((R+\Delta R)^2+(R+\Delta R)R+R^2\right)$ 越来越接近

$4\pi R^2$，故求得表面积为 $S=4\pi R^2$。

二、新课教学

问题 2 锥体体积公式的推导方法能不能用来推导球体体积公式？

只需要计算出上半球的体积便可，可以将球的半径 n

等分，每一等分的长度为 $\frac{R}{n}$，过每一个分点作垂直于该半

径的平面从而将半球分成 n 个小薄片（见图 3.8）。

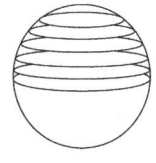

图 3.8

每个小薄片近似看成高为 $\frac{R}{n}$ 的圆柱，圆柱的半径为

$$R_i=\sqrt{R^2-\left(\frac{i}{n}R\right)^2}=R\sqrt{1-\left(\frac{i}{n}\right)^2}, \quad i=0,1,\cdots,n-1。$$

于是上半球的体积的近似公式为

$$V_{半球}\approx\sum_{i=0}^{n-1}\pi R_i^2\frac{R}{n}=\pi\frac{R^3}{n}\sum_{i=0}^{n-1}\left[1-\left(\frac{i}{n}\right)^2\right]$$

$$=\pi R^3-\pi\frac{R^3}{n^3}\sum_{i=0}^{n-1}i^2$$

$$=\pi R^3-\pi\frac{R^3}{n^3}\frac{(n-1)n(2n-1)}{6}。$$

当 n 越来越大时，上式右边越来越接近 $\pi R^3-\frac{1}{3}\pi R^3=\frac{2}{3}\pi R^3$。故球的体

积为

$$V=\frac{4}{3}\pi R^3。$$

推论 球的表面积为 $S=4\pi R^2$。

>>> **例 1** 长方体的长宽高分别为 3、4、5，其八个顶点都在同一球面上，试求球的表面积与体积。

解 由对称性可知长方体的对角线恰好是球的直径，设球的半径为 R，则

$$2R = \sqrt{3^2 + 4^2 + 5^2} = 5\sqrt{2},$$

因此球的表面积为

$$S = 4\pi R^2 = 50\pi,$$

体积为

$$V = \frac{1}{3}RS = \frac{250\sqrt{2}}{3}\pi。$$

三、课堂练习

1. 正方形的内切球和外接球的体积比与表面积比分别为多少？

2. 在球心同侧有相距 9cm 的两个平行截面，它们的面积分别为 $49\pi\text{cm}^2$ 和 $400\pi\text{cm}^2$，求球的表面积。

四、课后作业

略

案例 5 平面

教学目的：掌握平面的表示法及水平放置的直观图，掌握平面的基本性质及运用。

教学重点：平面的概念及表示，平面的基本性质。

教学难点：平面基本性质的掌握与运用。

教学过程：

一、问题引入

问题 1 平面几何中所涉及的图形（三角形、多边形、圆等）都是在什么范围内讨论的？生活中有类似的图形吗？生活中的图形与数学上的图形有什么本质不同？

我们习惯了用生活中常见的图形来描述数学上相应的图形，如桌面类似平面，三角板类似三角形，硬币类似圆，等，但需要提醒学生注意的是，生活中的图形与数学上的图形是有本质不同的，例如数学上的平面没有大小也没有厚度，正如数学上的直线没有宽度。几何图形的边有长度但也没有宽度。

数学上的平面到底是什么？教材没有给出详细的定义，只是说从桌面、黑板等物体中抽象出来的,可以向四周无限延伸。问题是怎么个抽象法?平面是否可以严格化定义还是只能直观描述?学生从初中便学习了平面几何,对平面并不陌生,但若是问他们:"平面是什么?"多半很难用数学的语言描述出来。历史上诸如"点""直线""平面"这些基础性概念经历了相当长的时间,从巴门尼德(Parmenides)、欧几里得几何到莱布尼茨、傅里叶(Fourier)等人都曾给平面作出过定义,历经数千年,平面概念始终显得含混不清,直到希尔伯特时代才彻底把这些问题搞清楚,这就是平面的公理化定义。希尔伯特认为,原始的概念是没有办法定义的,正如集合的概念没法定义一样,只能作描述性说明。在《几何基础》一书中,希尔伯特正是将点、线、面作为原始性概念来研究的。教师了解这一历史脉络,自然就明白教材中关于"平面"概念为什么没有给出严格的数学化定义了。课堂上也有必要向学生略作说明,教育不仅是为了学知识,更要明白知识是怎么创造出来的。

二、新课教学

问题 2 几个点可以确定一个平面?两个点?三个点还是四个点?如何用数学符号表示点与平面的位置关系?

学生凭生活体验不难想象,两点是无法确定一个平面的,四点可能不在一个平面内,不在一条直线上的三点可以唯一确定一个平面,不妨通过学生生活中常见的例子作出解释。既然集合被引入了教材,可以沿用集合的语言表示点与平面的位置关系。

问题 3 如果直线上有两点在一个平面内,这条直线上的点会跑到该平面外面吗?

所谓直线在平面内,是指直线上所有的点都在平面内,由于直线可以看成点的集合,平面也可以看成点的集合,所以要注意点在直线、平面内的表示与直线在平面内的表示的不同,前者是集合的元素与集合的关系,后者是集合的子集与集合的关系。

问题 4 两个平面可能有几种关系?

既然我们提倡让学生去发现,关于欧几里得几何的几个公理不妨引导学生自己去发现,而不宜事先针对特定的位置关系设计具体实例作阐述性的说明。例如教材中通过"无限延伸的三角板穿过桌面"来说明相交平面的特征就稍显直白一点。如果适当设计一些开放式的问题,通过平面各种可能的位置关系引导学生自己归纳出平行平面以及相交平面的特征来或许更能提升学生的归纳与发现能力。例如教师拿着三角板,不急于去穿过桌面,而是询问学生,三角板一旦变换位置与桌面可能形成什么关系?目标不事先设定,引导学生自己通过分析去发现。尽管这里还没有涉及平面与平面的位置关系,但既然讲到了相交平面,学生能理解相交平面,就不难理解平行平面,尤其是有初中阶段的平行直线做基础。

三、课堂练习

1. 空间中的四个点最多可以确定几个平面?

2. 用符号表示下列点和平面以及直线和平面的位置关系:

(1) 点 A 在平面 α 内,点 B 在平面 α 外;

(2) 直线 a 经过平面 α 外的一点 M;

(3) 直线 a 既在平面 α 内,又在平面 β 内。

四、课外作业

略

案例 6　空间中直线与直线之间的位置关系

教学目的:了解空间中两条直线的位置关系;理解异面直线的概念、画法;理解并掌握公理 4;理解并掌握等角定理;掌握异面直线所成角的定义、范围及应用。

教学重点:(1)异面直线的概念;(2)公理 4 及等角定理。

教学难点:异面直线所成角的计算。

教学过程:

一、问题引入

问题 1　空间中两条直线有多少种位置关系?如何画出它们的示意图?

在直线的空间位置关系中,难点是异面直线,学生面对实物展示不难理解,但从实物到抽象的示意图,需要具有一定的空间想象能力。不妨先从实物过渡到多面体(例如长方体)的直观图(见图 3.9)。

通过多面体的各个棱寻找异面直线,再过渡到异面直线的图像表示(见图 3.10)。

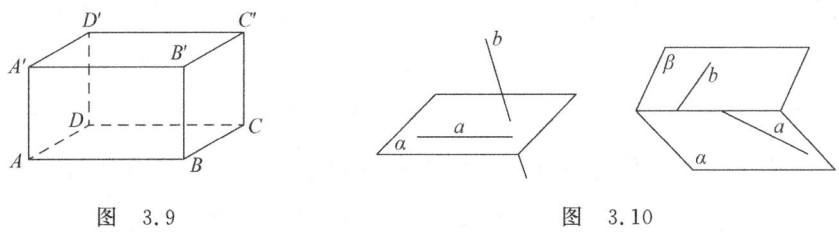

图　3.9　　　　　　　　　　　　图　3.10

教师可能习惯了定向式的引导,为了得到异面直线,直接摆出两条异面直线的实物形状来,如果让学生自己去发现并归纳出空间两条直线可能的位置关系,或许给学生留下的印象更深。

定义 1　不同在任何平面内的两条直线称为异面直线。

问题 2　空间中直线与平面可能有几种位置关系?

学生能想象空间两条直线的位置关系并能画出示意图,就不难想象问题 2 的答案,不妨暂时摆脱实物演示,看学生能不能凭借想象把示意图画出来(见图 3.11)。

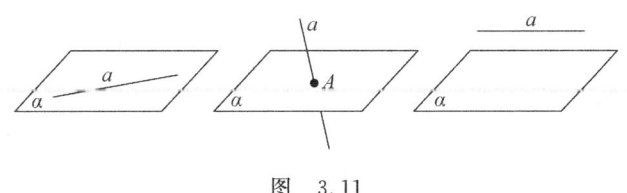

图　3.11

如果学生找不到感觉,再进行实物演示。

二、新课教学

问题 3　正如平面内两条直线之间的位置关系有差异性(两对相交直线的夹角可能不同),空间两条异面直线之间的位置关系也会有差异性,如何刻画这种差异性?

这对于学生是个有挑战性的问题,如何用合适的方法定义两条异面直线之间的夹角,可以先从学生比较熟悉的长方体各个棱的关系入手分析,处于不同平面的不同棱之间是什么关系,由此归纳出空间直线的平行公理,即平行于同一直线的两条直线也是平行的,数学上称之为传递性。可以先从平面内两组相交直线开始分析:假设平面内有两组相交直线,直线 a_1 与 a_2 交于 A 点,即 $a_1 \cap a_2 = \{A\}$,直线 b_1 与 b_2 交于 B 点,即 $b_1 \cap b_2 = \{B\}$,且 $a_1 /\!/ b_1, a_2 /\!/ b_2$,那么 a_1 与 a_2 的夹角和 b_1 与 b_2 的夹角是否相同?在此基础上引导学生寻找异面直线夹角的合适定义。比较自然的方法便是利用平行公理,将两条异面直线中的一条作平移,使其与另一条直线处于同一平面(见图 3.12)。

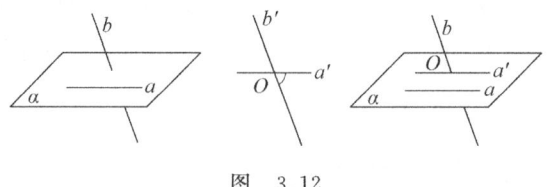

图　3.12

定义 2　假设 a_1 与 a_2 是异面直线,b_1 与 b_2 相交,且 $a_1 /\!/ b_1, a_2 /\!/ b_2$,则称 b_1 与 b_2 的夹角为异面直线 a_1 与 a_2 的夹角。

注意两条相交直线形成两个互补的角,所以需要做一个规定:两条异面直线之间的夹角指的是不超过 $\frac{\pi}{2}$ 的角。如果夹角恰好为 $\frac{\pi}{2}$,也称这两条直线相互垂直。

由平行公理可以证明如下的结论。

定理　如果空间中两个角的两条边分别对应平行,那么这两个角相等或互补。

定理的证明并不困难,只要有一点空间想象能力即可(详细证明可以参见教材)。

问题 4　空间两条直线如果相互平行,它们一定共面吗?如果垂直呢?

由于在空间中讨论,从平行公理可以看出,三条直线可以不在同一平面内,但可以相互平行,为什么两条平行直线一定在同一平面内?不妨设 a_1 与 a_2 是两条平行直线,在 a_1 上任取一点 A,A 与直线 a_2 构成一个平面,这个平面与 a_1 是什么关系?通过对这个问题的分析可以看到,两条平行直线一定是共面的。

两条相互垂直的直线既可能共面也可能异面,从前面长方体的各个棱的位置关系就可以看出来。

问题 5 通过前面的分析,通常情况下如何才能比较方便地计算两条异面直线的夹角?

显然,通过平移把两条异面直线的夹角转化为两条相交直线的夹角更方便于计算。

>>> 例 1 判断下列命题是否正确:

(1) 假设 a,b,c 是三条直线,且 $a // b, c \perp a$,则 $c \perp b$(   )。

(2) 假设 a,b,c 是三条直线,且 $a \perp c, b \perp c$ 则 $a \perp b$(   )。

(3) 假设 a,b,c 是三条直线,且 $a \perp c, b \perp c$ 则 $a // b$(   )。

>>> 例 2 如图 3.13 所示,在正方体 $ABCD$-$A'B'C'D'$ 中,与 BD' 成异面直线的棱有_____条。

显然,与对角线 BD' 有公共点的棱都与其共面,其余的均不共面,所以与 BD' 成异面直线的棱共有 6 条。

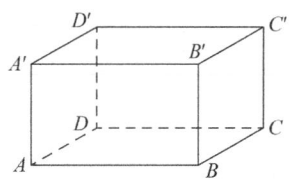

图 3.13

三、课外作业

略

案例 7 平面与平面的位置关系

教学目的:了解空间中直线与平面的位置关系;了解空间中平面与平面的位置关系。

教学重点:空间直线与平面、平面与平面之间的位置关系。

教学难点:用图形表达直线与平面、平面与平面的位置关系。

教学过程：

一、问题引入

问题 1 如何用严格的数学语言表示空间直线与平面的各种不同的位置关系？

前面已经初步认识到了空间直线与平面的三种不同的位置关系,即：(1)直线在平面内(无穷多个公共点)；(2)直线与平面相交(只有一个公共点)；(3)直线与平面平行(没有公共点)。可以用集合的语言表示上述三种位置关系。

假设 a 是空间中的直线,α 是空间中的平面,则 a 与 α 可能有的位置关系分别为：

(1)直线在平面内 $a \subset \alpha$；

(2)直线与平面相交 $a \cap \alpha = \{A\}$,其中 $\{A\}$ 为空间中的单点集；

(3)直线与平面平行 $a /\!/ \alpha$。

直线与平面相交或平行统称为直线在平面外,可用 $a \not\subset \alpha$ 表示(见图 3.14)。

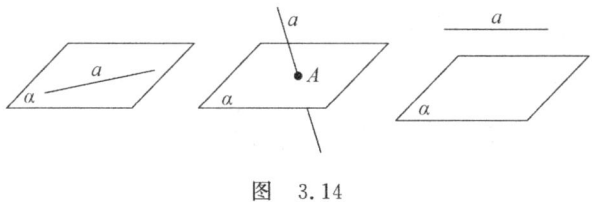

图 3.14

问题 2 空间两个平面可能有几种位置关系？

有了前期关于空间直线与直线、直线与平面位置关系的探讨,学生对于平面与平面位置关系的想象应该不会有太难。

假设 α , β 是空间中两个平面,则有两种可能的关系(见图 3.15)：

(1) 两个平面平行 (没有公共点)$\alpha /\!/ \beta$；

(2) 两个平面相交 (有且只有一条公共直线)$\alpha \cap \beta = L$。

二、新课教学

问题 3 如何用图形表示直线与平面平行、平面与平面平行的位置关系？

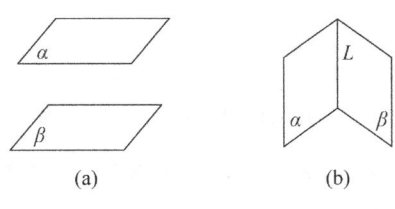

图 3.15

需要提醒学生注意的是,画直线与平面平行的示意图时,直线与表示平面的平行四边形的某一条边应该平行,画两个相互平行的平面时,表示平面的两个平行四边形的对应边应该平行(见图3.16)。

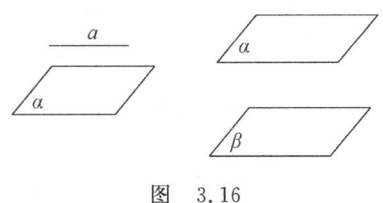

图 3.16

>>> **例 1** 在长方体 $ABCD\text{-}A'B'C'D'$ 中,

(1) 与 AB 平行的平面是_____;

(2) 与 AA' 平行的平面是_____;

(3) 与 AD 平行的平面是_____。

解 略

问题 4 如果两个平面相交,如何画出它们的位置关系?

如同两个平行平面的画法一样,两个相交平面对应的平行四边形有一个公共边(交线)的两组边要相互平行(见图3.15(b))。

三、课外作业

略

案例8 **直线与平面平行的判定**

教学目的:理解并掌握直线与平面平行的判定定理。

教学重点:直线与平面平行的判定定理。

教学难点:直线与平面平行判定定理的应用。

教学过程：

一、问题引入

问题 1 如图 3.17(a)所示的木料中,棱 BC 平行于面 $A'B'C'$。

(1)要经过面 $A'B'C'$ 内的一点 P 和棱 BC 将木料锯开(见图 3.17(b)所示),在木料表面应该如何画线?

(2)所画的线与平面 ABC 是什么位置关系?

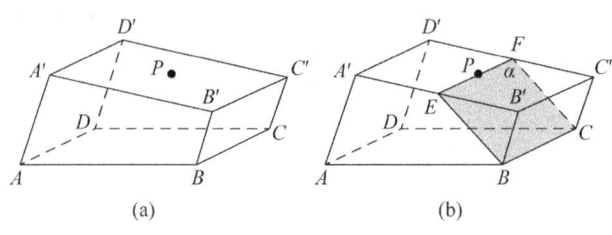

图　3.17

这是 2019 年人教版高中数学必修第二册中的一道例题,通过这个例子的分析,可以初步分析如何判断直线与平面是否平行。通过平行线的传递性,直觉上可以判断,如果直线与平面内的一条直线平行,那么该直线便与平面平行。

二、新课教学

问题 2 对于给定空间中的直线与平面,如何判断它们是否平行?

问题 1 已经给了一种提示,如果直线与平面内的一条直线平行,那么直线应该与平面平行,这个结论正确吗?不妨采用反正法,假设直线 a 与平面 α 内的直线 b 平行,且 $a \cap \alpha = \{A\}$,过点 A 在 α 内引直线 b 的平行线 c,由平行公理亦由 $a // c$,又 $a \cap c = \{A\}$,这个矛盾说明 a 必与平面 α 平行。于是有下面的结论。

定理 1 如果平面外一条直线与此平面内的一条直线平行,那么该直线与此平面平行。

用符号表示上述定理即:若 $a \not\subset \alpha$,$b \subset \alpha$,且 $a // b$,则 $a // \alpha$。

上述定理的证明并不复杂,相信学生对证明的理解不会产生任何障碍。

>>> 例 1 证明空间四边形相邻两边中点的连线平行于另两边所在的平面。

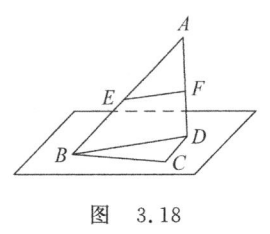

图　3.18

证明　如果空间四边形共面,问题是平凡的,顾不妨假设四边形不共面,如图 3.18 所示。

假设四边形 $ABCD$ 中,E,F 分别是 AB 与 AD 的中点,则 $EF /\!/ BD$,注意 BD 在 BCD 所确定的平面内,故 $EF /\!/$ 平面 BCD。　　　　证毕

问题 3　如果已知平面外一条直线与该平面平行,那么该平面内的直线与已知直线之间是什么关系? 如何判定这种关系?

由于直线与平面没有公共点,所以平面内的任意直线与已知直线也不可能有公共点,故它们或者异面或者平行。知道如何判定平行、异面也就清楚了。教学过程中不妨从平面内与已知直线平行的情形开始讨论,如果平面 α 内的直线 b 与已知直线 a 平行,那么这两条直线确定了一个平面 β,且 $\alpha \cap \beta = b$。换句话说,b 是过直线 a 的平面 β 与平面 α 的交线。那么,过直线 a 的任意平面 β 如果与平面 α 相交,其交线是否与已知直线平行? 将上面的讨论稍微做一下修改便可以得到肯定的回答,于是得到下面的结论。

定理 2　一条直线与一个平面平行,如果过该直线的平面与此平面相交,那么该直线与交线平行。

三、课堂练习

1. 如图 3.19 所示,在正方体 $ABCD\text{-}A_1B_1C_1D_1$ 中,E 是 DD_1 的中点,判断 BD_1 与平面 AEC 的位置关系,并说明理山。

四、课外作业

略

图　3.19

案例 9　**平面与平面平行的判定**

教学目的:理解并掌握两平面平行的判定定理。

教学重点:两个平面平行的判定。

教学难点:判定定理、例题的证明。

教学过程:

一、问题引入

问题 1 空间两个平面只有两种可能的关系——相交或平行,如何判断两个平面相交还是平行?

这个问题的探讨可以从如何确定空间中一个平面开始,假设一条直线位于已知平面之外,如果该直线与平面相交,那么过该直线的任何平面与已知平面必然相交,所以如果过一条直线的平面与已知平面平行,这条直线必然与已知平面平行。所以不妨假定已知直线与平面平行,如何确定过该直线与已知平面平行的平面?显然,除了已知直线,还需要其他条件才能确定一个平面。由此展开分析,直线外再取一点如何?过直线外的一点引已知直线的平行线如何?引一条与已知直线相交的直线如何?逐步分析最终可以得到两平面平行的判定定理。

二、新课教学

问题 2 根据对问题 1 的分析,可以得到平面平行的哪些判别方法?

从对问题 1 的分析可以看出,平面外两条平行线可以确定一个平面,但所确定的平面未必与已知平面平行,直线与直线外一点也可以确定一个平面,但所确定的平面也未必与已知平面平行。不妨在直线上任取一点,连接该点与直线外的一点,则得到两个相交直线,这两个相交直线所确定的平面如果与已知平面平行,那么两条交线必与已知平面平行。反过来的结论正确与否?换言之,如果两条相交直线与已知平面平行,这两条直线所确定的平面与已知平面是否平行?直观上可以猜测平面平行的判定定理。

定理 如果一个平面内的两条相交直线与另一个平面平行,那么这两个平面平行。

用集合的语言表示即:假设 α,β 是两个平面,a,$b \subset \beta$ 是 β 内两条直线,且 $a \bigcap b = \{P\}$,$a /\!/ \alpha$,$b /\!/ \alpha$,则 $\beta /\!/ \alpha$(见图 3.20)。

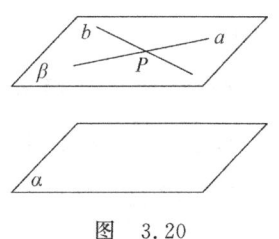

图 3.20

这里需要说明的是,既然使用集合的语言表示点、线、面之间的关系,那么它们都应该看成三维空间的子集,包括两条直线的交点 P 应该用单点集的符号表示,而不应写成 $a \cap b = P$。此外,平面平行的判定定理宜给出详细证明,而不是仅仅以例说明。

证明 如果 α 与 β 相交,不妨设 $\alpha \cap \beta = c$,因为 a 与 b 相交,故 a 与 b 至少有一条直线与 c 相交,不妨设 $a \cap c = \{Q\}$,这说明直线 a 与平面 α 相交,与假设矛盾。故两平面一定平行。 证毕

>>> **例1** 如图 3.21 所示,已知正方体 $ABCD\text{-}A_1B_1C_1D_1$ 的两个截面 AB_1D_1 与 BC_1D,求证 $AB_1D_1 /\!/ BC_1D$。

证明 由于 BDD_1B_1 是矩形,故 $BD /\!/ B_1D_1$,于是 $BD /\!/$ 平面 AB_1D_1。又 ADC_1B_1 也是矩形,故 $AB_1 /\!/ DC_1$,进而 $DC_1 /\!/$ 平面 AB_1D_1。可见 $AB_1D_1 /\!/ BC_1D$。 证毕

>>> **例2** 如图 3.22 所示,正方体 $ABCD\text{-}A_1B_1C_1D_1$ 中,M,N,E,F 分别是棱 $A_1B_1,A_1D_1,B_1C_1,C_1D_1$ 的中点,平面 AMN 与平面 $DBEF$ 是什么关系?证明你的结论。

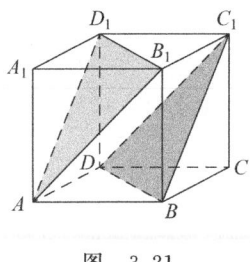

图 3.21

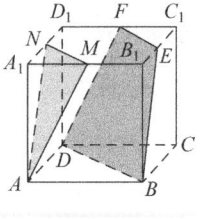

图 3.22

解 不难看出 $MN /\!/ FE$,故 $MN /\!/$ 平面 $DBEF$。由于 F,M 分别是 C_1D_1 与 A_1B_1 的中点,从而 $FM /\!/ A_1D_1 /\!/ AD$,所以 $ADFM$ 是矩形,进而 $AM /\!/ DF$,这说明 $AM /\!/$ 平面 $DBEF$,因此平面 AMN 与平面 $DBEF$ 平行。

问题3 平面 α 内如果有无穷多条直线与平面 β 平行,能由此断言 α 与 β 平行吗?为什么?如果平面 α 内任意直线都与平面 β 平行,能断言 α 与 β 平行吗?

这个问题的意义是显而易见的,可以帮助学生更透彻地了解平面的平行判定。

三、课堂练习

1. 如图 3.23 所示,a,b 是异面直线,$a \subset \alpha$,$a /\!/ \beta$,$b \subset \beta$,$b /\!/ \alpha$,求证:$\alpha /\!/ \beta$。

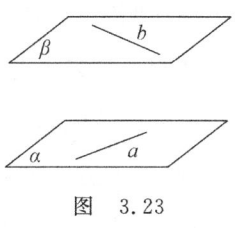

图 3.23

学生如果能将其中一个平面(α)内的直线(a)平移到另一个平面(β)内,记为 a',立刻可以得到一对相交直线 a',b,再利用平行判定定理便可以完成证明。

四、课外作业

略

案例 10 **直线与平面垂直的判定**

教学目的:掌握直线和平面垂直的定义及判定定理。

教学重点:直线与平面垂直的定义和判定定理的探究。

教学难点:直线与平面垂直的判定定理。

教学过程:

一、问题引入

问题 1 建筑工人在砌墙时通常会在一根线上挂一个铅锤,然后高举线的一端紧贴着墙的边缘,他这是在干什么?

这个问题对于平面与平面垂直的判定也是适用的,墙的边缘可以近似看作线段,墙的两边各有一条线段,建筑工人通常会同时用上述方法测量墙的两边边缘,甚至在墙的中间也会如法炮制,目的是看墙面是不是一个平面,是否与地面垂直。课堂上可以究其一点:墙一侧的边缘线是否与地面垂直。这个例子对于很多都市学生可能是陌生的,教师可以根据学情作适当调整,例如可以替换成教室两面墙的交线与地面的位置关系、旗杆与地面的关系、立方体各个棱与面的关系等。

二、新课教学

问题 2 建筑工人高举的挂着铅锤的线与地面是什么关系?

学生凭常识可知挂着陀螺的线与地面是垂直的,甚至不难理解墙壁边缘只要与挂着铅锤的线平行,则墙壁边缘也是与地面垂直的(这已经涉及垂直的判定),但如何从直觉中抽象出数学概念来才是重点,也是难点。

问题 3 你怎知挂着铅锤的线与地面是垂直的? 什么叫直线与平面垂直?

学生会发现,一切都是凭直觉,数学上还没有直线与平面垂直的严格定义,如何在直觉基础上归纳出垂直的概念? 这不是一件容易的事。这时不妨回到数学,通过四面体与长方体棱与底面关系的分析帮助学生去感知为什么我们会觉得长方体竖直方向的棱与底面是垂直的,而四面体的棱与底面不是垂直的。学生会发现,长方体竖直方向的棱与底面相邻的两个边是垂直的,但四面体的棱与底面相邻的两个边并不垂直。在此基础上进一步分析,如果在长方体的底面任意作一条直线,该直线与竖直方向的棱是什么关系? 由此抽象出直线与平面垂直的概念。

定义 如果直线 l 与平面 α 内的任意直线都垂直,则称直线 l 与平面 α 垂直,记着 $l \perp \alpha$。

问题 4 平面内有无穷多条直线,不可能将给定的直线与平面内任意直线的关系一一作判断,例如如何判断两面墙的交线与地面是否垂直?

学生凭直觉应该可以看出,如果两面墙的交线与两面墙与地面的交线都是平行的,那么就可以断定墙面的交线与地面平行。不妨进一步如同教材一样通过折纸的办法再次演示这个判断过程,所不同的是,沿着三角形纸片的高折叠出来的二面角不一定是一个直角,但折痕与纸片的底折叠出来的折线都是垂直的,所以折痕与底边的折线所在平面垂直(见图 3.24)。

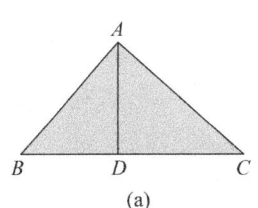
(a)

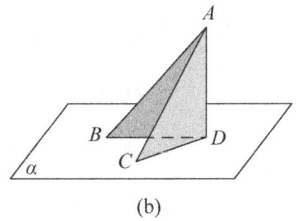
(b)

图 3.24

由此可以得到直线与平面垂直的判定定理。

定理 如果一条直线与一个平面内的两条相交直线垂直,那么该直线与此平面垂直。

新旧两个版本的教材没有给出上述定理的证明,我们不太清楚编者的意图。但定理的证明并不难,无论是用传统方法还是向量法,证明都不算复杂,其中向量法更简洁。如果将两种证明都给出来并进行比较,学生或许更能体会向量的威力,这里暂且给一个传统的证明。

证明 如图 3.25 所示,假设 a,b 是平面 α 内两条相交于 O 点的直线,不妨设直线 l 过 O 点且垂直于 a 与 b。反设 l 与平面 α 不垂直,在 l 上任取位于平面 α 外的一点 H,从 H 点引平面 α 的垂线与 α 交于 O_1,从 O_1 分别向 a,b 引垂线与 a,b 交于 A,B。由于 a,b 相交,故线段 O_1A 与 O_1B 至少有一个不可能与线段 O_1O 重叠。不妨设 O_1B 与 O_1O 不共线,显然 $\triangle HOO_1$,$\triangle HOB$,$\triangle HO_1B$,$\triangle OBO_1$ 均为直角三角形,其中 HO 为 $\triangle HOO_1$ 的斜边,HB 为 $\triangle HOB$ 及 $\triangle HO_1B$ 的斜边,OO_1 为 $\triangle OBO_1$ 的斜边。

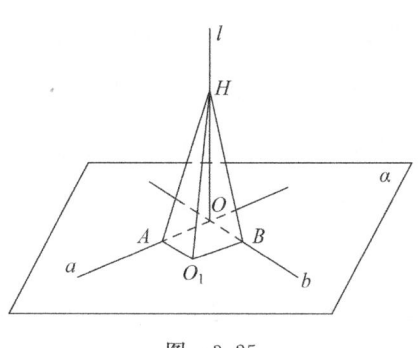

图 3.25

记 $|L|$ 为线段 L 的长度,则有

$$|HO|^2=|HO_1|^2+|OO_1|^2,$$
$$|OO_1|^2=|OB|^2+|O_1B|^2,$$

进而

$$|HO|^2=|HO_1|^2+|OB|^2+|O_1B|^2。$$

又

$$|HB|^2 = |HO_1|^2 + |O_1B|^2,$$

这说明 $|HB| < |HO|$。然而 HB 为 $\text{Rt}\triangle HOB$ 的斜边，故有 $|HB| > |HO|$。这个矛盾说明必有 $l \perp \alpha$。   证毕

>>> 例1 证明：如果两条平行直线中的一条垂直于一个平面，那么另一条也垂直于这个平面。

证明 如图 3.26 所示，假设直线 $a // b$，且 $a \perp$ 平面 α。在平面 α 内任取两条相交直线 m,n，则 $a \perp m, a \perp n$。因为 $a // b$，故 $b \perp m, b \perp n$。有直线与平面垂直的判定定理知 $b \perp \alpha$。   证毕

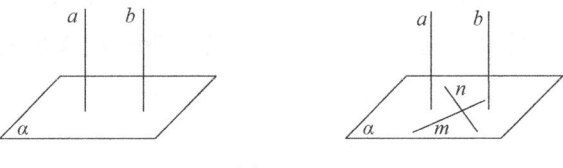

图   3.26

问题5 如果两条直线垂直于同一个平面，这两条直线一定平行吗？

平面的垂线是一条比较特殊的直线，它也称为平面的法线，上述问题实际是说，在平面内不同点处的法线是不是相互平行？直觉上答案是肯定的。新版教材将此结论作为直线与平面垂直的"性质定理"，并没有给出证明。但这个定理的证明并不困难，甚至不比教材中的例题更难。不妨设直线 a,b 同时垂直于平面 α，设 A,B 分别为 a,b 与 α 的交点，直线 AB 与其中一条垂线（例如 a）确定的平面 β 与平面 α 的交线即为 AB。在平面 β 内过 B 引 a 的平行线 l，由例1可知 $l \perp \alpha$，又 $b \perp \alpha$，且垂足皆为 B，故 $l = b$。

问题6 直线与平面可能的关系有几种？如果直线与平面相交，是否意味着它们一定垂直？如果不垂直，如何刻画它们的关系？

通过对问题6的分析可以得到平面斜线以及直线与平面所成的角的概念。

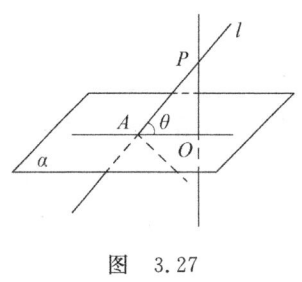

图 3.27

定义 如图 3.27 所示,直线 l 与平面 α 相交,但不与 α 垂直,则称 l 为平面 α 的斜线,斜线与平面的交点 A 称为斜足。过斜线上斜足以外的一点 P 向平面 α 引垂线 PO,过垂足与斜足的直线 AO 称为斜线在平面 α 内的射影。平面的一条斜线与其在平面内的射影所成的角称为该直线与平面所成的角。

人民教育出版社新版教材中在直线与平面所成角的概念后设计了一个思考题:如果 AB 是平面 α 内任意一条不与直线(斜线在平面内的射影)AO 重合的直线,那么直线 l 与 AB 所成夹角和直线 l 与平面 α 所成的角的大小关系是什么? 这是个好问题,它蕴含着一类极值问题,对于初学者来说有一定难度,可以作为课外思考题留给学生先自行思考,但后续课堂最好帮助学生搞清楚这个关系。

问题 7 平面外一点到平面的距离指什么? 如果一条直线与平面平行,这条直线上不同的点到平面的距离会不会发生变化? 如果两个平面平行,其中一个平面内的不同点到另一个平面的距离会不会发生变化?

上述问题的目的是十分明确的,为了建立平行于某个平面的直线或平面到该平面的距离概念。

三、课外思考

1. 求证:如果一条直线平行于一个平面,那么这个平面的任何垂线都和这条直线垂直。

2. 如果一条直线垂直于平面内的无数条直线,这条直线一定与该平面垂直吗?

3. 如图 3.28 所示,如果 $B \in \alpha$,AB 不与直线 AO(斜线 l 在平面内的射影)重合的直线,那么直线 l 与 AB 所成夹角和直线 l 与平面 α 所成的角大小关系能否确定?

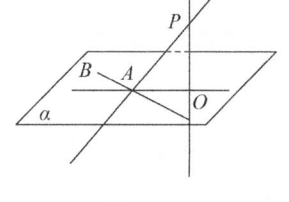

图 3.28

四、课外作业

略

◀案例 11▶　**平面与平面垂直的判定**

教学目的：正确理解和掌握"二面角""二面角的平面角"及"直二面角""两个平面互相垂直"的概念。

教学重点：平面与平面垂直的判定。

教学难点：如何度量二面角的大小。

教学过程：

一、问题引入

问题 1　如果两个平面相交,如何刻画它们之间相交所形成的角?

在前面已经为这个问题埋下伏笔,一条直线与平面相交时,直线与其在平面内的射影的夹角是最小的。如果两个平面相交,从交线上任意点可以向两个平面分别引很多条直线,哪两条直线的夹角用来刻画两个平面之间的夹角才是合理的?　通过对这个问题的分析为引入二面角的平面角做好准备。

二、新课教学

问题 2　如果两个平面相交,这两个平面沿着交线将空间分成了四个部分,这四个部分有什么相似之处?

可以通过两条相交直线对这个问题进行类比分析,类似角的概念引入二面角的概念。

定义　从一条直线出发的两个半平面所组成的图形称为二面角,该直线称为二面角的棱,两个半平面称为二面角的面。棱为 AB,面分别为 α,β 的二面角记为 $\alpha\text{-}AB\text{-}\beta$。如果棱为 l,则二面角记为 $\alpha\text{-}l\text{-}\beta$。

如教材所说,也可以在两个平面内各取一个不在棱上的点 $P\in\alpha,Q\in\beta$,将二面角记为 $P\text{-}AB\text{-}Q$ 或 $P\text{-}l\text{-}Q$。

问题 3　如何恰当地刻画二面角的大小?

在问题 1 的分析中已经初步了解,从二面角的棱上任意点分别向两个平面引射线,与棱垂直的两条射线的夹角是最小的,以这个角衡量二面角的大小是最恰当的。从而可以建立二面角的平面角概念。

定义 如图 3.29,在二面角 $\alpha\text{-}l\text{-}\beta$ 的棱上任取一点 O,以 O 点为垂足分别向半平面 α,β 内作棱 l 的垂线 OA,OB,射线 OA,OB 所成的角 $\angle AOB$ 称为二面角 $\alpha\text{-}l\text{-}\beta$ 的平面角。二面角的平面角是多少度,则称该二面角的角是多少度。二面角的取值范围在 $0°\sim180°$ 之间。

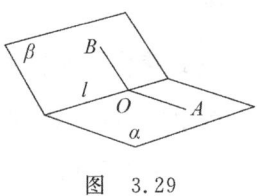

图 3.29

问题 4 正如平面内的角可以是直角,二面角的平面角也可能是直角,在你周围能找到二面角吗?有没有平面角为直角的二面角?如果两个平面相交所成平面角的二面角是直角,如何称呼这两个平面的特殊关系?

通过对这个问题的分析与讨论,可以得到两个平面垂直的概念。即如果两个平面 α,β 相交所成的二面角是直角,则称这两个平面互相垂直,记作 $\alpha\perp\beta$。

问题 5 回顾建筑工人高举挂着铅锤的线判断墙壁边缘与地面的关系,假设砌出来的墙基本上是一个平面,挂着铅锤的线与墙的边缘是平行的,你觉得墙壁与地面是什么关系?为什么?

上述问题中做了个假设,建筑工人所砌的墙面基本是一个平面,在实际的砌墙过程中,为了确保墙面是平面,工人常常会用挂着铅锤的线在墙体两面的边缘测一测,如果两边的边缘均与线平行,则可以判断墙面基本是平面。但这已经偏离了主题。这节课的前提是两个面都是平面,在此基础上判断它们的关系。挂着铅锤的线与地面是垂直的,与墙面和地面的交线自然也是垂直的,如果铅锤的顶端刚好接触地面,这一点即为垂足,从垂足出发在地面引一条与交线垂直的射线,则铅锤线与该射线是垂直的。两者形成墙面与地面所成二面角的平面角,这个二面角是直角,所以墙面与地面垂直。这个分析可以从情境中剥离出来,完全从纯数学的二面角出发进行分析,例如,可以用下面的问题替代问题 5。

问题 5′ 从二面角 $\alpha\text{-}l\text{-}\beta$ 的棱上一点 O 在 α 内作棱 l 的垂线 OA,如果 $OA\perp\beta$,能否判断该二面角是否为直角?

定理 1　如果一个平面过另一个平面的垂线,则这两个平面相互垂直。

定理的证明并无难度,思路已经隐藏在上述问题的分析中,事实上,根据定理的条件,只需要过平面交线与给定直线的交点在另一平面内作交线的垂线,则该线与给定的垂线形成二面角的平面角。由条件,这个平面角是直角,所以二面角是直角,即两个平面相互垂直。

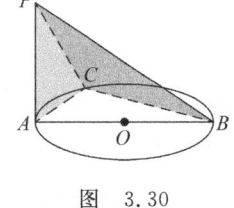

图　3.30

>>> 例 1　如图 3.30, AB 是 $\odot O$ 的直径, PA 垂直于 $\odot O$ 所在的平面, C 是圆周上不同于 A,B 的任意点。求证平面 $PAC \perp$ 平面 PBC。

证明　由于 AB 是 $\odot O$ 的直径,故 $BC \perp AC$。又 $PA \perp \odot O$,所以 $BC \perp PA$,这说明 $BC \perp$ 平面 PAC。因 $BC \subset$ 平面 PBC,可见平面 $PAC \perp$ 平面 PBC。　　　证毕

问题 6　假设两个平面垂直,如何判断其中一个平面的直线是否垂直于另一个平面?

这个问题可以看成平面垂直判定定理的反问题,学生根据判定定理应该容易想到平面的直线如果与两个平面的交线垂直,该直线便与另一个平面垂直。即有下面的结果。

定理 2　假设平面 $\alpha \perp$ 平面 β, $\alpha \cap \beta = l$, $AO \subset \alpha$,且 $AO \perp l$, $AO \cap l = \{O\}$,则 $AO \perp \beta$。

证明　过 O 点在平面 β 内作 l 的垂线 OB,则 $\angle AOB$ 为二面角 α-l-β 的平面角,由于 $\alpha \perp \beta$,故 $\angle AOB$ 为直角,于是 $AO \perp OB$。注意 $OB \subset \beta$, $l \subset \beta$,可见 $AO \perp \beta$。　　　证毕

>>> 例 2　如图 3.31(a) 所示,已知 $PA \perp$ 平面 ABC,平面 $PAB \perp$ 平面 PBC,求证 $BC \perp$ 平面 PAB。

这是个具有一定综合性的很好例子,可以考查学生综合运用几个判定定理的能力。要证明 $BC \perp$ 平面 PAB,需要在平面 PAB 内寻找两条相交直线,使得 BC 垂直于这两条直线。由条件知 $BC \perp PA$,为了寻找另一条与 BC 垂直的直线,自然想到另一个条件:平面 $PAB \perp$ 平面 PBC,注意 $PB = $ 平面 $PAB \cap$ 平面 PBC,于是如果从 A 点出发在平面 PAB 中引 PB

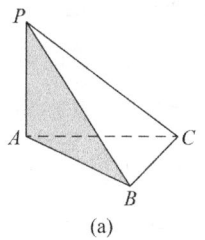 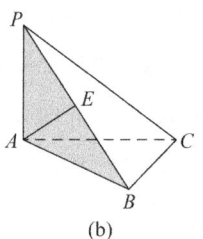

图 3.31

的垂线交 PB 于 E (见图 3.31(b)),则 $AE \perp$ 平面 PBC ,进而 $BC \perp AE$ 。由此可见 $BC \perp$ 平面 PAB 。

三、课外作业

略

3.4 空间向量与立体几何教学案例设计

案例 1 **空间向量及其线性运算**

教学目的:了解空间向量的概念,掌握空间向量的线性运算及其性质,理解空间向量共线的充要条件。

教学重点:空间向量的概念、空间向量的线性运算及其性质。

教学难点:空间向量共线的充要条件。

教学过程:

一、问题引入

问题 1 汽车在地面运动时可以近似看成在平面内运动,飞机、飞碟以及随意抛掷的石头则是在三维空间中运动,回顾一下在研究平面内一个力作用于一个物体使其运动时是如何运用向量工具的?这个方法能否借鉴到空间中物体运动问题的研究?

平面内的力是有大小与方向的量,所以在研究物体运动时通常借助向量工具,如力的合成与分解可以分别看成向量的线性运算与投影。通过上述问题的讨论,可以让学生意识到,空间中的力也是有大小与方向的。空间中的力作用于物体使得物体产生运动,是不是也可以借助向量工具进行分析?例如,三个力同时作用于同一个物体,物体将向何方运动?

严格意义上讲,无论是平面内的物体运动还是空间中的物体运动都可能涉及两种运动:直线运动与旋转运动,但如果涉及旋转,就不是向量的线性运算所能解决的了,需要借助矩阵或复数(平面情形)工具。在平面情形最有威力的工具是复数。不过这节课的主题是空间向量的概念,所以这些问题宜一带而过,详情可以留待复数部分再行介绍。

二、新课教学

问题 2 类比平面向量,如何定义空间向量以及向量的长度或模?平面内的零向量、单位向量、平行向量等概念是不是可以平移到空间向量?

上述问题对于学生而言都是常规的,可以依样画葫芦般从平面向量中搬过来。教材中把与向量 a 长度相等方向相反的向量称为相反向量,这个名称似乎不那么自然,也许称为反向向量更合适,当然这是个见仁见智的问题,叫什么无伤大雅,关键是搞清楚其内涵。

问题 3 平面向量的数乘运算与加法运算可以推广到空间向量吗?如何推广?所有运算法则对于空间向量仍然成立吗?

这些问题几近平凡,教师完全可以让学生自己给出线性运算的定义,同时给出几何解释。提示学生自行作出类似下面的示意图(见图 3.32)。

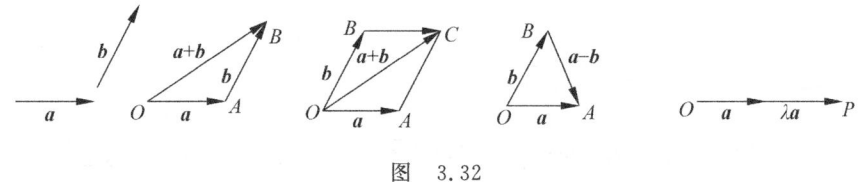

图　3.32

并归纳出运算律:

(1) 加法交换律:$a + b = b + a$;

（2）加法结合律：$(a+b)+c=a+(b+c)$；

（3）数乘分配律：$\lambda(a+b)=\lambda a+\lambda b(\lambda\in\mathbf{R})$。

上述运算律中，结合律的验证稍显麻烦，因为涉及空间三个向量的运算（见图 3.33）。

教师可以引导学生通过上述图形进行分析。

问题 4　如何用代数式表示两个共线（平行）向量？

向量关系的代数表示是几何走向代数的重要媒介，一些几何问题通过向量的代数化表示从而使得代数方法在几何中得以运用，复杂的几何问题可以变得简单化。

>>> 例 1　如图 3.34 所示，在三棱柱 $ABC\text{-}A_1B_1C_1$ 中，M 是 BB_1 的中点，化简下列各式，并在图中标出化简得到的向量：

（1）$\overrightarrow{CB}+\overrightarrow{BA_1}$；

（2）$\overrightarrow{AC}+\overrightarrow{CB}+\dfrac{1}{2}\overrightarrow{AA_1}$；

（3）$\overrightarrow{AA_1}-\overrightarrow{AC}-\overrightarrow{CB}$。

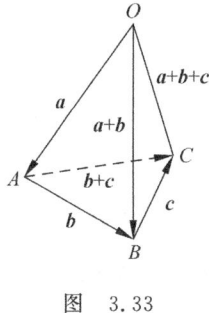

图　3.33

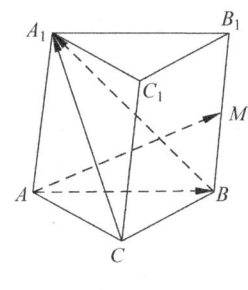

图　3.34

解　（1）$\overrightarrow{CB}+\overrightarrow{BA_1}=\overrightarrow{CA_1}$。

（2）因为 M 是 BB_1 的中点，所以 $\overrightarrow{BM}=\dfrac{1}{2}\overrightarrow{BB_1}$。又 $\overrightarrow{AA_1}=\overrightarrow{BB_1}$，所以

$$\overrightarrow{AC}+\overrightarrow{CB}+\dfrac{1}{2}\overrightarrow{AA_1}=\overrightarrow{AB}+\overrightarrow{BM}=\overrightarrow{AM}。$$

（3）$\overrightarrow{AA_1}-\overrightarrow{AC}-\overrightarrow{CB}=\overrightarrow{CA_1}-\overrightarrow{CB}=\overrightarrow{BA_1}$。

问题 5　空间中两个向量是否一定共面？三个向量呢？如何判断空间中三个向量是否共面？

教材中将平行于同一个平面的向量称为共面向量，所谓共面，顾名思义，在同一个平面内。也许将"平行于同一平面的向量是共面的"作为共面的判定定理更加合适。在平面向量中，如果向量 a,b 不共线，c 在 a,b 所确定的平面内，则由平面向量基本定理可知，存在唯一的数组 (x,y) 使得 $c=xa+yb$。这个结论对于空间向量是否成立？如果已经知道 c 在 a,b 所确定的平面内，平面向量基本定理可以移植到空间向量中来，也就是说等式 $c=xa+yb$ 依然成立。反之，如果三个向量 a,b,c 满足 $c=xa+yb$，$x,y\in\mathbf{R}$，这三个向量是否一定共面？换言之，如果 a,b 不共线，等式 $c=xa+yb$ 是否为向量 a,b,c 共面的充要条件？事实上，如果 a,b 不共线，可以将问题限定在 a,b 所确定的平面内讨论，此时对任意 $x,y\in\mathbf{R}$，$c=xa+yb$ 的确在 a,b 所确定的平面内。

>>> 例 2　如图 3.35 所示，$ABCD$ 是平行四边形，过 $ABCD$ 所在平面外一点 O 作射线 OA，OB,OC,OD，在四条射线上分别取点 E,F,G,H，使得 $\dfrac{OE}{OA}=\dfrac{OF}{OB}=\dfrac{OG}{OC}=\dfrac{OH}{OD}$，求证：$E,F,G,H$ 四点共面。

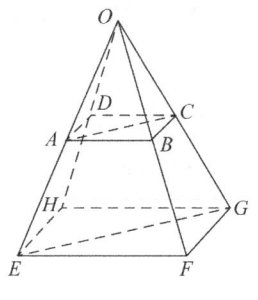

图　3.35

证明　不妨设 $\dfrac{OE}{OA}=\dfrac{OF}{OB}=\dfrac{OG}{OC}=\dfrac{OH}{OD}=k$，则

$\overrightarrow{OE}=k\overrightarrow{OA},\overrightarrow{OF}=k\overrightarrow{OB},\overrightarrow{OG}=k\overrightarrow{OC},\overrightarrow{OH}=k\overrightarrow{OD}$。由于 $ABCD$ 是平行四边形，故 $\overrightarrow{AC}=\overrightarrow{AB}+\overrightarrow{AD}$，可见

$$\overrightarrow{EG}=\overrightarrow{OG}-\overrightarrow{OE}=k\overrightarrow{OC}-k\overrightarrow{OA}=k\overrightarrow{AC}$$
$$=k(\overrightarrow{AB}+\overrightarrow{AD})=k(\overrightarrow{OB}-\overrightarrow{OA}+\overrightarrow{OD}-\overrightarrow{OA})$$
$$=\overrightarrow{OF}-\overrightarrow{OE}+\overrightarrow{OH}-\overrightarrow{OE}=\overrightarrow{EF}+\overrightarrow{EH}。$$

因此 $\overrightarrow{EF},\overrightarrow{EH},\overrightarrow{EG}$ 共面，由于 $\overrightarrow{EF},\overrightarrow{EH},\overrightarrow{EG}$ 的始点均为 E，从而 E,F,G,H 四点共面。

证毕

三、课堂练习

练习 1 如图 3.36 所示,在长方体 $OADB\text{-}CA'D'B'$ 中,$OA=3$,$OB=4$,$OC=2$,$OI=OJ=OK=1$,E,F 分别是 DB,$D'B'$ 的中点,设 $\overrightarrow{OI}=\boldsymbol{i}$,$\overrightarrow{OJ}=\boldsymbol{j}$,$\overrightarrow{OK}=\boldsymbol{k}$,试用向量 $\boldsymbol{i}$,$\boldsymbol{j}$,$\boldsymbol{k}$ 表示 $\overrightarrow{OE}$ 和 $\overrightarrow{OF}$。

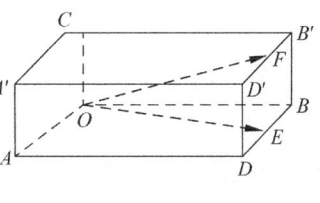

图 3.36

解 因为 $\overrightarrow{BD}=\overrightarrow{OA}=3\overrightarrow{OI}=3\boldsymbol{i}$,所以 $\overrightarrow{BE}=\dfrac{1}{2}\overrightarrow{BD}=\dfrac{3}{2}\boldsymbol{i}$。又 $\overrightarrow{OB}=4\overrightarrow{OJ}=4\boldsymbol{j}$,所以 $\overrightarrow{OE}=\overrightarrow{OB}+\overrightarrow{BE}=\dfrac{3}{2}\boldsymbol{i}+4\boldsymbol{j}$。因为 $\overrightarrow{EF}=\overrightarrow{BB'}=\overrightarrow{OC}=2\boldsymbol{k}$,所以 $\overrightarrow{OF}=\overrightarrow{OE}+\overrightarrow{EF}=\dfrac{3}{2}\boldsymbol{i}+4\boldsymbol{j}+2\boldsymbol{k}$。

四、课外作业

略

案例 2 **空间向量的数量积**

教学目的:掌握空间向量夹角和模的概念,学会用向量数量积求两直线所成的角,能判断两直线(向量)的位置关系(平行、垂直)。

教学重点:空间向量数量积的定义。

教学难点:空间向量数量积的意义。

教学过程:

一、问题引入

问题 1 平面向量的数量积涉及几个量?这些量与向量所在的平面有没有必然的关系?能不能推广到空间向量?

由于空间任意两个向量只要不共线,均可以唯一确定一个平面,所以平面向量的数量积完全可以形式化照搬到空间向量中来。由于向量具有平移不变性,所以对于任意两个空间向量,可以将其中一个向量平移使得两个向量的始点重合于 O 点(见图 3.37),A,B 分别为两个向量的终点,$\angle AOB$ 称为这两个向量的夹角,记为 $\langle \boldsymbol{a},\boldsymbol{b}\rangle$,

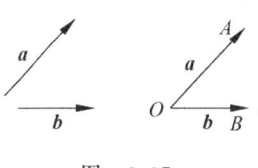

图 3.37

$|a|,|b|$ 分别表示 a,b 的模或长度。

定义 设 a,b 是两个空间向量,则其数量积定义为

$$a \cdot b = |a||b|\cos\langle a,b\rangle。$$

数量积也称为内积、点积。

二、新课教学

问题 2 两个向量有哪些特殊的位置关系? 如何通过数量积来描述?

两个向量可能同向,也可能反向,还可能垂直,对应的夹角分别为 0,π,$\frac{\pi}{2}$,夹角为 0 的两个向量称为同向向量,夹角为 π 的两个向量称为反向向量,夹角为 $\frac{\pi}{2}$ 的两个向量称为相互垂直的向量,两个相互垂直的向量 a 与 b 记作 $a \perp b$。不难看到 $a \perp b$ 当且仅当 $a \cdot b = 0$,可见数量积可以帮助我们判断两个向量是否垂直。由于 $\langle a,a\rangle = 0$,因此 $a \cdot a = |a|^2$。

问题 3 空间向量的数量积关于向量的数乘与加法运算具有与平面向量类似的运算律吗?

学生不难类比出空间向量的运算律:

(1) 交换律:$a \cdot b = b \cdot a$;

(2) 数乘的结合律:$(\lambda a) \cdot b = \lambda(a \cdot b) = a \cdot (\lambda b),(\lambda \in \mathbf{R})$;

(3) 分配律:$a \cdot (b+c) = a \cdot b + a \cdot c$。

在数量积运算中,学生容易混淆两个不同的符号:$0 \cdot a$ 与 $0a$,前者指的是零向量与向量 a 的数量积,后者指的是实数 0 与向量 a 的数乘,前者运算的结果是实数 0,后者运算的结果是零向量 $\mathbf{0}$。

>>> **例 1** 已知 $|a|=4,|b|=3\sqrt{2},a \cdot b=12$,求 a 与 b 的夹角 $\langle a,b\rangle$。

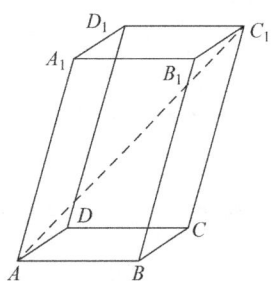

解 $\cos\langle a,b\rangle = \dfrac{a \cdot b}{|a||b|} = \dfrac{12}{4\times3\sqrt{2}} = \dfrac{1}{\sqrt{2}} = \dfrac{\sqrt{2}}{2}$。

因为 $0 \leqslant \langle a,b\rangle \leqslant \pi$,所以 $\langle a,b\rangle = \dfrac{\pi}{4}$。

>>> **例 2** 如图 3.38 所示,已知四棱柱 $ABCD$-

图 3.38

$A_1B_1C_1D_1$ 的底面 $ABCD$ 是矩形，$AB=4$，$AD=3$，$AA_1=5$，$\angle BAA_1=\angle DAA_1=60°$，求 AC_1 的长。

解 由题意可得

$$\overrightarrow{AB}\cdot\overrightarrow{AD}=0, \quad \overrightarrow{AB}\cdot\overrightarrow{AA_1}=4\times5\times\cos60°=10,$$

$$\overrightarrow{AD}\cdot\overrightarrow{AA_1}=3\times5\times\cos60°=7.5。$$

因为 $\overrightarrow{AC_1}=\overrightarrow{AB}+\overrightarrow{BC}+\overrightarrow{CC_1}=\overrightarrow{AB}+\overrightarrow{AD}+\overrightarrow{AA_1}$，所以

$$|\overrightarrow{AC_1}|^2=(\overrightarrow{AB}+\overrightarrow{AD}+\overrightarrow{AA_1})^2$$

$$=|\overrightarrow{AB}|^2+|\overrightarrow{AD}|^2+|\overrightarrow{AA_1}|^2+2(\overrightarrow{AB}\cdot\overrightarrow{AD}+\overrightarrow{AB}\cdot\overrightarrow{AA_1}+\overrightarrow{AD}\cdot\overrightarrow{AA_1})$$

$$=4^2+3^2+5^2+2(0+10+7.5)=85。$$

从而得到 AC_1 的长为 $\sqrt{85}$。

>>> 例3 试用向量法证明直线与平面垂直的判定定理。

证明 假设直线 l 垂直于平面 α 内两条相交直线 a,b，设 $a\cap b=\{O\}$，分别在 a,b 上各取不同于 O 的点 A,B。设 $l\cap\alpha=\{O'\}$，在 l 上任取不同于 O' 的点 H，则 $\overrightarrow{O'H}\perp\overrightarrow{OA}$，$\overrightarrow{O'H}\perp\overrightarrow{OB}$。在 α 内任作一条直线 c，不妨假设 $O\in c$，在 c 上任取不同于 O 的一点 C，只需证明 $\overrightarrow{O'H}\perp\overrightarrow{OC}$。由于 $\overrightarrow{OA},\overrightarrow{OB},\overrightarrow{OC}$ 共面，且 $\overrightarrow{OA},\overrightarrow{OB}$ 不共线，故存在 $x,y\in\mathbf{R}$，使得

$$\overrightarrow{OC}=x\overrightarrow{OA}+y\overrightarrow{OB}。$$

由于 $\overrightarrow{O'H}\perp\overrightarrow{OA}$，$\overrightarrow{O'H}\perp\overrightarrow{OB}$，故 $\langle\overrightarrow{O'H},\overrightarrow{OA}\rangle=\langle\overrightarrow{O'H},\overrightarrow{OB}\rangle=0$，进而

$$\langle\overrightarrow{O'H},\overrightarrow{OC}\rangle=\langle\overrightarrow{O'H},(x\overrightarrow{OA}+y\overrightarrow{OB})\rangle$$

$$=x\langle\overrightarrow{O'H},\overrightarrow{OA}\rangle+y\langle\overrightarrow{O'H},\overrightarrow{OB}\rangle=0。$$

这说明 $l\perp c$，所以 $l\perp\alpha$。 证毕

三、课堂练习

练习1 已知空间四边形 $ABCD$ 中，$AB\perp CD$，$AC\perp BD$，求证：$AD\perp BC$。

证明 （法一）$\overrightarrow{AD}\cdot\overrightarrow{BC}=(\overrightarrow{AB}+\overrightarrow{BD})\cdot(\overrightarrow{AC}-\overrightarrow{AB})$

$$=\overrightarrow{AB}\cdot\overrightarrow{AC}+\overrightarrow{BD}\cdot\overrightarrow{AC}-\overrightarrow{AB}^2-\overrightarrow{AB}\cdot\overrightarrow{BD}$$

$$=\overrightarrow{AB}\cdot(\overrightarrow{AC}-\overrightarrow{AB}-\overrightarrow{BD})$$

$$=\overrightarrow{AB} \cdot (\overrightarrow{BC}-\overrightarrow{BD})$$
$$=\overrightarrow{AB} \cdot \overrightarrow{DC}=0。$$

（法二）设 $\overrightarrow{AB}=a,\overrightarrow{AC}=b,\overrightarrow{AD}=c$，因为 $AB \perp CD$，所以 $a \cdot (c-b)=0$，即 $a \cdot c=b \cdot a$。

同理，$a \cdot b=b \cdot c$，所以 $a \cdot c=b \cdot c$，即 $c \cdot (b-a)=0$，所以

$$\overrightarrow{AD} \cdot \overrightarrow{BC}=0，即 AD \perp BC。 \qquad 证毕$$

四、课外作业

略

◀**案例 3** **空间向量基本定理**

教学目的：掌握空间向量基本定理及其推论。

教学重点：空间任一向量可用空间不共面的三个已知向量唯一线性表示。

教学难点：选择适当的基底表示任一空间向量。

教学过程：

一、问题引入

问题 1 两个向量共线的充要条件是什么？三个向量共面的充要条件是什么？如果三个向量不共面呢？

这个问题与平面向量基本定理的表述形式并不完全一致，由平面向量基本定理可知，如果两个向量 a,b 不共线，那么它们所确定的平面内的任何向量 c 可以由这两个不共线向量线性表示，即存在 $x,y \in \mathbf{R}$ 使得

$$c=xa+yb。$$

如果将上式变一下形式，可以写成

$$c-xa-yb=\mathbf{0},$$

上式中三个向量的系数至少有一个不为零，由此可以进一步引导思考这样的问题：如果存在三个不全为零的数 x,y,z 使得

$$xa+yb+zc=\mathbf{0},$$

则向量 a,b,c 是否共面？由此可得平面向量基本定理的等价形式

定理 1 向量 a,b,c 共面当且仅当存在不全为零的实数 x,y,z 使得

$$xa + yb + zc = 0。$$

在此基础上再讨论问题 1 的最后一问,为后面引入"基底"的概念埋下伏笔。

二、新课教学

问题 2　两个非零的向量可能不共线,三个非零的向量可能不共面,那么四个空间向量可能的关系是什么?

容易找到四个共线的向量,也能找到四个共面的向量,但既然三个向量都有可能不共面,没有理由相信四个向量一定共面。由上面的分析,如果三个向量 a, b, c 共面,则存在不全为零的实数 x, y, z 使得

$$xa + yb + zc = 0。$$

由此可见,如果四个向量 a, b, c, d 共面,则 a, b, c 共面,于是存在不全为零的实数 x, y, z 使得

$$xa + yb + zc = 0,$$

进而

$$xa + yb + zc + 0d = 0。$$

换言之,如果四个向量 a, b, c, d 共面,则存在不全为零的实数 x_1, x_2, x_3, x_4 使得

$$x_1 a + x_2 b + x_3 c + x_4 d = 0(为什么?)。$$

问题是,如果四个向量不共面呢?上述等式依然成立吗?通过对这个问题的分析便可以得到空间向量的基本定理。

如果四个向量不共面,显而易见至少有三个向量不共面,不妨设 a, b, c 不共面,这说明不可能存在不全为零的实数 x, y, z 使得

$$xa + yb + zc = 0。$$

不难看出,a, b, c 中任意两个向量不共线。如果 d 与 a, b, c 中某两个向量共面,例如,d 与 a, b 共面,则有平面向量基本定理知存在实数 x, y 使得

$$d = xa + yb + 0c。$$

如果三个向量 a, b, c 不共面,这三个向量是否可以表示空间内任意向量?换言之,在空间中是否也有类似于平面向量的基本定理?假设 d

是空间内任一向量,设 d,c 所在的平面为 α,a,b 所在的平面为 β,则 α,β 必定相交。事实上,如果 α 与 β 不相交,则它们必定重合或平行,由向量的平移不变性知 a,b,c 共面,这与 a,b,c 不共面的假设矛盾。记 $\alpha\bigcap\beta=l$,在 l 上任取两点 O,H,则 $\overrightarrow{OH}$ 是平面 β 内的向量,于是存在实数 x,y 使得

$$\overrightarrow{OH}=xa+yb,$$

注意 $\overrightarrow{OH}$ 也在平面 α 内,且 $\overrightarrow{OH}$ 与 c 不共线,因此存在实数 x',y' 使得

$$d=x'\overrightarrow{OH}+y'c=x'(xa+yb)+y'c$$
$$=x'xa+x'yb+y'c,$$

记 $x_1=x'x,x_2=x'y,x_3=y'$,有

$$d=x_1a+x_2b+x_3c。$$

这说明空间向量也有类似平面向量的基本定理

定理 2　如果三个向量 a,b,c 不共面,那么对任意空间向量 p,存在唯一的一组数 x,y,z 使得

$$p=xa+yb+zc。$$

证明　由上述讨论可知存在 x,y,z 使得

$$p=xa+yb+zc。$$

往证唯一性,如果另有一组数 x',y',z' 使得

$$p=x'a+y'b+z'c,$$

则有

$$xa+yb+zc=x'a+y'b+z'c,$$

进而

$$(x-x')a+(y-y')b+(z-z')c=\mathbf{0}。$$

因为 a,b,c 不共面,由定理 1 知 $x-x'=y-y'=z-z'=0$,即 $x=x',y=y',z=z'$。　　　　　　　　　　证毕

定理 2 说明,三个不共面的向量可以线性表示空间中任意向量,通常把不共面的三个向量 $\{a,b,c\}$ 称为空间的**基底**,基底中的每个向量都称为**基向量**。如果三个不共面向量 a,b,c 两两垂直,且 $|a|=|b|=|c|=1$,则

称 $\{a,b,c\}$ 为**单位正交基底**。线性代数中标准的说法是把两两垂直的向量构成的基底称为**直交基**,把两两垂直的单位向量(长度为一的向量)构成的基底称为**正交基**。不过称呼无伤大雅,不妨与教材统一,学生进入大学后自会辨别。

定理 2 也可以换一个角度看,空间中任意向量 p 都可以分解成三个向量 xa,yb,zc,使得 $p = xa + yb + zc$。如果 a,b,c 是两两垂直的单位向量,则称 $p = xa + yb + zc$ 为 p 的**正交分解**。

>>> 例 1 如图 3.39 所示,在正方体 $OADB\text{-}CA'D'B'$ 中,点 E 是 AB 与 OD 的交点,M 是 OD' 与 CE 的交点,试分别用向量 $\overrightarrow{OA}$,$\overrightarrow{OB}$,$\overrightarrow{OC}$ 表示 $\overrightarrow{OD'}$ 和 $\overrightarrow{OM}$。

解 因为 $\overrightarrow{OD} = \overrightarrow{OA} + \overrightarrow{OB}$,所以 $\overrightarrow{OD'} = \overrightarrow{OD} + \overrightarrow{DD'} = \overrightarrow{OA} + \overrightarrow{OB} + \overrightarrow{OC}$。

由 $\triangle OME \backsim \triangle D'MC$,可得 $OM = \dfrac{1}{2}MD' = \dfrac{1}{3}OD'$,所以 $\overrightarrow{OM} = \dfrac{1}{3}\overrightarrow{OD'}$

$= \dfrac{1}{3}\overrightarrow{OA} + \dfrac{1}{3}\overrightarrow{OB} + \dfrac{1}{3}\overrightarrow{OC}$。

>>> 例 2 如图 3.40 所示,已知空间四边形 $OABC$,其对角线为 OB,AC,M,N 分别是对边 OA,BC 的中点,点 G 在线段 MN 上,且 $MG = 2GN$,用基底向量 $\overrightarrow{OA}$,$\overrightarrow{OB}$,$\overrightarrow{OC}$ 表示向量 $\overrightarrow{OG}$。

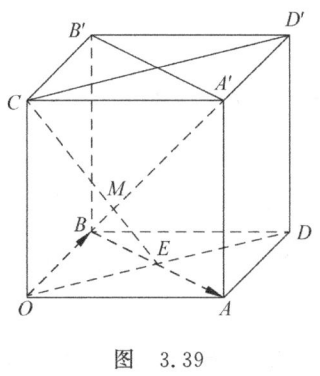

图 3.39

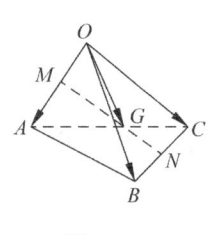

图 3.40

解 $\overrightarrow{OG} = \overrightarrow{OM} + \overrightarrow{MG}$

$$= \overrightarrow{OM} + \frac{2}{3}\overrightarrow{MN}$$

$$= \frac{1}{2}\overrightarrow{OA} + \frac{2}{3}(\overrightarrow{ON} - \overrightarrow{OM})$$

$$= \frac{1}{2}\overrightarrow{OA} + \frac{2}{3}\left[\frac{1}{2}(\overrightarrow{OB} + \overrightarrow{OC}) - \frac{1}{2}\overrightarrow{OA}\right]$$

$$= \frac{1}{2}\overrightarrow{OA} + \frac{1}{3}(\overrightarrow{OB} + \overrightarrow{OC}) - \frac{1}{3}\overrightarrow{OA}$$

$$= \frac{1}{6}\overrightarrow{OA} + \frac{1}{3}\overrightarrow{OB} + \frac{1}{3}\overrightarrow{OC},$$

所以 $\overrightarrow{OG} = \frac{1}{6}\overrightarrow{OA} + \frac{1}{3}\overrightarrow{OB} + \frac{1}{3}\overrightarrow{OC}$。

三、课堂小结

1. 空间向量基本定理；

2. 向量的正交分解。

四、课外作业

略

案例 4 **空间向量及其运算的坐标表示**

教学目的：能用坐标表示空间向量,掌握空间向量的坐标运算,会根据向量的坐标判断两个空间向量平行。

教学重点：空间向量的坐标表示与坐标运算。

教学难点：选择适当的坐标系确定空间向量的坐标。

教学过程：

一、问题引入

问题 1 平面向量是如何与坐标对应的? 这种对应关系能不能借鉴到空间向量?

在平面直角坐标系 xOy 中,以坐标原点 O 为始点,分别在 x 轴、y 轴上取点 A,B,使得 $\overrightarrow{OA} = \overrightarrow{OB} = 1$,则 $\overrightarrow{OA} \perp \overrightarrow{OB}$,记 $i = \overrightarrow{OA}$,$j = \overrightarrow{OB}$,显然 $\{i, j\}$ 构成平面内的一组正交基底。对于平面内任意向量 a,如果 a 的始点在坐标原点,终点坐标为 (x, y),则有

$$a = xi + yj。$$

换言之,向量 a 与其终点的坐标是一对一的,所以也可以简记 a 为 $a = (x, y)$。

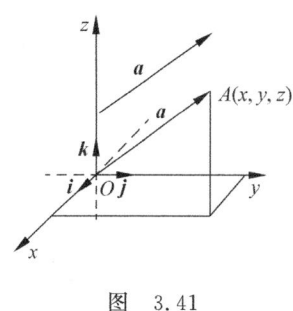

图 3.41

对于空间向量可以如法炮制,教师不妨在课堂上引导学生自己完成直角坐标系下空间向量的坐标表示。需要向学生阐明的是,在空间直角坐标系的建立中,x 轴、y 轴、z 轴需要遵循右手螺旋法则,也称为右手直角坐标系。一般情况下 $\angle xOy = 135°$,$\angle yOz = 90°$,如图 3.41 所示。

x 轴、y 轴、z 轴上以坐标原点为始点的单位向量分别记为 i,j,k,则 $\{i, j, k\}$ 构成空间的正交基底,如果空间向量 a 的始点在坐标原点,终点坐标为 $A(x, y, z)$,则 $a = xi + yj + zk$,也记 $a = (x, y, z)$,它称为向量的坐标表示。将 x, y, z 分别称为点 A 的横坐标、纵坐标、竖坐标。

二、新课教学

问题 2 如果用坐标表示向量,那么向量的线性运算与坐标之间是什么关系?例如,$a = (x_1, y_1, z_1)$,$b = (x_2, y_2, z_2)$,那么 $a \pm b$,$\lambda a (\lambda \in \mathbf{R})$ 的坐标分别是什么?

如果将 a, b 的分解式写出来,$a = x_1 i + y_1 j + z_1 k$,$b = x_2 i + y_2 j + z_2 k$,再根据向量的运算法则不难得到其坐标运算法则:

(1) 设 $a = (x_1, y_1, z_1)$,$b = (x_2, y_2, z_2)$,则

$$a \pm b = (x_1 \pm x_2, y_1 \pm y_2, z_1 \pm z_2),$$

$$\lambda a = (\lambda x_1, \lambda y_1, \lambda z_1), \quad \lambda \in \mathbf{R};$$

(2) 若 $A = A(x_1, y_1, z_1)$,$B = B(x_2, y_2, z_2)$,则

$$\overrightarrow{AB} = (x_2 - x_1, y_2 - y_1, z_2 - z_1)。$$

问题 3 如果两个向量平行,其坐标之间是什么关系?

有了上面对问题 2 的分析,学生回答这个问题应该轻而易举。

问题 4 如何利用向量的坐标判断两个向量是否垂直?知道两个向量的坐标表示,如何计算它们的夹角?

判断两个向量是否垂直的最好办法自然是验证其数量积是否为零,如果用坐标表示向量,就有必要找到数量积与坐标的关系。如果两个向量是用坐标表示的:$a = (x_1, y_1, z_1)$,$b = (x_2, y_2, z_2)$,只需要将其写成三个坐标分量的线性组合:$a = x_1 i + y_1 j + z_1 k$,$b = x_2 i + y_2 j + z_2 k$,再根据向量数量积的运算法则便可以得到向量数量积的坐标表示:

$$a \cdot b = x_1 x_2 + y_1 y_2 + z_1 z_2。$$

由此可见 $a \perp b$ 当且仅当 $a \cdot b = x_1 x_2 + y_1 y_2 + z_1 z_2 = 0$。

由于 $a \cdot b = |a||b|\cos\langle a, b \rangle$,$|a| = \sqrt{x_1^2 + y_1^2 + z_1^2}$,$|b| = \sqrt{x_2^2 + y_2^2 + z_2^2}$,于是

$$\cos\langle a, b \rangle = \frac{a \cdot b}{|a||b|} = \frac{x_1 x_2 + y_1 y_2 + z_1 z_2}{\sqrt{x_1^2 + y_1^2 + z_1^2}\sqrt{x_2^2 + y_2^2 + z_2^2}},$$

从而得两个向量夹角的坐标表示:

$$\langle a, b \rangle = \arccos \frac{x_1 x_2 + y_1 y_2 + z_1 z_2}{\sqrt{x_1^2 + y_1^2 + z_1^2}\sqrt{x_2^2 + y_2^2 + z_2^2}}。$$

>>> 例 1　已知 $a = (1, -3, 8)$,$b = (3, 10, -4)$,求 $a + b$,$a - b$,$3a$。

解　$a + b = (1, -3, 8) + (3, 10, -4) = (1 + 3, -3 + 10, 8 - 4) = (4, 7, 4)$,$a - b = (1, -3, 8) - (3, 10, -4) = (1 - 3, -3 - 10, 8 + 4) = (-2, -13, 12)$,$3a = 3 \times (1, -3, 8) = (3, -9, 24)$。

>>> 例 2　已知 $a = (1, 6, -3)$,$b = (1, -2, 9)$,$c = (4, 0, 24)$,求证:a, b, c 共面。

证明　不难验证 a 与 b 不共线。不妨设 $c = xa + yb$,则

$$\begin{cases} x + y = 0, \\ 6x - 2y = 0, \\ -3x + 9y = 24, \end{cases}$$　解得 $\begin{cases} x = 1 \\ y = 3 \end{cases}$,所以 $c = a + 3b$,这说明 a, b, c 共面。

>>> 例 3　如图 3.42 所示,在正方体 $ABCD$-$A_1B_1C_1D_1$ 中,M, N, P 分别是 CC_1, B_1C_1, C_1D_1 的中点,试建立空间直角坐标系,证明:平面 MNP // 平面 A_1BD。

证明　以 D_1 为坐标原点,D_1A_1, D_1C_1, D_1D 所在直线为 x 轴,y 轴,z 轴,建立空间直角坐标系。设正方体棱长为 1,则各点的坐标分别为

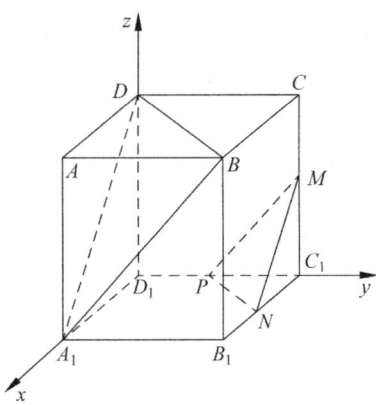

图 3.42

$A_1(1,0,0)$, $B(1,1,1)$, $D(0,0,1)$, $B_1(1,1,0)$, $C_1(0,1,0)$, $N\left(\dfrac{1}{2},1,0\right)$,

$M\left(0,1,\dfrac{1}{2}\right)$, $D_1(0,0,0)$, $P\left(0,\dfrac{1}{2},0\right)$, 于是 $\overrightarrow{A_1B}=(0,1,1)$, $\overrightarrow{A_1D}=(-1,0,1)$,

$\overrightarrow{NM}=\left(-\dfrac{1}{2},0,\dfrac{1}{2}\right)$, $\overrightarrow{PM}=\left(0,\dfrac{1}{2},\dfrac{1}{2}\right)$, 显然有 $\overrightarrow{NM}=\dfrac{1}{2}\overrightarrow{A_1D}$, $\overrightarrow{PM}=$

$\dfrac{1}{2}\overrightarrow{A_1B}$。故 $\overrightarrow{NM}/\!/\overrightarrow{A_1D}$, $\overrightarrow{PM}/\!/\overrightarrow{A_1B}$, 因此平面 $MNP/\!/$ 平面 A_1BD。　　证毕

三、课堂练习

　　练习 1　在正方体 $ABCD$-$A_1B_1C_1D_1$ 中, E, F 分别是 BB_1, CD 的中点, 求证: $D_1F\perp$ 平面 ADE。

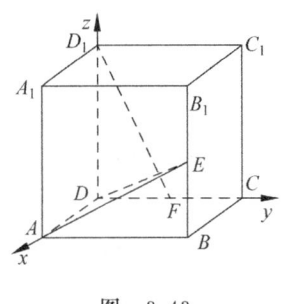

图 3.43

　　证明　如图 3.43 所示, 以 D 为原点建立直角坐标系 D-xyz, 不妨设已知正方体的棱长为 1 个单位长度, 则 $D(0,0,0)$, $A(1,0,0)$, $D_1(0,0,1)$, $B_1(1,1,1)$, $E\left(1,1,\dfrac{1}{2}\right)$, $F\left(0,\dfrac{1}{2},0\right)$, 则 $\overrightarrow{AD}=(-1,0,0)$, $\overrightarrow{D_1F}=\left(0,\dfrac{1}{2},-1\right)$,

$\overrightarrow{AD}\cdot\overrightarrow{D_1F}=(-1,0,0)\cdot\left(0,\dfrac{1}{2},-1\right)=0$, 故 $D_1F\perp AD$。

又 $\overrightarrow{AE}=\left(0,1,\dfrac{1}{2}\right)$，$\overrightarrow{AE}\cdot\overrightarrow{D_1F}=\left(0,1,\dfrac{1}{2}\right)\cdot\left(0,\dfrac{1}{2},-1\right)=0$，从而

$D_1F\perp AE$，且 $AD\cap AE=\{A\}$，因此 $D_1F\perp$ 平面 ADE。　　　证毕

练习 2　已知点 P 是平行四边形 $ABCD$ 所在平面外一点，如果 $\overrightarrow{AB}=(2,0,-4)$，$\overrightarrow{AD}=(4,2,0)$，求平行四边形 $ABCD$ 的面积。

解　$|\overrightarrow{AB}|=\sqrt{2^2+0^2+(-4)^2}=2\sqrt{5}$，$|\overrightarrow{AD}|=\sqrt{4^2+2^2+0^2}=2\sqrt{5}$，

$\overrightarrow{AB}\cdot\overrightarrow{AD}=(2,0,-4)\cdot(4,2,0)=8$，所以 $\cos\langle\overrightarrow{AB},\overrightarrow{AD}\rangle=\dfrac{8}{2\sqrt{5}\times2\sqrt{5}}=$

$\dfrac{8}{20}=\dfrac{2}{5}$，于是 $\sin\angle BAD=\sqrt{1-\left(\dfrac{2}{5}\right)^2}=\dfrac{\sqrt{21}}{5}$，进而

$$S_{\square ABCD}=|\overrightarrow{AB}||\overrightarrow{AD}|\sin\angle BAD=4\sqrt{21}。$$

练习 3　在棱长为 1 的正方体 $ABCD\text{-}A_1B_1C_1D_1$ 中，E，F 分别是

DD_1，DB 中点，G 在棱 CD 上，$CG=\dfrac{1}{4}CD$，H 是 C_1G 的中点。

(1) 求证：$EF\perp B_1C$；

(2) 求 EF 与 C_1G 所成的角的余弦；

(3) 求 FH 的长。

解　如图 3.44 所示，以 D 为原点建立直

角坐标系 $D\text{-}xyz$，则 $B_1(1,1,1)$，$C(0,1,0)$，

$E\left(0,0,\dfrac{1}{2}\right)$，$F\left(\dfrac{1}{2},\dfrac{1}{2},0\right)$，$G\left(0,\dfrac{3}{4},0\right)$，$C_1(0,$

$1,1)$，$H\left(0,\dfrac{7}{8},\dfrac{1}{2}\right)$。

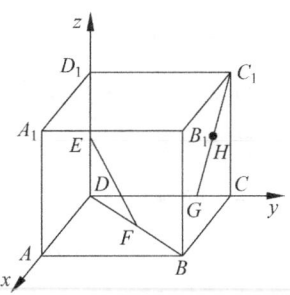

图 3.44

(1) $\overrightarrow{EF}=\left(\dfrac{1}{2},\dfrac{1}{2},-\dfrac{1}{2}\right)$，$\overrightarrow{B_1C}=(-1,0,-1)$，故 $\overrightarrow{EF}\cdot\overrightarrow{B_1C}=$

$\left(\dfrac{1}{2},\dfrac{1}{2},-\dfrac{1}{2}\right)\cdot(-1,0,-1)=0$，从而 $EF\perp B_1C$。

(2) 因为 $\overrightarrow{C_1G}=\left(0,-\dfrac{1}{4},-1\right)$，所以

$$\overrightarrow{EF}\cdot\overrightarrow{C_1G}=\left(\dfrac{1}{2},\dfrac{1}{2},-\dfrac{1}{2}\right)\cdot\left(0,-\dfrac{1}{4},-1\right)=\dfrac{3}{8}。$$

又 $\left| \overrightarrow{EF} \right| = \sqrt{\left(\dfrac{1}{2}\right)^2 + \left(\dfrac{1}{2}\right)^2 + \left(-\dfrac{1}{2}\right)^2} = \dfrac{\sqrt{3}}{2}$，$\left| \overrightarrow{C_1G} \right| =$

$\sqrt{0^2 + \left(-\dfrac{1}{4}\right)^2 + (-1)^2} = \dfrac{\sqrt{17}}{4}$，于是 $\cos\langle \overrightarrow{EF}, \overrightarrow{C_1G} \rangle = \dfrac{\dfrac{3}{8}}{\dfrac{\sqrt{3}}{2} \times \dfrac{\sqrt{17}}{4}} = \dfrac{\sqrt{51}}{17}$，所

以 EF 与 C_1G 所成的角的余弦为 $\dfrac{\sqrt{51}}{17}$。

（3）因为 $\overrightarrow{FH} = \left(-\dfrac{1}{2}, \dfrac{3}{8}, \dfrac{1}{2}\right)$，所以

$$\left| \overrightarrow{FH} \right| = \sqrt{\left(-\dfrac{1}{2}\right)^2 + \left(\dfrac{3}{8}\right)^2 + \left(\dfrac{1}{2}\right)^2} = \dfrac{\sqrt{41}}{8}。$$

四、课外作业

略

◀ **案例5** **平面的法向量**

教学目的：能用向量判断直线、平面间的位置关系。

教学重点：利用方向向量和法向量确定直线和平面的位置。

教学难点：平面法向量的求法。

教学过程：

一、问题引入

问题 1 直线没有长度，但相对于水平线有倾斜角，在直角坐标系中通常用斜率表示。如果知道直线上一点，又知道倾斜角（斜率），直线便可以唯一确定，如何利用向量来表示直线？

不妨在直线 l 外任取一点 O，在直线上任取两点 A，B，使得 $\left| \overrightarrow{AB} \right| = 1$（通常称为直线 l 的**单位方向向量**，也可以不要求 $\left| \overrightarrow{AB} \right| = 1$，此时称之为直线的**方向向量**。由于向量具有平移不变性，所以单位方向向量与给定直线平行即可），P 为直线上的任意点，记 $t = \left| \overrightarrow{AP} \right|$，则 $\overrightarrow{OP} = \overrightarrow{OA} + t\overrightarrow{AB}$。反之，如果 P 是平面内一点，存在实数 t 满足 $\overrightarrow{OP} = \overrightarrow{OA} + t\overrightarrow{AB}$，则不难证明 P 点必在直线 l 上。

问题 1 为分析平面的向量表示提供了思路。

二、新课教学

问题 2　空间中的平面在什么条件下能唯一确定？

这个问题稍有一定的开放性,学生比较容易想到的是两条相交直线或不重合的直线。但学生已经知道直线与平面垂直的判定定理,垂直于平面内两条相交直线的直线一定垂直于该平面,所以除了两条相交直线,空间中的一点 A 及一条直线 l 也可以唯一确定一个平面(记为 α),这就是过空间一点 A 垂直于直线 l 的平面。此时将直线 l 称为平面 α 的法线,法线 l 的方向向量 $\boldsymbol{a}$ 称为平面 α 的**法向量**(显然,法向量不唯一)。因此,空间内一点 A 及任一向量 $\boldsymbol{a}$ 可以唯一确定过点 A 且与向量 $\boldsymbol{a}$ 垂直的平面。

问题 3　如果设 P 为空间内任意的点,A 是平面 α 内的固定点,$\boldsymbol{a}$ 为 α 的法向量,如何判断 P 点在不在平面 α 内？

有问题 1 的分析,学生应该可以了解这类问题的基本分析方法,如果 $P \in \alpha$,则直线 $AP \subset \alpha$,于是 $\boldsymbol{a} \perp \overrightarrow{AP}$,进而 $\boldsymbol{a} \cdot \overrightarrow{AP} = 0$。逆命题几乎是显然的。于是可以将过点 A,法向量为 $\boldsymbol{a}$ 的平面表示为 $\alpha = \{P \mid \boldsymbol{a} \cdot \overrightarrow{AP} = 0\}$。

问题 4　能不能像表示直线那样用向量表示平面？

既然两条相交直线也可以确定一个平面,只需要利用这两条直线的方向向量及空间任一固定点(可以在平面内也可以在平面外,可以分情形讨论)便可以表示出平面内的任意点。

1. O 为两条直线的交点。设 $\boldsymbol{a}$,$\boldsymbol{b}$ 分别为两条相交直线的方向向量,P 为相交直线所确定平面 α 内任意点,则由平面向量基本定理知存在实数 x,y,使得

$$\overrightarrow{OP} = x\boldsymbol{a} + y\boldsymbol{b}。$$

2. O 在平面 α 之外。设 P 为平面内任意点,A 为两条直线的交点,则存在实数 x,y,使得 $\overrightarrow{AP} = x\boldsymbol{a} + y\boldsymbol{b}$。由 $\overrightarrow{OP} = \overrightarrow{OA} + \overrightarrow{AP}$ 可得

$$\overrightarrow{OP} = \overrightarrow{OA} + x\boldsymbol{a} + y\boldsymbol{b}。$$

问题 5　如何利用向量判断直线与直线、直线与平面以及平面与平面的位置关系？

直线有方向向量,平面有法向量,通过直线的方向向量及平面的法向量便可以将直线与直线、直线与平面以及平面与平面平行、垂直等关系表示出来。

设直线 l,m 的方向向量分别为 $\boldsymbol{a},\boldsymbol{b}$,平面 α,β 的法向量分别为 $\boldsymbol{u}$,$\boldsymbol{v}$,则

(1) $l/\!/m \Leftrightarrow \boldsymbol{a}/\!/\boldsymbol{b} \Leftrightarrow$ 存在 $k\in\mathbf{R}$,使得 $\boldsymbol{a}=k\boldsymbol{b}$;

(2) $l\perp m \Leftrightarrow \boldsymbol{a}\perp\boldsymbol{b} \Leftrightarrow \boldsymbol{a}\cdot\boldsymbol{b}=0$;

(3) $l/\!/\alpha \Leftrightarrow \boldsymbol{a}\perp\boldsymbol{u} \Leftrightarrow \boldsymbol{a}\cdot\boldsymbol{u}=0$;

(4) $l\perp\alpha \Leftrightarrow \boldsymbol{a}/\!/\boldsymbol{u} \Leftrightarrow$ 存在 $k\in\mathbf{R}$,使得 $\boldsymbol{a}=k\boldsymbol{u}$;

(5) $\alpha/\!/\beta$ 或重合 $\Leftrightarrow \boldsymbol{u}/\!/\boldsymbol{v} \Leftrightarrow$ 存在 $k\in\mathbf{R}$,使得 $\boldsymbol{u}=k\boldsymbol{v}$;

(6) $\alpha\perp\beta \Leftrightarrow \boldsymbol{u}\perp\boldsymbol{v} \Leftrightarrow \boldsymbol{u}\cdot\boldsymbol{v}=0$。

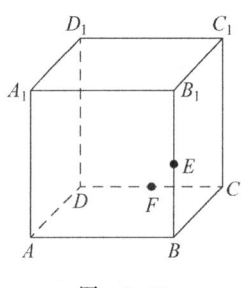

图 3.45

>>> **例 1** 如图 3.45 所示,在正方体 $ABCD$-$A_1B_1C_1D_1$ 中,点 E,F 分别是 BB_1,CD 的中点,分别求平面 $ABCD$,平面 AA_1C_1C,平面 ADE 的一个法向量。

解 (1) 由于 $ABCD$-$A_1B_1C_1D_1$ 是正方体,$\overrightarrow{AA_1}$ 与平面 $ABCD$ 垂直,故是其法向量。

(2) 由于 $ABCD$ 是正方形,显然线段 $BD\perp AC$。又 $BD\perp AA_1$,从而 $BD\perp$ 平面 AA_1C_1C。

(3) 由于 $AD\subset$ 平面 ADE,$AE\subset$ 平面 ADE,故只需要找到同时垂直于 AD,AE 的直线。由于 $AD\perp$ 平面 ABB_1A_1,只要能在平面 ABB_1A_1 内找一条直线垂直于 AE,这条直线必是平面 ADE 的法线。如果取 AB 的中点 F,显然,$A_1F\perp AE$,可见 A_1F 便是平面 ADE 的法线。

三、课外作业

略

◆ **案例 6** 直线、平面的平行与垂直

教学目的:能用向量判断直线、平面的平行与垂直。

教学重点:掌握直线、平面平行或垂直的向量判别方法。

教学难点：运用直线的方向向量与平面的法向量判断直线、平面的平行与垂直。

教学过程：

一、问题引入

问题 1　能否通过两条直线的方向向量之间的关系判断这两条直线是否平行或垂直？

这个问题几乎是平凡的，假设 n，m 分别为直线 l_1，l_2 的方向向量，则 $l_1 /\!/ l_2 \Leftrightarrow n /\!/ m$，$l_1 \perp l_2 \Leftrightarrow n \perp m$。

二、新课教学

问题 2　如何类似问题 1 利用直线的方向向量与平面的法向量判断直线与平面何时平行？何时垂直？

只要清楚直线的方向向量与直线平行，平面的法向量与平面垂直，便不难归纳出判断方法：

1. 假设 n 为直线 l 的方向向量，m 为平面 α 的法向量，则 $l /\!/ \alpha \Leftrightarrow n \perp m$。

2. 假设 n 为直线 l 的方向向量，m 为平面 α 的法向量，则 $l \perp \alpha \Leftrightarrow n /\!/ m$。

3. 假设 n，m 分别为平面 α，β 的法向量，则 $\alpha /\!/ \beta \Leftrightarrow n /\!/ m$。

4. 假设 n，m 分别为平面 α，β 的法向量，则 $\alpha \perp \beta \Leftrightarrow n \perp m$。

>>> 例 1　如图 3.46 所示，在正方体 $ABCD\text{-}A_1B_1C_1D_1$ 中，M，N，P 分别为 C_1C，B_1C_1，C_1D_1 的中点，求证：

(1) $MN /\!/$ 平面 A_1BD；

(2) 平面 $MNP /\!/$ 平面 A_1BD。

证明　只需要找出平面 A_1BD 的法向量，再判断法向量与 MN 是否垂直。连接 AC_1，首先证明 AC_1 既是平面 A_1BD 的法向量，也是平面 MNP 的法向量。事实上，由于 $A_1B \perp AB_1$，$A_1B \perp$

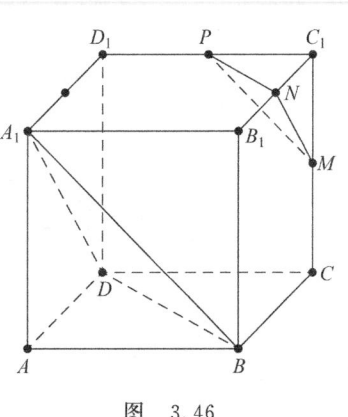

图　3.46

B_1C_1，所以 $A_1B\perp$ 平面 AB_1C_1，进而 $A_1B\perp AC_1$。同理可证 $A_1D\perp AC_1$。因此 $AC_1\perp$ 平面 A_1BD。完全类似的方法可以证明 $AC_1\perp$ 平面 MNP。这说明 AC_1 既是平面 A_1BD 的法线也是平面 MNP 的法线，因此平面 A_1BD//平面 MNP，由于 $MN\subset$ 平面 MNP，故 MN//平面 A_1BD。 证毕

>>> **例 2** 如图 3.47 所示，在正方体 $ABCD\text{-}A_1B_1C_1D_1$ 中，E,F 分别为 BB_1,CD 的中点。求证：

(1) $AE\perp D_1F$；

(2) AD//平面 A_1FD_1；

(3) $DB_1\perp$ 平面 D_1AC。

证明 (1) 由本节案例 5 中例 1 的证明不难得知，$AE\perp D_1F$。

(2) 由于 $A_1D_1\subset$ 平面 A_1FD_1，AD//A_1D_1，故 AD//平面 A_1FD_1。也可以寻找平面 A_1FD_1 的一个法向量，事实上，不难证明 $\overrightarrow{AE}$ 便是平面 A_1FD_1 的法向量。而 $\overrightarrow{AD}$ 显然垂直于 $\overrightarrow{AE}$，故 AD//平面 A_1FD_1。

(3) 其方法完全类似例 1 的证明。

>>> **例 3** 如图 3.48 所示，已知正方体 $ABCD\text{-}A_1B_1C_1D_1$ 的棱长为 2，E,F,G 分别是 BB_1,DD_1,DC 的中点，求证：

(1) 平面 ADE//平面 B_1C_1F；

(2) 平面 $ADE\perp$ 平面 A_1D_1G；

(3) 在 AE 上求一点 M，使得 $A_1M\perp$ 平面 ADE。

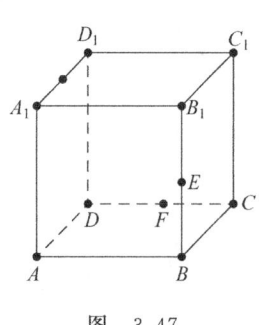

图 3.47

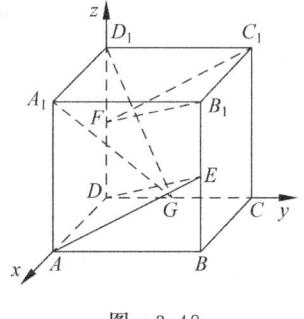

图 3.48

证明 (1) 连接 A_1 与 AB 的中点 H,则 $A_1H \perp AE$。又 $DA \perp$ 平面 ABB_1A_1,$A_1H \subset$ 平面 ABB_1A_1,故 $DA \perp A_1H$,因此 $\overrightarrow{A_1H}$ 为平面 ADE 的法向量。同理,$\overrightarrow{D_1G}$ 是平面 B_1C_1F 的法向量。显然 $\overrightarrow{A_1H} /\!/ \overrightarrow{D_1G}$,所以平面 $ADE /\!/$ 平面 B_1C_1F。

(2) 不难看到,$\overrightarrow{C_1F}$ 是平面 A_1D_1G 的法向量,$\overrightarrow{D_1G}$ 及 $\overrightarrow{A_1H}$ 是平面 ADE 的法向量,显然 $\overrightarrow{D_1G} \perp \overrightarrow{C_1F}$,故平面 $ADE \perp$ 平面 A_1D_1G。

(3) 记 M 为 AE 与 A_1H 的交点,则 $A_1M \perp$ 平面 ADE。 证毕

由于 H 是 AB 的中点,所以 AM 长度是可以算出来的,即立方体边长的 $\dfrac{\sqrt{3}}{4}$ 倍。

三、课外思考

如图 3.49 所示,已知三棱柱 $ABC\text{-}A_1B_1C$ 中,侧面 $BCC_1B_1 \perp$ 底面 ABC。

(1) 若 M,N 分别是 AB,A_1C 的中点,求证:$MN /\!/$ 平面 BCC_1B_1;

(2) 若三棱柱 $ABC\text{-}A_1B_1C_1$ 的各棱长均为 2,侧棱 BB_1 与底面 ABC 所成的角为 $60°$,问在线段 A_1C_1 上是否存在一个点 P,使得平面 $B_1CP \perp$ 平面 ACC_1A_1?若存在,求 C_1P 与 PA_1 的比值;若不存在,说明理由。

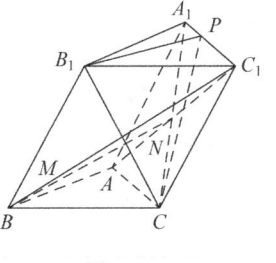

图 3.49

四、课外作业

略

<u>**案例 7**</u> **直线、平面的夹角**

教学目的:能利用向量计算直线、平面的夹角以及点到平面的距离。

教学重点:直线、平面夹角以及点到平面距离的向量法计算。

教学难点:点到平面距离的计算。

教学过程:

一、问题引入

问题 1　已知直线 l_1 过点 $A(-1,0,0)$，$B(0,0,1)$，直线 l_2 过点 $C(1,0,0)$，$D(0,1,0)$，如何计算这两条直线所成的角?

显然，这是两条异面直线，其方向向量分别为 $\overrightarrow{AB}=(1,0,1)$，$\overrightarrow{CD}=(-1,1,0)$。两条直线的方向向量所成的角可能是钝角，但两条直线所成的角一般指锐角，所以，方向向量的夹角与两条直线所成的角有时可能是互补的。要求出直线所成的角，可以先求出方向向量之间的角。要解决这个问题，自然离不开数量积。为了求出直线所成的角，在具体计算时，只需要对数量积取绝对值便可，即

$$\cos\langle l_1, l_2\rangle = |\cos\langle \overrightarrow{AB}, \overrightarrow{CD}\rangle| = \frac{|\overrightarrow{AB}\cdot\overrightarrow{CD}|}{|\overrightarrow{AB}||\overrightarrow{CD}|} = \frac{1}{2},$$

可见 $\langle l_1, l_2\rangle = \dfrac{\pi}{3}$。

问题 1 可以一般化，假设两条直线 l_1，l_2 的方向向量分别为 $\boldsymbol{a}$，$\boldsymbol{b}$，则由向量的数量积知

$$\cos\langle l_1, l_2\rangle = |\cos\langle \boldsymbol{a}, \boldsymbol{b}\rangle| = \frac{|\boldsymbol{a}\cdot\boldsymbol{b}|}{|\boldsymbol{a}||\boldsymbol{b}|},$$

由此便可以求出 $\langle l_1, l_2\rangle$。

二、新课教学

问题 2　问题 1 的方法是否可以平推到直线与平面、平面与平面(二面角)的情形?

问题 2 实际上涵盖了两个问题：直线与平面之间所成的角以及平面与平面所成的角(二面角)。需要注意的是，二面角可能是钝角，两个平面相交可以形成四个二面角，通常将这四个二面角中不大于 $\dfrac{\pi}{2}$ 的二面角的大小称为两个平面的夹角。

解决问题 2 的关键是搞清楚直线与平面所成的角与直线的方向向量及平面的法向量是什么关系? 两个平面的夹角与它们的法向量是什么关

系？搞清楚这些问题，自然清楚应该如何利用类似问题 1 的方法求这些角。

不妨设直线 l 的方向向量为 $\boldsymbol{a}$，平面 α 的法向量为 $\boldsymbol{n}$，则直线与平面垂线所成的角和直线与平面所成的角互余。由于直线与平面所成的角也是指锐角，所以如果利用方向向量与法向量的数量积计算时，也需要对角的余弦取绝对值。设直线 l 与平面 α 所成的角为 θ，则有

$$\sin\theta = |\cos\langle\boldsymbol{a},\boldsymbol{n}\rangle| = \frac{|\boldsymbol{a}\cdot\boldsymbol{n}|}{|\boldsymbol{a}||\boldsymbol{n}|}。$$

类似地，设平面 α 的法向量为 $\boldsymbol{n}$，平面 β 的法向量为 $\boldsymbol{m}$，记平面的夹角为 θ，则有

$$\cos\theta = |\cos\langle\boldsymbol{n},\boldsymbol{m}\rangle| = \frac{|\boldsymbol{n}\cdot\boldsymbol{m}|}{|\boldsymbol{n}||\boldsymbol{m}|}。$$

>>> **例 1** 如图 3.50 所示，四棱锥 $P\text{-}ABCD$ 的底面是正方形，$PA\perp$ 底面 $ABCD$，$PA=AD=2$，点 M，N 分别在棱 PD，PC 上，且 $PC\perp$ 平面 AMN。求

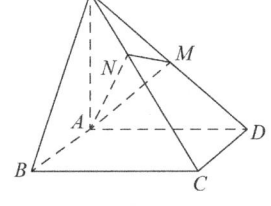

图 3.50

(1) 异面直线 PB 与 AN 所成角的余弦值；

(2) 平面 AMN 与平面 PAD 夹角的余弦值。

解 (1) 由于底面是正方向，故 $AB=AD=2$，$PB=2\sqrt{2}$，以 AB 为 x 轴，AD 为 y 轴，AP 为 z 轴建立直角坐标系，则 P，A，B，C，D 的坐标分别为 $P(0,0,2)$，$A(0,0,0)$，$B(2,0,0)$，$C(2,2,0)$，$D(0,2,0)$。AN 为直角三角形 PAC 斜边上的高，故 $\dfrac{AN}{PA}=\dfrac{AC}{PC}$，所以 $AN=PA\cdot\dfrac{AC}{PC}=2\times\dfrac{2\sqrt{2}}{2\sqrt{3}}=\dfrac{2\sqrt{6}}{3}$。设 $N=N(x,y,z)$，则 $\dfrac{z}{AN}=\dfrac{AN}{PA}$，因此

$$z=\left(\frac{2\sqrt{6}}{3}\right)^2\times\frac{1}{2}=\frac{4}{3}。$$

从点 N 向底面引垂线交 AC 于 Q，则 $\dfrac{NQ}{PA}=\dfrac{CQ}{CA}$，即 $\dfrac{z}{2}=\dfrac{CQ}{2\sqrt{2}}$，于是 $CQ=$

$\dfrac{4\sqrt{2}}{3}$，进而 $QA=CA-CQ=2\sqrt{2}-\dfrac{4\sqrt{2}}{3}=\dfrac{2\sqrt{2}}{3}$。由于 $ABCD$ 是正方形，

故 $x=y=\dfrac{2}{3}$。由此可知 $\overrightarrow{PB}=(-2,0,2)$，$\overrightarrow{AN}=\left(\dfrac{2}{3},\dfrac{2}{3},\dfrac{4}{3}\right)$，

$$\cos\langle\overrightarrow{PB},\overrightarrow{AN}\rangle=|\cos\langle\overrightarrow{PB},\overrightarrow{AN}\rangle|$$

$$=\frac{|\overrightarrow{PB}\cdot\overrightarrow{AN}|}{|\overrightarrow{PB}||\overrightarrow{AN}|}=\frac{-\dfrac{4}{3}+\dfrac{8}{3}}{2\sqrt{2}\times\dfrac{2\sqrt{6}}{3}}=\frac{\sqrt{3}}{6}。$$

（2）显然 $\overrightarrow{AB}=(2,0,0)$ 是平面 PAM 的法向量，$\overrightarrow{NP}=\left(-\dfrac{2}{3},-\dfrac{2}{3},\dfrac{2}{3}\right)$ 是平面 AMN 的法向量，记二面角 $P\text{-}AM\text{-}N$ 为 θ，于是

$$\cos\theta=|\cos\langle\overrightarrow{AB},\overrightarrow{NP}\rangle|=\frac{|\overrightarrow{AB}\cdot\overrightarrow{NP}|}{|\overrightarrow{AB}||\overrightarrow{NP}|}=\frac{\dfrac{4}{3}}{2\times\dfrac{2\sqrt{3}}{3}}=\frac{\sqrt{3}}{3}。$$

例 1 充分显示了向量法引入欧几里得几何所发挥的威力，如果用传统的方法计算，无论是问题（1）还是（2），都需要作辅助线，计算难度与技巧大了许多。

问题 3　回顾向量法求平面内一点到直线距离的方法，这一方法能否移植到平面外一点到平面距离的计算？平面外一条平行于平面的直线到平面的距离呢？

如果已知平面 α 的法向量 $\boldsymbol{n}$，P 为 α 外一点，目标是求 P 点到 α 的距离。过 P 点作平面 α 的垂线 l，交 α 与点 Q，显然 $\boldsymbol{n}$ 是直线 l 的方向向量。向量 $\overrightarrow{PQ}$ 的长度即为 P 到平面 α 的距离。可以帮助学生回忆一下，在求直线外一点到直线距离时，需要在直线 l 上任取一点 A，然后才能利用直线外的点 B 到直线垂线的垂足所成的方向向量与直线外的点到直线垂线的垂足所成向量的数量积计算垂线的长度。实际计算时，只需要建立合适的

坐标系便可以求出距离公式。有了点到直线距离公式的推导方式,学生便不难想到,需要在点到平面垂线的垂足之外再取一点 A,P 点到平面 α 的距离即为向量 $\overrightarrow{AP}$ 在直线 l 上投影的长度。于是有

$$|\overrightarrow{QP}| = |\overrightarrow{AP}| \cos\langle\overrightarrow{QP},\overrightarrow{AP}\rangle = |\overrightarrow{AP}| \cdot \frac{\overrightarrow{AP} \cdot \boldsymbol{n}}{|\overrightarrow{AP}||\boldsymbol{n}|} = \frac{\overrightarrow{AP} \cdot \boldsymbol{n}}{|\boldsymbol{n}|}.$$

从上述公式可见,为了计算平面外一点到平面的距离,需要确定平面的法向量,还需要在平面内取定 P 到平面垂线的垂足之外的一点,有了这些条件便可以利用上述公式计算了。如同计算点到直线距离一样,实际计算时,通常需要建立适当的直角坐标系,才能利用代数化的方法完成计算。

不难得知平面外一条平行于平面的直线上任意点到平面的距离都是相等的,所以只需要在直线上任取一点,这个点到平面的距离便是直线到平面的距离。

>>> **例 2**　(2019 年人教版高中数学选择性必修一 P34 例 6)如图 3.51 所示,在棱长为 1 的正方体 $ABCD\text{-}A_1B_1C_1D_1$ 中,E 为线段 A_1B_1 的中点,F 为线段 AB 的中点。求:

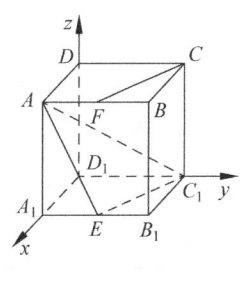

图　3.51

(1) 点 B 到直线 AC_1 的距离;

(2) 直线 FC 到平面 AEC_1 的距离。

解　略

三、课外作业

略

第 4 章　圆锥曲线

4.1　圆锥曲线简史

　　正如欧几里得几何包括平面几何与立体几何,解析几何包括二次曲线(即圆锥曲线)与二次曲面两部分,中学阶段仅介绍圆锥曲线,故本章亦仅限于圆锥曲线。

　　圆锥曲线具有重要的光学性质,众所周知,光是一种波,因此圆锥曲线的性质也适用于水波、声波和电磁波等。可见圆锥曲线在现代科技生活中的应用之广泛,照相机和放映机的成像原理、回音谷的形成原理、无线电定位系统、汽车的后视镜成像、探照灯和太阳灶聚热原理等莫不与此有关。圆锥曲线还具有建筑力学的性质,由圆锥曲线形成的几何曲面图形能给人唯美的视觉冲击,世界上许多标志性的建筑都跟圆锥曲线或曲面有关。

　　圆锥曲线对自然科学产生如此大的影响估计也有些出乎古人的意料,事实上它像许多数学一样最初被研究不过是出于数学家们的爱好。古希腊时期的数学家阿波罗尼斯(Apollonius,约公元前 262—前 190)就已对圆锥曲线性质做了完善的研究,在近 2000 年之后,人们才发现圆锥曲线与自然界的物体运动、天文学及军事科技有着密切关系,于是再次激发了人们对圆锥曲线的兴趣。圆锥曲线的演变过程也是几何学的演变过程,其研究方法的变化及不同定义间的关系深刻揭示了各类圆锥曲线的特性与统一性的交融。

4.1.1 圆锥曲线的起源

圆锥曲线的发现可能是古人在制作日晷（见图 4.1）的工作过程中偶然弄出来的，也可能是解三大尺规作图不能问题（化圆为方、倍立方和三等分角）时引起的（文献[5]，2014，pp.39-40）。在机械钟表发明之前，人们通过测量同一物体在阳光下影子的变化来确定太阳的运行情况，从而得到精确的时间，并根据这个原理制作了测量时间的仪器——日晷。

图 4.1

日晷早在古巴比伦时代便出现了。在太阳的投影下，圆形日晷的面板在地面上会形成圆锥曲线所围成的阴影，这可能引起了当时制作日晷的工作者的注意。还有一种说法是希波克拉底（Hippocrates，公元前 460 年前后）曾指出解决"倍立方"问题可转化为：在一线段与另一双倍长的线段之间求两个比例中项的问题。即对长为 k 和 $2k$ 的线段，求作线段 x,y，使得 $\dfrac{k}{x}=\dfrac{x}{y}=\dfrac{y}{2k}$。由此可推出 $x^2=ky$，$y^2=2kx$，$xy=2k^2$。这可能使得当时的数学家开始关注此类曲线。

柏拉图学派的梅内克缪斯（Menaechmus，公元前 375—前 325）在解决"倍立方"问题时进一步研究了圆锥曲线的性质，并发现了日晷阴影与这些曲线的关系[5]。他用几何方法给出了圆锥曲线的定义：对三种正圆锥——锐角的、直角的和钝角的圆锥，用垂直于锥面—母线的平面割每个圆锥面，从而得到椭圆、抛物线和双曲线的一支（见图 4.2）。

图 4.2

145

4.1.2　圆锥曲线与欧几里得几何

阿波罗尼斯是第一个利用同一个(正的或斜的)圆锥的截面来研究圆锥曲线理论的人,也是第一个发现双曲线有两支的人。其著作《圆锥曲线论》(*Conic Sections*)共 8 篇,前 4 篇主要是欧几里得关于圆锥曲线的那本失传著作的修订本,包括梅内克缪斯和阿基米德的工作。阿波罗尼斯在前人的基础上去粗取精,按照欧几里得《原本》公理演绎的方式使得内容系统化,将欧几里得几何发展到了极致。《圆锥曲线论》含有许多独到和新颖的创造性材料,几乎网罗了圆锥曲线的所有性质。这使得这本著作成为数学史上的一座丰碑,阿波罗尼斯也被称为古希腊"伟大的几何学家"(文献[7]p.8)。

图　4.3

阿波罗尼斯根据几何直观给出了圆锥曲线静态的原始定义:用一个平面去截一个圆锥面,得到的交线就称为圆锥曲线(见图 4.3)。所以,在《圆锥曲线论》中圆锥曲线也称为"圆锥截线"。严格意义上说,按照如上方法得到的交线除了圆、椭圆、双曲线和抛物线外,还包括三种退化情形(一点、两条相交直线、一条直线,见图 4.4)。

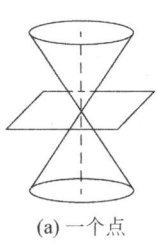
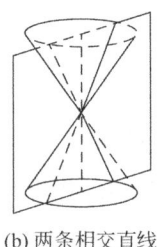
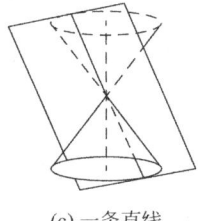

(a) 一个点　　　　(b) 两条相交直线　　　　(c) 一条直线

图　4.4

截面与圆锥的位置关系决定了截面的形状,假设锥面的半顶角为 α,截面与圆锥的轴所成的角为 θ。如图 4.5,截面不经过圆锥面的顶点,当 $\theta=\dfrac{\pi}{2}$ 时,截线为圆;当 $\alpha<\theta<\dfrac{\pi}{2}$ 时,截线为椭圆;当 $0<\theta<\alpha$ 时,截面是

双曲线；当 $\theta = \alpha$ 时，截面是抛物线。如果截面经过圆锥面的顶点，所得的截线就是圆锥曲线的退化情形。如图 4.5 所示，当 $\alpha < \theta < \dfrac{\pi}{2}$ 时，截得一点；当 $0 < \theta < \alpha$ 时，截得两条相交直线；当 $\theta = \alpha$ 时，截得一条直线。

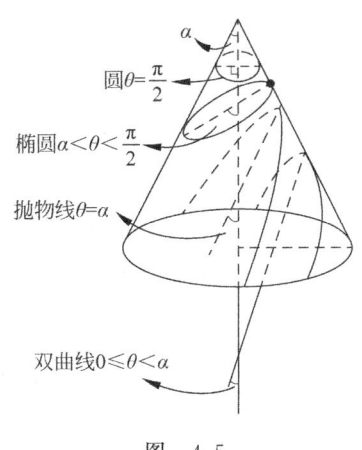

图 4.5

阿波罗尼斯利用现在看来比较繁杂的纯几何方法由圆锥及其截面推导出椭圆、双曲线和抛物线的三个重要等式：

$$y^2 = 2px - \frac{2px^2}{d}, \quad y^2 = 2px + \frac{2px^2}{d}, \quad y^2 = 2px。$$

他给出了三个等式的具体证明方法（文献[7]，p.10）。如图 4.6 所示，取以 BC 为直径的圆外一点 A，构成以点 A 为顶点，直径 BC 所在圆为底面的圆锥。连接 AB，AC，直线 DE 是圆锥的一个截面与底面的交线，且 $BC \perp DE$。$\triangle ABC$ 与截面交线交于两点 P，P'，延长 PP' 交 BC 于点 M。在截线上任取一点 Q，作 $QQ' /\!/ DE$，QQ' 交 PP' 于点 V，可以证明 $VQ = \dfrac{1}{2} QQ'$。过点 A 作 $AF /\!/ PM$ 交 BC 于点 F，在截面上过点 P 作 $PL \perp PM$。连接 $P'L$，过点 V 作 $VR /\!/ PL$ 交 $P'L$ 于点 R。

对于椭圆和双曲线，点 L 需满足

$$\frac{PL}{PP'} = \frac{BF \cdot FC}{AF^2},$$

对于抛物线，点 L 需满足

$$\frac{PL}{PA} = \frac{BC^2}{BA \cdot AC}。$$

由此阿波罗尼斯得出以下两个重要结论：

对于椭圆和双曲线有

$$QV^2 = PV \cdot VR, \tag{1}$$

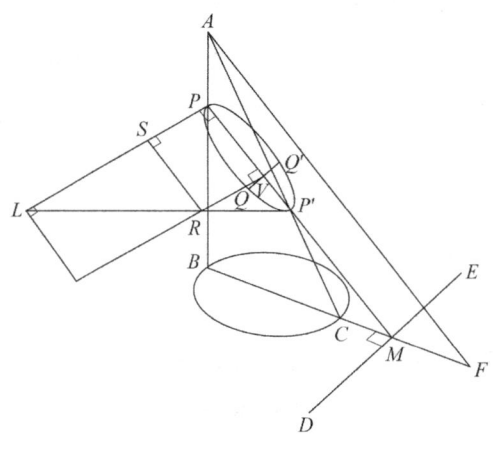

图 4.6

对于抛物线有

$$QV^2 = PV \cdot PL \tag{2}$$

设 PL 的长度为 $2p$，PP' 的长度为 d，PV 的长度为 x，QV 的长度为 y，则（2）式可写成 $y^2 = 2px$。由（1）式知 $y^2 = PV \cdot VR$。对于椭圆，$PV \cdot VR = x(2p - LS)$，$\dfrac{LS}{PL} = \dfrac{x}{d}$，化简得 $y^2 = 2px - \dfrac{2px^2}{d}$。对于双曲线同样可得 $y^2 = 2px + \dfrac{2px^2}{d}$。这就是圆锥曲线的现代符号表示形式。

可以看出，阿波罗尼斯已经有了比较明确的极限思想，他将抛物线通径 PP' 的长度 d 看成是无穷大，由 $y^2 = 2px - \dfrac{2px^2}{d}$ 或 $y^2 = 2px + \dfrac{2px^2}{d}$ 可将抛物线作为椭圆或双曲线的极限形式处理。即使运用现代数学符号体系进行演绎，等式 $QV^2 = PV \cdot VR$ 和 $QV^2 = PV \cdot PL$ 的推导依然非常复杂。阿波罗尼斯在得到这两个重要方程后，便摆脱了圆锥，直接用这两个等式推导圆锥曲线其余的性质。

例如，圆锥曲线上一点 P 与焦点相连的两线 PC 及 PD 与 P 处的切线 EF 交于等角；焦距 PC 与 PD 之和（对椭圆的情形）等于 AB，焦距之差(对双曲线的情形)等于 AB(见图4.7)。前一个是椭圆和双曲线的光学性质,后一个是其焦半径性质,也就是现在中学数学教材椭圆和双曲线的第一定义。该书没有谈及准线和抛物线的焦点,但古希腊后期的数学家帕普斯(Pappus,公元3世纪末)在他的《数学汇编》中证明了椭圆、双曲线和抛物线的焦点-准线性质:到一定点(焦点)及定直线(准线)的距离成一定比例的一切点的轨迹是一圆锥曲线(文献[8],pp.172-182)。即现在中学教材中圆锥曲线的第二定义或称为统一定义。

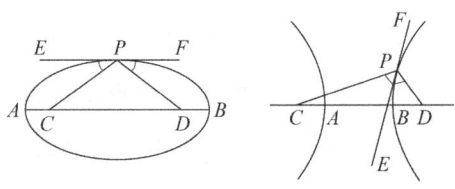

图　4.7

阿波罗尼斯的《圆锥曲线论》虽然没有谈及抛物线的焦点,但他应该是知道抛物镜面的聚光焦点及光学性质的,他在其《论点火镜》中论述了如何将太阳光聚焦到凹面镜的一点产生高温,此凹面镜也称点火镜(文献[5],p.135)。传说阿基米德曾利用这个原理将太阳光集中到罗马人的船上使它们着火。古希腊时期有许多著作论述光线在各种形状镜面上的反射情况。欧几里得在他的《镜面反射》一书中给出了光的反射律,也是现今中学物理教材中光的反射基本定律。如图4.8所示,光从一点 P 经由一面镜子上一点 O 反射到另一点 Q,NO 与镜面垂直,则入射角 i = 反射角 r,由此得 $\angle 1 = \angle 2$。欧几里得还把这个定律推广到了镜面是凹镜面和凸镜面的情形。

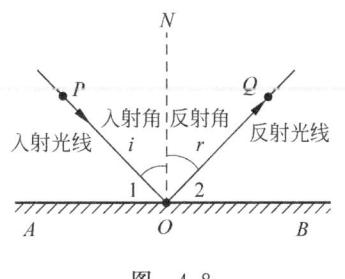

图　4.8

亚历山大时期的赫伦(Heron)则从光的反射基本定律推出一个重要结论。若 P,Q 在直线 AOB 的同一侧,那么从点 P 经直线 AOB 到点 Q 的所有路径中,通过直线 AOB 上的点 O 使 PO 及 QO 与直线 AOB 的夹角相

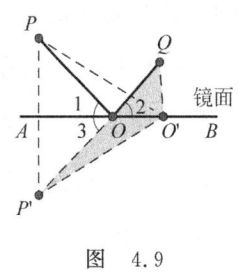

图 4.9

等的那个路径最短,利用初中平面几何图形的轴对称性质(见图 4.9)便可以证明。

赫伦的结论只是个特例,事实上光线在任何情况下(包括凹、凸镜面,经不同介质折射等)都选择最短路径行进。在 17 世纪,费马(Fermat)得到了最短时间原理(也称最小作用原理),指出光线永远选择花最少时间的路径行进,由此也推导出光的折射定律(文献[8],p.164)。

古希腊时期还没有代数符号体系和坐标,阿波罗尼斯的证明建立在纯粹的论证几何基础上,并用文字表述证明过程和结论,这是后人难以读懂其著作的原因之一。但他处理圆锥曲线的思想却一直为之后的数学家所用,如利用方程推导圆锥曲线的性质,将抛物线看成是椭圆或双曲线的极限情形等。

4.1.3　几何学的革命

阿波罗尼斯的《圆锥曲线论》堪称他那个时代关于圆锥曲线研究的巅峰,该书问世后的近 2000 年时间内,圆锥曲线的研究再无新进展。直到 16 世纪,人们发现圆锥曲线不仅是依附在圆锥面上的静态曲线,也是自然界物体运动的普遍形式。1579 年意大利数学家蒙特(Monte,1545—1607)在其著作《平面球体图》中将椭圆定义为:到两个焦点距离之和为定长的动点的轨迹,并利用定义讨论了他制造的椭圆规,如图 4.10 所示(出自文献[9],2002,p.230)。德国天文学家开普勒(Johannes Kepler,1571—1630)在 1604 年给出三种曲线的拉线作图法,并揭示出行星按椭圆轨道环绕太阳运行(文献[5],p.200)。意大利物理学家伽利略(Galileo Galilei,1564—1642)发现物体斜抛运动的轨道是抛物线。这些事实推动人们重新考察圆锥曲线对天文学有用的性质,但并未提出新的定理或证明方法。

现行教科书上圆锥曲线的画法基本都是按照其性质即第一定义进行拉线作图,如图 4.10 及图 4.11 所示。

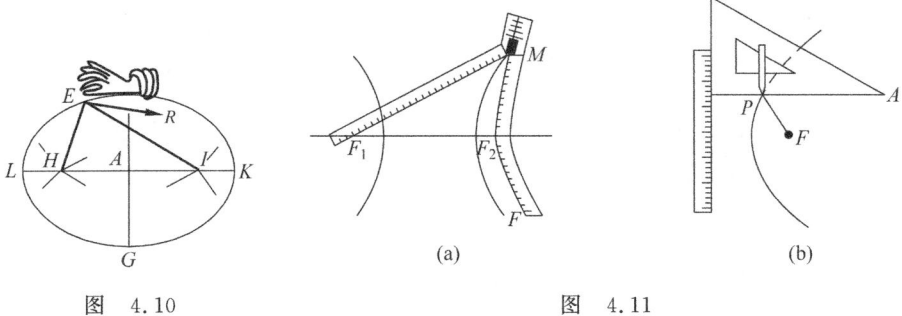

图　4.10　　　　　　　　　图　4.11

也有根据第一定义利用"折纸法"（文献[10]，pp.257-259）来画圆锥曲线。如图 4.12 所示，在半径为 r、圆心为 O 的圆内取定一点 F（异于圆心 O）。在圆周上任取一点 M，将圆对折使得点 M 刚好与点 F 重合，折线为 l。由轴对称的性质可知折线 l 上存在唯一的点 P，使得 $PF+PO=MO=r$。当点 M 取遍圆周上的点时，点 P 的集合就是轨迹椭圆。

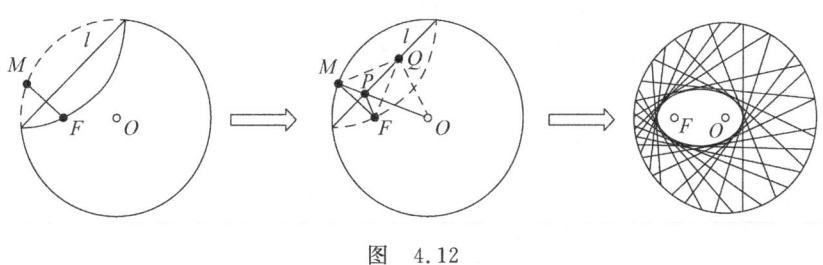

图　4.12

如图 4.13 所示，如果在半径为 r、圆心为 O 的圆外取定一点 F。在圆周上任取一点 M，将圆对折使得点 M 刚好与点 F 重合，折线为 l。由轴对称的性质可知折线 l 上存在唯一的点 P，使得 $PF-PO=MO=r$ 或 $PO-PF=MO=r$。当点 M 取遍圆周上的点时，点 P 的集合就是双曲线。

利用一张矩形的纸则可以折出抛物线的形状。如图 4.14 所示，在矩形内部取定一点 F 作为焦点，矩形的其中一边为准线 a。在准线 a 上任意取一点 M，将矩形对折使得点 M 刚好与点 F 重合，折线为 l。在折线上存在唯一的一个点 P 使得 $PM\perp a$ 且 $PF=PM$。当点 M 取遍准线 a 上的点时，点 P 的集合就是抛物线。

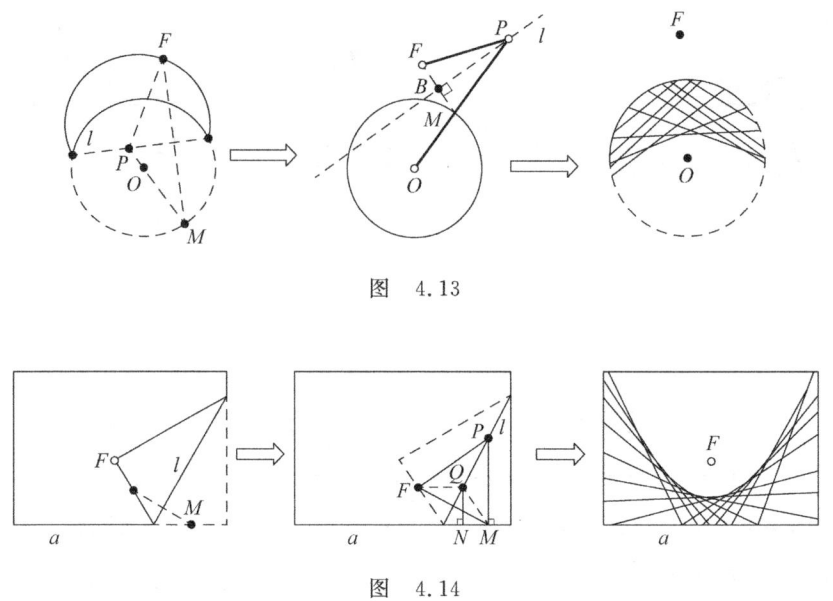

图 4.13

图 4.14

17 世纪初,在丹麦天文学家布拉赫(Brache)观察工作的基础上,开普勒(Kepler)对大量的观察数据进行数理分析后提出了震惊当时科学界的

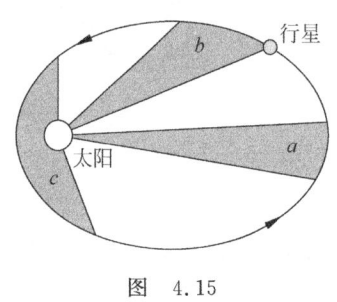

图 4.15

行星运行三大定律:(第一定律)行星运行的轨道是以太阳为一个焦点的椭圆;(第二定律)从太阳指向某一行星的线段在单位时间内扫过的面积相等,如图 4.15 所示;(第三定律)行星运行周期的平方与其运行轨道椭圆长轴的立方之比值是不随行星而改变的常数(文献[11],p.18)。

对这三条定律的分析和研究导致牛顿发现了著名的万有引力定律,而应用万有引力定律,可以从理论上证明开普勒的行星运行三大定律。这些研究结果促使数学家、物理学家和天文学家重拾圆锥曲线,进一步研究其性质和应用。

研究圆锥曲线的真正创造性方法是解析几何。笛卡儿的《几何学》(1637)和费马的《空间与平面轨迹入门》(写于 1629 年,1679 年出版)堪称几何学的革命,他使得代数化方法进入了几何,代数与几何有机融合起来,这便是解析几何。它以论证几何为基础,通过坐标系把代数方程和曲线曲面等联系起来,利用"几何问题→代数问题→求解→反演"的方式将几何代数化,还可由已知的代数结果发现新的几何性质。解析的代数方法比古希腊的欧几里得几何更具一般性而不过多地依赖几何图形。

笛卡儿和费马重现了圆锥曲线理论,那些传统的几何论证方法逐渐被摈弃,人们对圆锥曲线的研究方法朝着解析法的方向发展。沃利斯(John Wallis,1616—1703)在《论圆锥曲线》(1655)中用方程分别定义了椭圆、抛物线和双曲线,他很可能是第一个用方程来推导圆锥曲线性质的人(文献[5],p.264)。如"当平面图形具有关系 $e^2 = ld - \dfrac{ld^2}{t}$($e,d$ 为由顶点至一点的纵、横坐标,l 为通经,t 为直径或轴)时,称为椭圆"。牛顿在其《光学》(1704)一书中研究了圆锥曲线的切线和曲率问题及其在光学中的应用[12]。

洛必达(Marquis de l'Hôpital,1661—1704)在《圆锥曲线解析论》(1720)中采用第一定义推导出椭圆的标准方程,同时也给出了焦点-准线定义及其统一方程。他利用"和差术"而不是现在教材常见的"两次平方法"推出椭圆的标准方程。如图4.16所示,令 $|PF_1| = a + t$,$|PF_2| = a - t$,其中 t 为待定参数,则有

$$|PF_1|^2 = (a + t)^2 = (x + c)^2 + y^2, \tag{1}$$

$$|PF_2|^2 = (a - t)^2 = (x - c)^2 + y^2。 \tag{2}$$

两式相减可得 $t = \dfrac{cx}{a}$。将其代入(1)式或(2)式可得到椭圆的标准方程 $\dfrac{x^2}{a^2} + \dfrac{y^2}{b^2} = 1$。

除"和差术"外,19世纪英国的数学家赖特(J. M. F. Wright)使用了更为自然的"平方差法"推导椭圆标准方程。如图4.16所示,设 $|PF_1| = t_1$,$|PF_2| = t_2$,则 $t_1 - t_2 =$

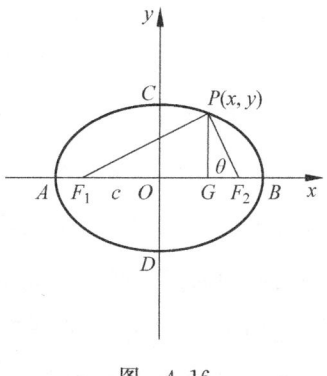

图 4.16

$$\frac{t_1^2 - t_2^2}{t_1 + t_2} = \frac{2cx}{a}, t_1 = a + \frac{cx}{a}$$，由此可得标准方程。也可以通过设 $|PF_1| = t$，

$|PF_2| = 2a - t$，利用余弦定理来推导。

　　欧拉在《分析引论》(1748 年)中系统阐述了平面和空间解析几何，给出了现代形式下圆锥曲线的代数定义：在笛卡儿平面上，二元二次方程 $ax^2 + 2bxy + cy^2 + dx + ey + f = 0$ 的图像是圆锥曲线。这个二次方程包含了圆、椭圆、双曲线、抛物线以及各种退化情形。欧拉主张按方程的次数对曲线曲面进行分类，因为次数是线性变换下的不变量。欧拉还按参数方程和极坐标方程论述了圆锥曲线并指出：圆锥曲线的各种情形，经过适当的坐标变换，总可以化为标准形式之一。比如二元二次方程

$$ax^2 + 2bxy + cy^2 + dx + ey + f = 0,$$

可经过旋转变换

$$\begin{cases} x = x'\cos\theta - y'\sin\theta, \\ y = x'\sin\theta + y'\cos\theta, \end{cases}$$

消掉交叉项 $2bxy$。此时若平方项的系数都不为 0，进行一次平移变换

$$\begin{cases} x' = x'' - g, \\ y' = y'' - h, \end{cases}$$

便可得到方程的标准形式 $ax''^2 + cy''^2 = f''$。旋转和平移保持几何图形（圆、椭圆或双曲线）不变，同时使坐标轴成为主轴，坐标原点成为中心。若消去交叉项后平方项的系数有一个为 0 另一个不为 0，如 $c'y'^2 + d'x' + e'y' + f' = 0$。当 $d' \neq 0$ 时，则平移后得到抛物线的标准方程 $c''y''^2 = d''x''$。通过对方程的系数进行讨论还可以得到退化的点和直线。

　　解析几何的繁荣产生了许多有趣曲线及其方程。笛卡儿《折光》中研究曲面光学性质时发现：由笛卡儿卵形线(见图 4.17，$FM \pm nF'M = 2a$)所产生的旋转面作为两种介质的交界面时，从第一种介质内一点发出的光线射到曲面上，折入第二种介质而聚于一点(文献[5]，p. 261)。当 $n = 1$ 时曲线就成了椭圆或双曲线。詹姆斯・伯努利(Johann Bernoulli, 1667—1748)

在 1694 年类比椭圆的定义得到了双纽线,这个曲线在科技和轻工业领域得到了广泛应用(文献[5],p.65)。双纽线是卡西尼(Cassini)卵形线的一个特例。到两个定点(焦点)距离之积为某一常数的所有点组成的轨迹称为卡西尼卵形线。如图 4.18 所示,设两定点为 F_1,F_2,$F_1F_2=2c$,动点 M 满足 $MF_1 \cdot MF_2 = a^2 (a>0)$,对应的方程为 $[(x+c)^2+y^2] \cdot [(x-c)^2+y^2]=a^4$。当 $a=c$ 时就得到了双纽线。

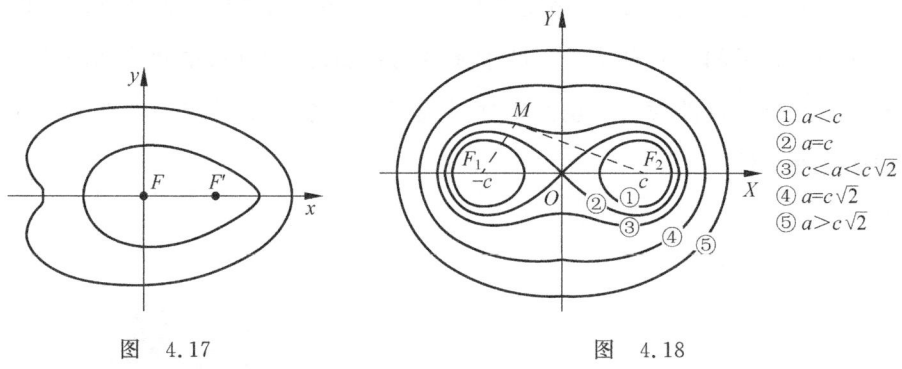

图　4.17　　　　　　　　　　　　　　　图　4.18

4.1.4　圆锥曲线与射影几何

　　射影几何与解析几何几乎诞生在同一时期,但解析几何的光芒湮没了它的光辉。射影几何研究的是几何图形在投影变换下保持不变的性质。创立者德萨格(Desargues,1593—1662)首先将射影几何的思想用于研究圆锥曲线,考察它的射影性质,使圆锥曲线理论获得了新发展(文献[9],p.158)。他在《试论锥面截—平面所得结果的初稿》(1639)中将圆锥曲线定义为:圆在平面上的投影(见图 4.19)。纯粹的射影定义则由施泰纳(Jakob Steiner,1796—1863)于 1832 年给出:二次曲线是两族射影相关的线束中相应直线交点的轨迹(文献[5],p.35)。

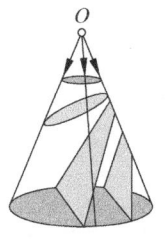

图　4.19

　　在文艺复兴时期,透视绘画法提出了一个问题:如图 4.20(a)所示,在光

源 O 的投影下,实物 $ABCD$ 与其投影截景 $A'B'C'D'$ 有哪些性质保持不变?一个实物的同一投影的两个截景有什么共同的几何性质(见图 4.20(b))?在每个投影锥各取一个截景,任意两个截景之间有什么共同的数学性质(见图 4.20(c))?透视法问题的实质是一个投影下的不变性问题,这是射影几何的重要课题。德萨格最先探索了这些问题,他发现:原图与截景的交比、对合关系在投影下保持不变。只要改变截景平面的位置,就可使圆的截景从圆连续变为椭圆、抛物线和双曲线。德萨格把圆锥曲线理解为圆在同一投影下的不同截景——圆锥曲线的重要射影性质,由此将圆的性质推到任一类圆锥曲线上。德萨格通过投影和截景提供了统一处理圆锥曲线的简便方法。

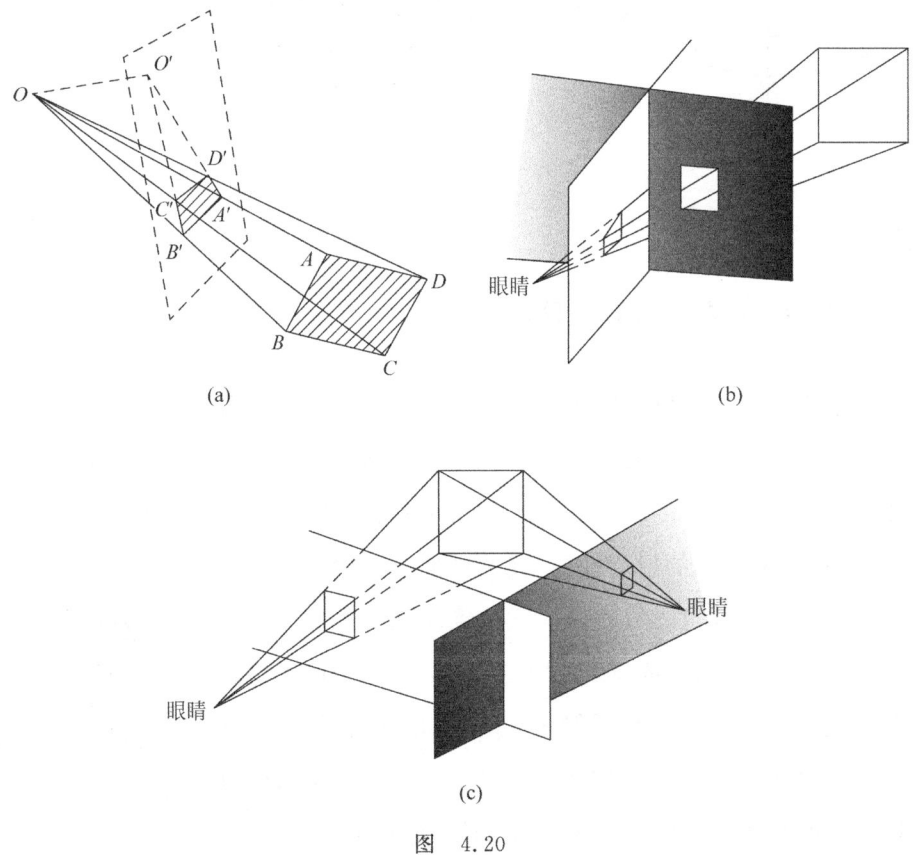

图 4.20

伴随着射影几何的诞生,一些崭新的数学思想出现了,比如数学对象从一种形状连续变到另一形状的思想。最早注意这一问题的是开普勒,17世纪初,他发现了圆锥曲线的焦点和离心率,并指出抛物线还有一个在无穷远处的焦点,直线是圆心在无穷远处的圆。他认为:椭圆、抛物线、双曲线、圆以及由两条直线组成的退化圆锥曲线,都可以从其中一个连续地变为另一个,只须考虑焦点的各种移动方式。这为圆锥曲线现代的统一定义提供了一个合乎逻辑的直观基础。

无论是古希腊时期的阿波罗尼斯,还是德萨格和开普勒,都是用纯几何的综合法研究圆锥曲线。早期的射影几何学家追求纯粹的综合法处理问题,解析几何的发展促使后来的数学家用代数方法研究这一学科,丰富了圆锥曲线的射影性质。沿着这一方向人们开始寻求几何图形在不同坐标系下保持不变的那些性质并促成了对代数不变量的研究,这正是代数几何的核心。

用综合法证明圆的射影一定是圆锥曲线的一个直观简捷的初等证明是由比利时数学家当德兰(Dandelin)于 1822 年给出的(文献[13],p. 161)。这个证明使用了当德兰双球模型的构建,这一方法应该是受射影几何投影思想的启发。以椭圆为例,如图 4.22(a)所示,在截面的上、下方各作一个与圆锥内切的球,同时和截面相切于 F_1,F_2。在截面的交线上任取一点 P,连接 OP 交两球的切圆于点 M,N。由相切和球的性质容易得到:$PF_1 = PN$,$PF_2 = PM$,则 $PF_1 + PF_2 = PN + PM = MN$,而 MN 为定值,F_1,F_2 为定点,所以椭圆的焦半径之和为一定值。当改变截面的角度时,截口变成双曲线,同理可得焦半径的差为定值,如图 4.21(b)所示,$PF_2 - PF_1 = PM - PN = MN$。

当德兰利用同一个模型证明了圆锥曲线的原始定义与焦点—准线定义的等价性。如图 4.21(c)所示,圆锥的内切球与椭圆截面相切于点 F,截面 β 与内切球的切点所在圆的平面 α 相交于直线 l。在椭圆上任取一点 P,连接 PF,过点 P 作 $PP_0 \perp \alpha$ 交 α 于 P_0,作 $PP_1 \perp l$ 交 l 于 P_1,连接 OP 交切圆于 P_2。平面 α 与 β,所成的二面角为 φ,PP_2 与平面 α 所成的角

为 θ。易知 $PF = PP_2$，所以 $\dfrac{PF}{PP_1} = \dfrac{PP_2}{PP_1} = \dfrac{\sin\varphi}{\sin\theta} = e$ 为定值。当圆锥确定后，θ 是定值，而 φ 与截面的位置有关。当 $\varphi < \theta$ 时，截口为椭圆，此时 $e < 1$；当 $\varphi > \theta$ 时，截口为双曲线，对应的 $e > 1$；$\varphi = \theta$ 时，截口为抛物线，有 $e = 1$。

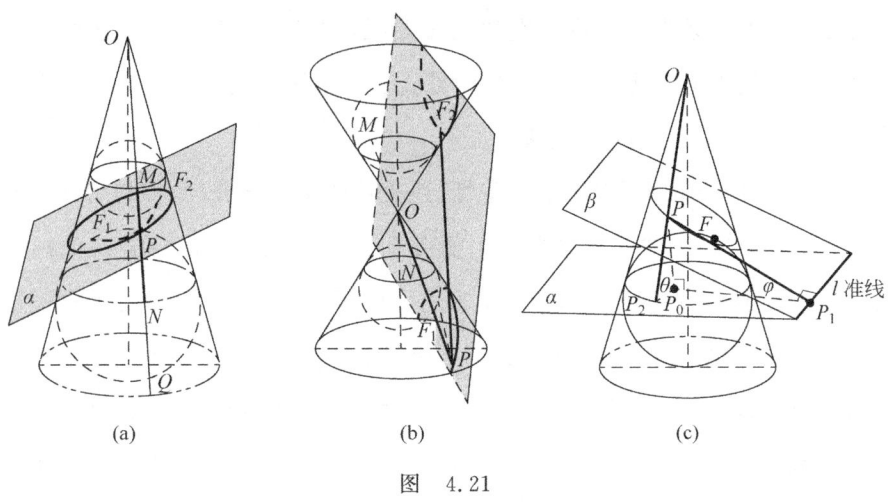

(a)   (b)   (c)

图　4.21

4.1.5　圆锥曲线与线性代数

线性代数产生于 17、18 世纪，在 19 世纪获得辉煌成就。它通过向量、矩阵和行列式大大简化了几何证明和计算。在线性代数这一大框架下，几何所研究的是在线性变换下保持不变的坐标之间的关系，即线性变换的不变量理论。二次型理论所研究的便是如何通过线性变换将高维空间中几何图形的代数方程转化成标准形式，如同在三维空间中通过坐标变换将二次曲面的一般方程转化成标准方程。

二次型的研究起源于对二次曲线和二次曲面分类问题的讨论（文献 [5] p.352）。1826 年，柯西指出：当方程是标准型（只含平方项）时，二次曲线（面）用二次项的符号来进行分类。西尔维斯特（Sylvester，1814—1897）于 1852 年给出了 n 个变量的二次型的惯性定律说明方程为什么通过不同变换简化成标准型时总是得到同样数目的正项和负项，即保持惯性指数不变。这个定律后来被雅可比重新发现和证明。惯性指数是不变量，不因基底（即坐标的选择）而发生变化，它是二次型分类的合适指标。

二次型也称为"二次形式"，指只含有二次项的 n 元多项式，其一般形式为

$$f(x_1, x_2, \cdots, x_n) = a_{11}x_1^2 + a_{22}x_2^2 + \cdots + a_{nn}x_n^2 +$$

$$2a_{12}x_1x_2 + 2a_{13}x_1x_3 + \cdots + 2a_{n-1,n}x_{n-1}x_n$$

$$= (x_1, x_2, \cdots, x_n) \begin{pmatrix} a_{11} & a_{12} & \cdots & a_{1n} \\ a_{12} & a_{22} & \cdots & a_{2n} \\ \vdots & \vdots & & \vdots \\ a_{1n} & a_{2n} & \cdots & a_{nn} \end{pmatrix} \begin{pmatrix} x_1 \\ x_2 \\ \vdots \\ x_n \end{pmatrix} = \boldsymbol{x}^{\mathrm{T}}\boldsymbol{A}\boldsymbol{x} \quad (1)$$

其中 $\boldsymbol{x}$ 为列向量，$\boldsymbol{x}^{\mathrm{T}}$ 为 $\boldsymbol{x}$ 的转置，即行向量，$\boldsymbol{A}$ 为 n 阶方阵。

上式只含平方项时称为二次型的标准型，即

$$f(x_1, x_2, \cdots, x_n) = a'_{11}x_1^2 + a'_{22}x_2^2 + \cdots + a'_{nn}x_n^2$$

$$= (x_1, x_2, \cdots, x_n) \begin{pmatrix} a'_{11} & \cdots & 0 \\ \vdots & \ddots & \vdots \\ 0 & \cdots & a'_{nn} \end{pmatrix} \begin{pmatrix} x_1 \\ \vdots \\ x_n \end{pmatrix} = \boldsymbol{x}^{\mathrm{T}}\boldsymbol{\Lambda}\boldsymbol{x} 。$$

$$(2)$$

对称矩阵 $\boldsymbol{A}$ 和对角形矩阵 $\boldsymbol{\Lambda}$ 称为二次型的矩阵。通过正交变换 $\boldsymbol{x} = \boldsymbol{Q}\boldsymbol{y}$（$\boldsymbol{Q}$ 为正交矩阵）可以把二次型（1）变为标准型（2），即 $f(x_1, x_2, \cdots, x_n) = \boldsymbol{x}^{\mathrm{T}}\boldsymbol{A}\boldsymbol{x} = \boldsymbol{y}^{\mathrm{T}}(\boldsymbol{Q}^{\mathrm{T}}\boldsymbol{A}\boldsymbol{Q})\boldsymbol{y} = \boldsymbol{y}^{\mathrm{T}}\boldsymbol{\Lambda}\boldsymbol{y}$。熟悉线性代数的读者自然清楚，正交矩阵可以通过给定对称矩阵的特征值和特征向量计算得到。正交变换是刚体变换，几何上表示空间中的一个旋转，它保持向量的长度及向量之间的角度不变，因此保持几何图形不变。

曲线方程 $ax^2 + 2bxy + cy^2 + dx + ey + f = 0$ 可以写成向量及矩阵的形式：

$$(x, y) \begin{pmatrix} a & b \\ b & c \end{pmatrix} \begin{pmatrix} x \\ y \end{pmatrix} + (d, e) \begin{pmatrix} x \\ y \end{pmatrix} + f = 0 。$$

等式左边第一项即为二次型,利用正交变换很容易将其变为标准方程并判断圆锥曲线的类型,相比初等的方法大大简化了运算。旋转坐标公式

$$\begin{cases} x = x'\cos\theta - y'\sin\theta, \\ y = x'\sin\theta + y'\cos\theta, \end{cases}$$

可表示成

$$\begin{pmatrix} x \\ y \end{pmatrix} = \begin{pmatrix} \cos\theta & -\sin\theta \\ \sin\theta & \cos\theta \end{pmatrix} \begin{pmatrix} x' \\ y' \end{pmatrix}。$$

而 $\boldsymbol{B} = \begin{pmatrix} \cos\theta & -\sin\theta \\ \sin\theta & \cos\theta \end{pmatrix}$ 就是一个正交矩阵,矩阵 $\boldsymbol{B}$ 可通过求矩阵 $\begin{pmatrix} a & b \\ b & c \end{pmatrix}$ 的特征值和特征向量得到。对向量 $\begin{pmatrix} x' \\ y' \end{pmatrix}$ 左乘矩阵 $\boldsymbol{B}$ 即为对向量 $\begin{pmatrix} x' \\ y' \end{pmatrix}$ 逆时针旋转了 θ 角得到 $\begin{pmatrix} x \\ y \end{pmatrix}$ 且保持长度不变。经过旋转变换和平移变换后,圆锥曲线的形状和大小保持不变,对应方程的最高次数不变。

向量与矩阵的运算使得几何的证明与计算变得精简,从数学发展的角度看,线性代数算不上是对数学理论发展的贡献,它是一种语言的简化,所以历史上也把线性代数称为“紧凑格式”。线性代数的确为几何研究提供了极大的便利,它使得几何问题代数化。例如利用线性变换的不变量理论研究圆锥曲线等几何问题时乃是用形式的代数逻辑推导替代形象的几何直观,运算与证明过程确实大大简化了,但也掩盖了其几何本质。

4.2 历史的启示

4.2.1 圆锥曲线定义的演变

从古希腊数学到现代数学,随着数学新方法的出现及代数符号系统的完善,圆锥曲线的定义也在不断发生变化,其性质的描述也愈加简洁和形

式化。新的定义大都是圆锥曲线在原始定义的基础上推导出来的性质。所不同的是,原始定义属于描述性的,没有揭示量的内在关系,即便是阿波罗尼斯在得到圆锥曲线的重要等式之后也不再从原始定义出发推导其他性质。慢慢地数学家们用含有数量或位置关系的圆锥曲线性质作为定义。这里将圆锥曲线定义的演变过程做一番梳理。

原始定义:用一个平面去截一个圆锥面,得到的交线称为圆锥曲线。

椭圆的第一定义:到两个焦点距离之和为定长的动点的轨迹。

双曲线的第一定义:到两个焦点距离之差为定长的动点的轨迹。

抛物线的定义:到一定点(焦点)及定直线(准线)的距离之比为 1 的动点的轨迹。

统一定义(焦点—准线定义):到一定点(焦点)及定直线(准线)的距离成一定比例的动点的轨迹称为圆锥曲线。

直观的射影定义:圆在平面上的投影。

纯粹的射影定义:二次曲线是两族射影相关的线束中相应直线交点的轨迹。

代数的形式定义:在笛卡儿平面上,二元二次方程

$$ax^2 + 2bxy + cy^2 + dx + ey + f = 0$$

的图像是圆锥曲线。

也可以利用圆锥曲线的其他性质作为圆锥曲线的定义展开圆锥曲线的探究(文献[14]pp.36-40)。如,设 M 是一个动点,A 和 A' 是两个定点,MN 垂直于 AA',N 为垂足,且 $|NM|^2 = k^2|A'N| \cdot |NA|$,$k$ 为常数。如果垂足 N 介于 A 和 A' 之间(见图 4.22(a)),则动点 M 的轨迹为椭圆(含圆);如果垂足 N 介于线段 AA' 的延长线上(见图 4.22(b)),则动点 M 的轨迹为双曲线。若定直线 xx' 上有一定点 O,过动点 M 作 MN 垂直于 xx',N 为垂足(见图 4.22(c)),且 $|NM|^2 = k^2|ON|$,k 为常数,则动点 M 的轨迹为抛物线。

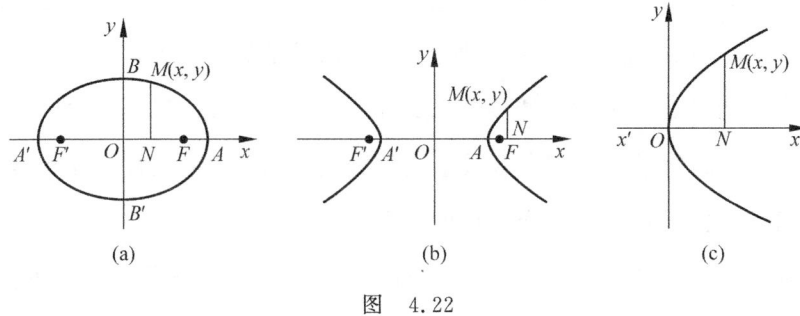

图　4.22

4.2.2　圆锥曲线的不同方程表示及意义

　　圆锥曲线的不同定义所对应的方程也具有不同的形式,同一定义在不同坐标系下方程的表示形式也不一样。在直角坐标系下,圆锥曲线有标准方程、焦点—准线方程以及参数方程等形式,在极坐标系下还有极坐标方程。不同形式的方程各有其在不同情况下的便利之处,这就为研究与之相关的问题提供了方便,人们可以根据具体问题选择合适的方程。

　　高中数学教材介绍了直角坐标系下四种圆锥曲线的标准方程:

$$x^2 + y^2 = r^2, \quad \frac{x^2}{a^2} + \frac{y^2}{b^2} = 1, \quad \frac{x^2}{a^2} - \frac{y^2}{b^2} = 1, \quad y^2 = 2px。$$

不妨分别将标准方程转化为参数方程形式并考察它们的几何意义。

1. 圆的参数方程及其几何意义

　　圆的标准方程为 $x^2 + y^2 = r^2$。如图 4.23 所示,设 $M(x,y)$ 为圆周上一点,圆与 x 轴相交于点 A,$\angle MOA = \theta$。根据三角函数的性质和勾股定理容易得到

$$\begin{cases} x = r\cos\theta, \\ y = r\sin\theta, \end{cases} \quad 0 \leqslant \theta < 2\pi。$$

参数 θ 是射线 OM 与 x 轴的夹角,每个 θ 角唯一确定圆周上的一个点。

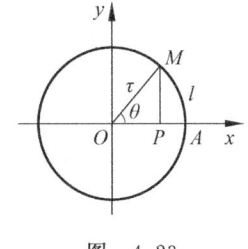

图　4.23

2. 椭圆的参数方程及其几何意义

类比圆的参数方程的推导,容易得到椭圆的参数方程。根据三角函数公式 $\sin^2\alpha+\cos^2\alpha=1$,令 $x=a\cos\theta$,将其代入椭圆方程 $\dfrac{x^2}{a^2}+\dfrac{y^2}{b^2}=1$ 得到 $y=b\sin\theta$。所以椭圆的参数方程为

$$\begin{cases} x=a\cos\theta, \\ y=b\sin\theta, \end{cases} \quad 0\leqslant\theta<2\pi。$$

我们硬生生设了个形式化的参数 θ,它有几何意义吗? 在几何上指的是什么? 如图 4.24 所示,分别以原点为圆心、长半轴 a 和短半轴 b 为半径作圆。过点 O 作与 x 轴成 θ 角的射线 OA 交两同心圆于 A,B。过点 A 作 x 轴的垂线 AA',过点 B 作 x 轴的平行线交 AA' 于点 M,则点 M 的坐标为 $(a\cos\theta,b\sin\theta)$,即点 M 在椭圆上。所以参数 θ

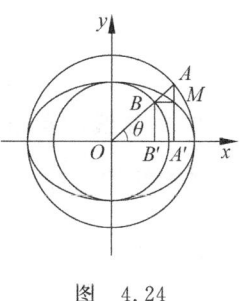

图 4.24

是射线 OA 与 x 轴的夹角,每个 θ 角唯一确定椭圆上的一个点。这个参数方程同时给出了椭圆的一种画法。

3. 双曲线的参数方程及其几何意义

三角公式 $\sec^2\alpha-\tan^2\alpha=1$ 启发我们可以令 $x=a\sec\theta$,代入 $\dfrac{x^2}{a^2}-\dfrac{y^2}{b^2}=1$ 可得 $y=b\tan\theta$。所以双曲线的参数方程为

$$\begin{cases} x=a\sec\theta, \\ y=b\tan\theta, \end{cases} \quad 0\leqslant\theta<2\pi。$$

可以类似椭圆曲线参数方程的方法寻找参数的几何意义。不妨设 $a>b$,如图 4.25 所示,分别以原点为圆心、实半轴 a 和虚半轴 b 为半径作圆。过点 O 作与 x 轴成 θ 角的射线 OA 交大圆于 A。过点 A 作大圆切线交 x 轴于 A',过小圆与 x 轴的交点 B 作小圆切线交射线 OA 于 B'。过点 A',B' 分别作 y 轴和 x 轴的平行线交于点 M,则点 M 的坐标为 $(a\sec\theta,b\tan\theta)$,

即点 M 在双曲线上。所以参数 θ 是射线 OA 与 x 轴的夹角，每个 θ 角唯一确定双曲线上的一个点。双曲线的参数方程也对应于它的一种画法。

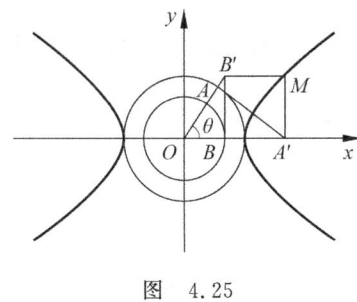

图 4.25

4. 抛物线的参数方程及其几何意义

抛物线的参数方程中参数的确定与椭圆曲线及双曲线有所不同。如图 4.26 所示,过抛物线 $y^2 = 2px$ 的顶点作割线 OM 交抛物线于点 M。显然,抛物线上的点可由割线 OM 的斜率确定。设割线 OM 的方程为 $y = kx$,代入 $y^2 = 2px$ 解得点 M 的坐标为 $\left(\dfrac{2p}{k^2}, \dfrac{2p}{k}\right)$,即抛物线的参数方程为

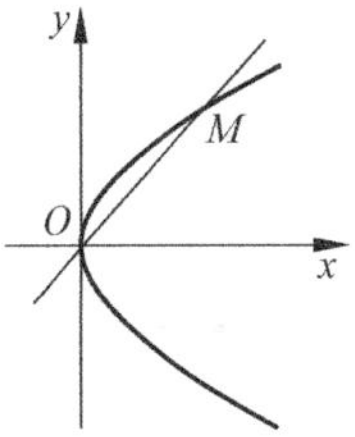

图 4.26

$$\begin{cases} x = \dfrac{2p}{k^2}, \\ y = \dfrac{2p}{k}, \end{cases} \quad k \neq 0.$$

这就是说,参数 k 是割线 OM 的斜率,每个 k 唯一确定抛物线上的一个点。

由此可见,参数方程中的参数有时虽有认为硬凑的痕迹,但很多时候它可以表示具有一定物理意义或几何意义的量,如时间、角度、弧长、长度、面积等。同一直角坐标系下,一条曲线的参数方程可能不止一个,但对应的标准方程是唯一的。标准方程固然简单,但对应到具体的问题时,使用未必方便,有时候为了计算方便,或为了更明确地反映曲线的物理意义或几何特征,常常需要把曲线的标准方程化为参数方程;反过来,为了便于

对曲线进行辨别,又常需要把曲线的参数方程化为标准方程。

5. 圆锥曲线的统一方程(焦点—准线方程)

如图 4.27 所示,点 O 是圆锥曲线的一个焦点,垂直于 x 轴的直线 l 的方程为 $x=-p$,垂足为 K。过圆锥曲线上一点 $M(x,y)$ 作 $MH\perp l$,垂足为 H。记 $e=\dfrac{|MF|}{|MH|}$,整理化简后可得方程为

$$(1-e^2)x^2+y^2-2pe^2x-p^2e^2=0。$$

根据 e 的值小于1、大于1或等于1可以得到椭圆、双曲线及抛物线方程。

6. 圆锥曲线的极坐标方程

将图 4.27 中的原点看成极点,横坐标看成极轴,曲线上任一点 M 到点 O 的距离即为 ρ,MO 与极轴所成角度为 θ,如图 4.28 所示。

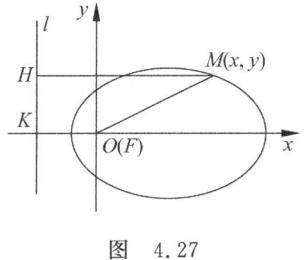

图 4.27   图 4.28

y 轴与曲线交于点 N,线段 ON 称为半正焦弦,设其长度为 p'。根据圆锥曲线的统一定义,记 $e=\dfrac{\rho}{|MH|}$,即 $\dfrac{\rho}{\rho\cos\theta+p}=e$,化简得到圆锥曲线的极坐标方程 $\rho=\dfrac{ep}{1-e\cos\theta}$。

显然,$ep=p'$。令 $\theta=\pi+\theta'$,则上述圆锥曲线的极坐标方程也可写成 $\rho=\dfrac{p'}{1+e\cos\theta'}$。若圆锥曲线绕极点 O 逆时针旋转 α 角,则容易得到旋转后的极坐标方程为 $\rho=\dfrac{p'}{1+e\cos(\alpha+\theta')}$。可见在处理圆锥曲线旋转的相关问题时,极坐标方程是比较合适的选择,而在直角坐标系下经旋转得到的方

程则要复杂许多。

天文学中考察行星绕恒星运动的轨迹避不开旋转角,因此天文学家们喜欢在极坐标下讨论各种轨迹方程。在开普勒提出了行星运行的三大定律后牛顿发现了著名的万有引力定律,应用万有引力定律在理论上推导出开普勒的行星运行三大定律,得到了行星绕恒星运行的轨迹方程。如果令太阳的质量为 m_s,行星的质量为 m,则由万有引力定律知行星和太阳之间的作用力可以写为 $F = -\dfrac{Gm_s m}{r^2} = -\dfrac{k^2 m}{r^2}$。式中 G 是万有引力常数,$k^2 = Gm_s$ 是一个与行星无关只和太阳有关的量,称为太阳的高斯常量,r 为行星与太阳之间的距离。根据万有引力可以推导出方程 $r = \dfrac{\frac{h^2}{k^2}}{1 + A\frac{h^2}{k^2}\cos\theta}$,

A 是积分常数,h 与转角 θ 有关。所以行星绕太阳运动的轨迹是以太阳为其中一个焦点的圆锥曲线,其离心率为 $A\dfrac{h^2}{k^2}$,半正交弦长为 $\dfrac{h^2}{k^2}$。

7. 二元二次方程与圆锥曲线

一个图形经过平移和旋转后,图形的大小、形状都不会发生变化,其几何性质自然也不会变化,然而在特定的坐标系下,对应的轨迹方程在同时经历了平移变换和旋转变换后,可能变得面目全非。或者反过来说,图形保持不变,坐标系发生变化,那么同一个图形在不同坐标系下的方程会完全不同。可见选择合适的坐标系以方便研究就显得很重要了。如果以圆锥曲线的主轴为坐标轴,中心或顶点为原点建立直角坐标系,对应的方程即为前面所提的标准方程。从上面的讨论可以发现,不管直角坐标系如何选取,圆锥曲线对应的方程都是二元二次方程。这个关系是不是圆锥曲线所特有的? 换言之,任意二元二次方程

$$ax^2 + 2bxy + cy^2 + dx + ey + f = 0 \tag{1}$$

的轨迹都是圆锥曲线吗?

对于一般的二元二次方程(1),我们尝试着利用坐标旋转和坐标平移将

其化为最简方程,这样更便于观察其轨迹。选取适当的 h,k,经过平移变换

$$\begin{cases} x = x' + h, \\ y = y' + k, \end{cases} \tag{2}$$

可以消去一次项,此时坐标原点移到了点 $O'(h,k)$。而经过旋转变换

$$\begin{cases} x = x'\cos\theta - y'\sin\theta, \\ y = x'\sin\theta + y'\cos\theta, \end{cases} \tag{3}$$

可以消去二次项 $2bxy$,这个变换意味着坐标轴绕原点逆时针旋转了 θ 角。
事实上,将平移变换公式(2)代入方程(1),化简整理可得

$$ax'^2 + 2bx'y' + cy'^2 + (2ah + 2bk + d)x' + (2bh + 2ck + e)y' +$$
$$(ah^2 + 2bhk + ck^2 + dh + ek + f) = 0$$

令

$$\begin{cases} 2ah + 2bk + d = 0, \\ 2bh + 2ck + e = 0, \end{cases}$$

可以求出新原点 $O'(h,k)$ 的值。同样地,将旋转坐标公式(3)代入方程
(1),化简整理后令二次项 $x'y'$ 的系数为零,可以解得 $\cot 2\theta = \dfrac{A-C}{2B}$,从而
求得 θ 的值。

　　将平移变换和旋转变换结合起来可以得到一般的坐标变换公式

$$\begin{cases} x = x'\cos\theta - y'\sin\theta + h, \\ y = x'\sin\theta + y'\cos\theta + k, \end{cases} \tag{4}$$

变换公式(4)是一个线性方程,因此,在新旧坐标之下点的关系是线性的。
将变换公式(4)代入方程(1),整理后得到的方程最高次项依然是二次,这
是一个在坐标变换过程中保持不变的量,称为代数不变量。

8. 坐标变换公式的推导

坐标平移公式

$$\begin{cases} x = x' + h, \\ y = y' + k, \end{cases}$$

与坐标旋转公式

$$\begin{cases} x = x'\cos\theta - y'\sin\theta, \\ y = x'\sin\theta + y'\cos\theta, \end{cases}$$

是如何得到的? 如图 4.29 所示,将坐标系的原点 O
移到点 $O'(h,k)$,很容易得到点 P 在新旧坐标下
的关系为

$$\begin{cases} x = x' + h, \\ y = y' + k, \end{cases}$$

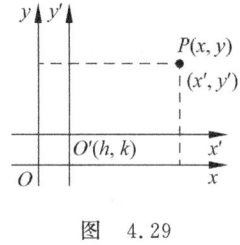

图　4.29

这即是前面说到的坐标平移公式,这也是之所以把
这种坐标变换称为平移变换的原因。

　　再来考察坐标旋转。如图 4.30(a)所示,在直角坐标系 xOy 下点
$P(x,y)$ 保持不动,将坐标系绕坐标原点旋转 θ 角得到新坐标系 $x'Oy'$,与
点 $P(x,y)$ 对应的点为 $P'(x',y')$。如图 4.30(b)所示,利用直角三角形
可以计算出相应的边长,进而得到坐标旋转公式

$$\begin{cases} x = x'\cos\theta - y'\sin\theta, \\ y = x'\sin\theta + y'\cos\theta。 \end{cases}$$

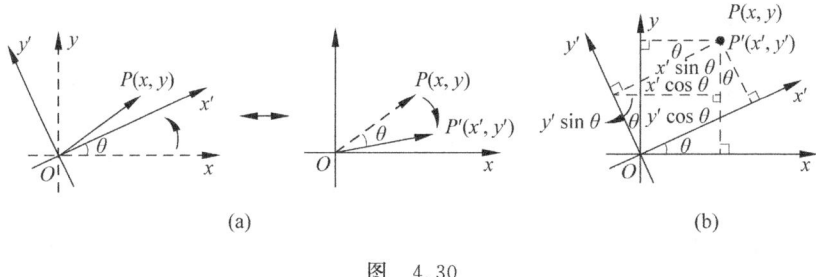

(a)　　　　　　　　　　　　　　(b)

图　4.30

　　如果引入复数,还可以采用另一种方法得到坐标变换公式[3]。通过复
数与向量的关系不仅能更方便地得到坐标变换公式,还可以让我们对复数
的意义与作用有更为深刻的认识。

　　众所周知,有序数对 (x,y) 表示实平面上的一个点,也表示从原点出
发到该点的向量,同时也对应于复平面上的一个复数。平面内的物体作曲
线运动可分解为平移及旋转运动,对应到向量的平移及旋转运动,而复数

则将这些运动转变成了类似实数的简单代数运算,可见复数之伟大。如果不明白这一点,则失去了学习复数的价值与意义。

复数的加法表示向量的叠加,它对应于一个平移,如复数 $z'=x'+iy', z_0=h+ik$ 分别与复平面上的点 $z'(x',y'), z_0(h,k)$ 对应。$z=z'+z_0=(x'+h)+i(y'+k)$ 表示向量 (x',y') 分别向 x 轴、y 轴平移了 h、k 个单位。

复数的乘除法表示向量的伸缩与旋转变换,利用复数的三角形式可以直观理解这一几何意义。记

$$z'=x'+iy'=r'(\cos\alpha+i\sin\alpha), \quad z''=x''+iy''=r''(\cos\beta+i\sin\beta),$$

则

$$z' \cdot z''=r'(\cos\alpha+i\sin\alpha) \cdot r''(\cos\beta+i\sin\beta)$$
$$=r'r''(\cos(\alpha+\beta)+i\sin(\alpha+\beta)),$$

表示 z' 逆时针旋转了 β 角且长度伸缩了 r'' 倍。

$$\frac{z'}{z''}=\frac{r'(\cos\alpha+i\sin\alpha)}{r''(\cos\beta+i\sin\beta)}=\frac{r'}{r''}(\cos(\alpha-\beta)+i\sin(\alpha-\beta)),$$

表示 z' 顺时针旋转了 β 角且长度伸缩了 $\dfrac{1}{r''}$ 倍。即乘以(或除以)复数 $\cos\beta+i\sin\beta$ 的作用相当于对某一向量逆时针(顺时针)旋转了 β 角并保持其长度不变。

如图 4.31 所示,复数 z 对应的向量 $(x,y)=(r'\cos(\alpha+\beta), r'\sin(\alpha+\beta))$ 由复数 z' 对应的向量 $(x',y')=(r'\cos\alpha, r'\sin\alpha)$ 逆时针旋转了 β 角得到。因此

$$z=x+iy$$
$$=r'(\cos(\alpha+\beta)+i\sin(\alpha+\beta))$$
$$=r'\cos\alpha\cos\beta-r'\sin\alpha\sin\beta+i(r'\sin\alpha\cos\beta+r'\cos\alpha\sin\beta)$$
$$=x'\cos\beta-y'\sin\beta+i(y'\cos\beta+x'\sin\beta)。$$

由复数相等的定义即得坐标旋转公式。

若应用复数的指数形式 $z=e^{i\alpha}=\cos\alpha+i\sin\alpha$ 结合指数的运算律,推导过程则更加简便。

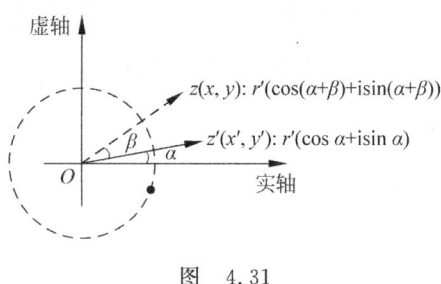

图 4.31

4.2.3 圆锥曲线历史对教学的启示

1. 圆锥曲线不同定义之间的联系

几何学是人类对空间世界的本质认知,经历了实验几何→定性平面几何→定量平面几何→立体几何→坐标解析几何→向量几何[11]等几个发展阶段。圆锥曲线的定义与研究方法的改变是几何学演变过程的缩影。数学家们依据圆锥曲线的性质给出不同定义以便于研究,而圆锥曲线的光学性质、力学性质及其与物体运动轨迹之间的关系刺激了人们对这些曲线的好奇与兴趣。它从一个侧面说明现实世界的客观需求与数学内部的逻辑发展常常会惊人的巧合进而相互促进。

从欧几里得几何到解析几何,再到射影几何和线性代数中的二次型理论,圆锥曲线经历了原始定义、平面上动点的轨迹定义、射影定义、标准方程定义、焦点—准线定义、代数方程的统一定义以及通过二次型的惯性指数进行分类研究的变化过程。表述方式也经历了由静态的几何直观描述→动态的几何度量性质描述→射影性质的描述→代数方程的形式描述的变化过程。而研究方法则从欧几里得几何的纯几何综合法→射影几何的方法→以坐标为媒介的解析法→线性代数二次型的正交变换法,经历了由繁到简,定性研究到定量研究,再到形式研究的变化。图 4.32 反映了在欧几里得几何和解析几何框架下圆锥曲线定义的变化及相互关系。

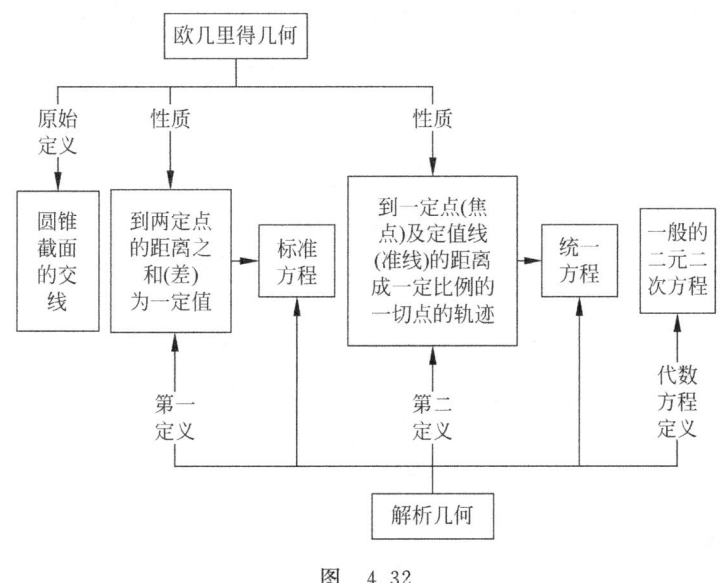

图 4.32

2. 圆锥曲线知识的整体结构图

我们之所以建议教师应尽可能熟悉一点近现代数学,正在于很多数学问题在初等数学体系下很难揭示其本质,只有在非初等理论结构内才能被深刻地理解。几何也不例外,在欧几里得几何和解析几何范畴下难以理解的现象在高等数学的结构下则一目了然。如三种圆锥曲线的各自定义、统一定义及其性质的密切联系,在射影几何框架下看是很显然的事实,一般二次曲线方程、圆锥曲线标准方程和统一方程之间的关系涉及不变量的思想。虽然中学数学教材将圆锥曲线置于解析几何的框架下讨论,并未涉及射影几何和线性代数,但教师想更深刻地理解它们,则需从更高的视角审视圆锥曲线内容,这样才能举重若轻、游刃有余地组织教学。正如菲利克斯·克莱茵所言,教师掌握的知识要比他所教的多得多,才能引导学生绕过悬岩,渡过险滩[6]。

历史可以帮助我们理清圆锥曲线产生与发展的历程(见图 4.33(a))。图 4.33(b)是现今高中数学圆锥曲线教材内容的顺序。圆锥曲线的发展史也反映了它与物理学、天文学和数学学科分支之间的联系及其研究方法和定义的变化,它与数学学科分支及其他学科之间的联系如图 4.33(c)所示。

图 4.33(d)则表明了圆锥曲线在中学数学内容框架下与其他单元的相互联系。

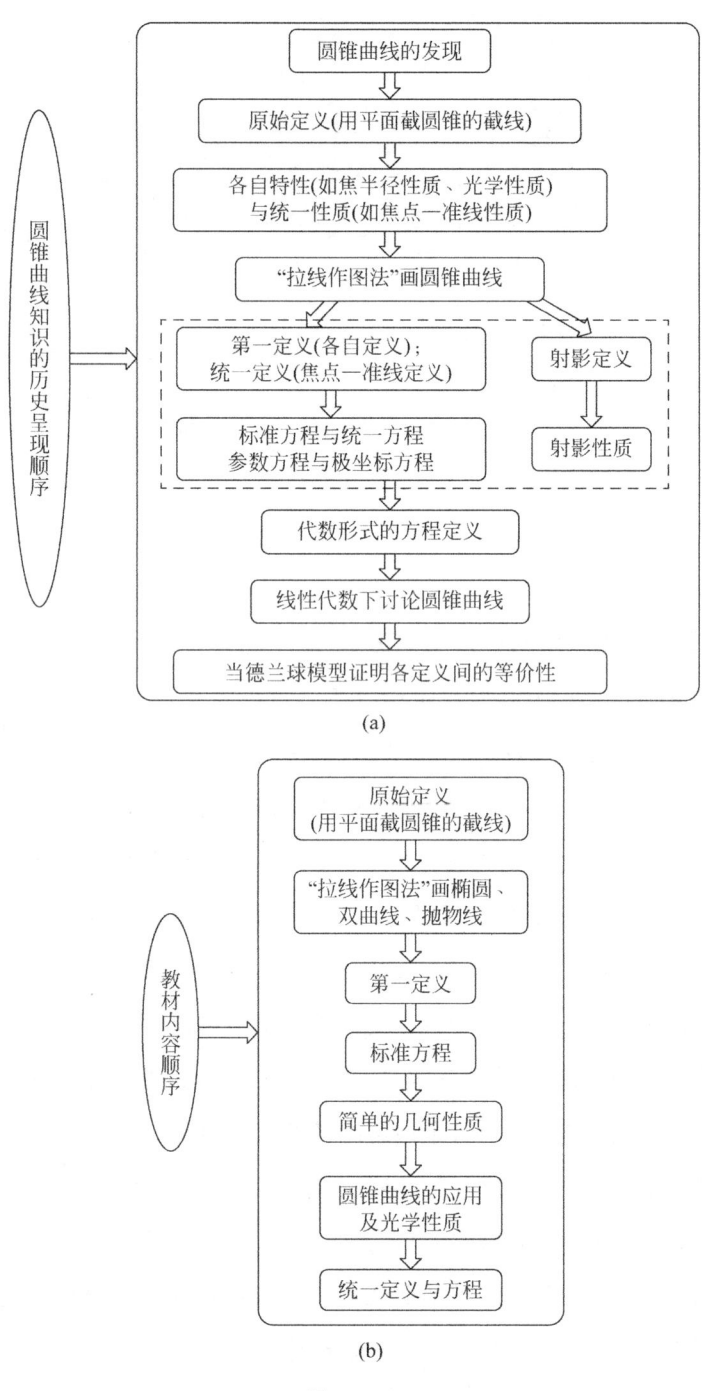

(a)

(b)

图　4.33

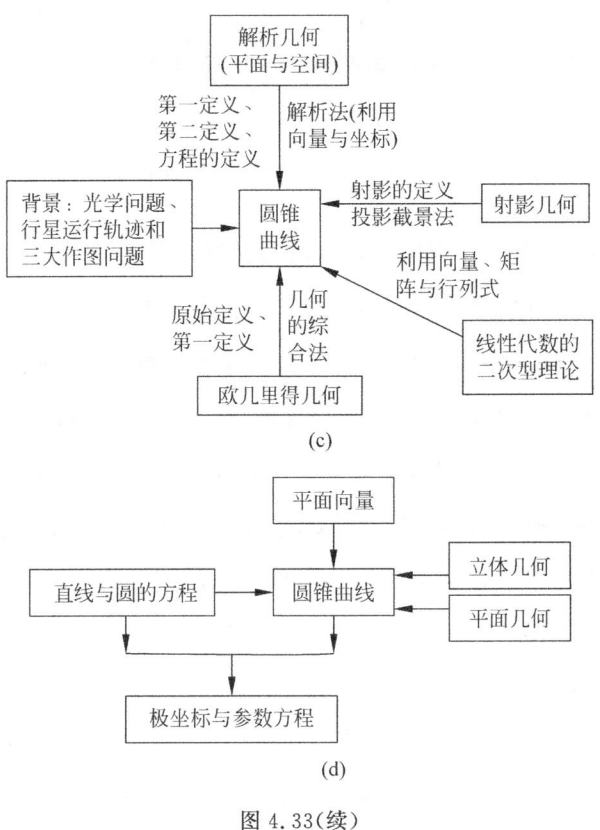

(c)

(d)

图 4.33(续)

4.3 圆锥曲线教学策略

圆锥曲线教学中最难处理的是概念课,很多人都是根据"动点到两定点的距离之和为常数"直接引入椭圆的定义。问题是怎么想到找两个定点的?又是怎么发现动点到两个定点距离之和为常数的?如果学生在课堂或课后向老师提出类似的问题,老师该如何回答呢?不熟悉圆锥曲线的历史是很难向学生解释清楚上述问题的,课堂上只能照本宣科。了解历史的目的不是为了课堂上介绍历史,而是帮助我们寻找合适的教学切入点,找到概念产生的本原性问题。

　　圆锥曲线的历史揭示了其知识的起源与发展、思想方法及其应用价值,它告诉我们圆锥曲线教学的起点和探究应该从哪里开始,通过创设合适的问题情境,对教材所呈现的内容进行"再创造"。了解圆锥曲线的历史也有助于教师深刻理解教学内容,明晰知识之间的内在联系,从而更科学地组织教学。

1. 从原始定义到椭圆第一定义的自然过渡

　　原始定义是圆锥曲线性质的源头,高中数学教材关于圆锥曲线的介绍也是始于原始定义,由原始定义再分类讨论探讨椭圆、双曲线与抛物线在平面上的轨迹定义、标准方程与几何性质。一些教辅材料则是直接从空间中"平面截圆锥所得截线"的原始定义跳跃到"平面内到两定点距离之和为一定值的点的轨迹"的椭圆第一定义,中间没有相应的衔接过渡,如何理解两个看似毫不相干的椭圆定义不是一件容易的事。

　　在平面上运用"拉线作图"画椭圆,或者对圆进行压缩、拉伸,亦或是类比圆的定义"到一定点的距离为定值"思考"到两定点距离之和为一定值"的点的轨迹,诸如此类的方法都难以让学生把椭圆轨迹与用平面截圆锥所得的椭圆截线二者之间联系起来。当德兰双球模型的确是建立两者之间联系的桥梁,但其推导过程具有一定的复杂性,学生也会好奇是如何想到这个模型的。圆柱面的当德兰双球模型可以降低理解难度,但这个模型得不到双曲线和抛物线。课堂教学中是否需要借助当德兰双球模型来建立不同定义之间的联系可能需要视学情而定。

　　原始定义固然直观形象,但没有反映出截线上点的关系,由这个定义出发推导圆锥曲线的其他性质比较困难。事实上,阿波罗尼斯也是在空间圆锥体上推导出重要等式之后撇开原始定义推导其他性质,包括椭圆的焦半径性质亦即第一定义,此后大家为了便于研究则将这一性质作为椭圆的定义。圆锥曲线的演变过程告诉我们,实际的教学过程既要尊重历史,但也不必拘泥于历史,完全没有必要再现阿波罗尼斯利用圆锥体推导圆锥曲线性质的繁杂证明过程。

　　从一点发出的散射光源形成以光源为顶点的圆锥,它照射到圆或球体上会在墙壁或地面上留下阴影,学生对于这种现象并不陌生,或许这一学生生活中常见的现象可以作为建立圆锥曲线不同定义之间的桥梁。具体地说,将一个球放置在桌面,让学生观察手电筒或灯泡从不同的角度照射球在桌面上所形成的投影,进而根据光线与投影的关系引导学生逐步抽象出一球内切于圆锥的数学图形(投影为椭圆的情形如图 4.34(a)所示),类比圆的切线性质容易得到球的切线性质,从而引导学生归纳出椭圆上点与球的切点之间的关系。由于光线是可逆的,图 4.34(a)所示由点光源 O 发出的圆锥形光束也可以看成是一束聚焦到点 O 的光。所以,椭圆阴影也可以看成位于平面下方与圆锥及桌面相切的球的投影(见图 4.34(b))。

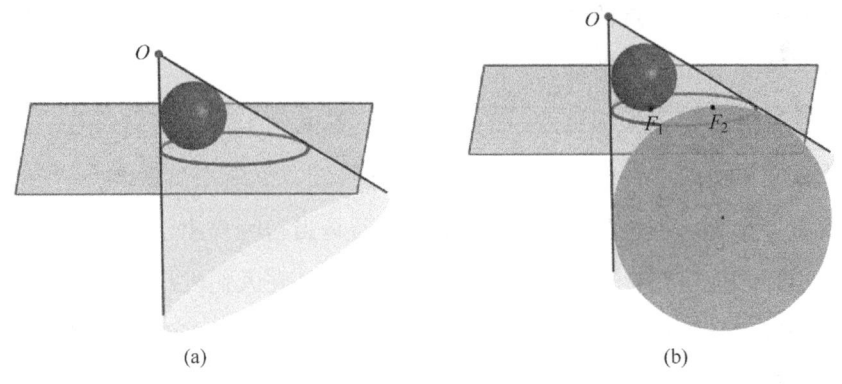

(a)　　　　　(b)

图　4.34

通过这个简单的生活现象便可以构建出当德兰双球模型,学生对这一模型也就不会感到突兀与无法理解了,也能比较容易推导出椭圆的焦半径性质,进而过渡到椭圆的第一定义。

2. 恰当运用光学性质通过椭圆变式提问引出双曲线定义

利用当德兰双球模型可以方便地证明圆锥曲线在空间中的原始定义、平面中的第一定义和统一定义的等价性,但当德兰双球模型运用于双曲线和抛物线的教学可能会显得得不偿失,因为这两种情况下的双球模型比较复杂,对学生的空间思维能力要求较高,圆锥曲线的主旨是让学生掌握数形结合的解析法,对空间几何想象能力的过多要求也许会冲淡主题。考虑到学生的不同需求和能力的差异性,教师可以增加教学设计的弹性,例如在单元结束后设置一节研讨课,提供相关的研究素材,引导学生利用当德兰双球模型探究圆、椭圆、双曲线与抛物线四种曲线定义之间的关系。

由椭圆的"到两点距离之和为定值"类比思考"到两点距离之差为定值"的点的轨迹是日常教学中常用的方法,这也许不是最好的类比,它难以让学生的思维聚焦。同样可以类比提出问题:"到两点距离之商(积)为定值"的点的轨迹是什么? 从"到两点的距离"问题进一步类比思考"到一定点与一定直线的距离"满足一定条件的点的轨迹来引出抛物线的定义就更不切合实际了。怎么会想到由"两点"的问题变到"一个点与一条直线"的问题? 根据椭圆的定义也可以思考"到一定点与一定直线的距离之和、差、积、商为一定值"的点的轨迹,比为定值时也包含大于 1、等于 1 与小于 1,为何只考虑等于 1 的情形?

这里有必要提到圆锥曲线的光学性质,从几何上看即它们各自的切线性质。圆锥曲线的性质之所以在古希腊的阿波罗尼斯之后近 2000 年的时间没有多少更新和被受重视,其重要原因乃是当初纯粹出于数学家的爱好推导出许多性质,找不到它们的实际应用。正是在人们发现圆锥曲线及其性质特别是光学性质在现实世界中有广泛的应用,才重新激起了科学家们对圆锥曲线的研究热情。

因此,可以突出圆锥曲线的光学性质这条主线,而不仅仅只是知道这个事实性结论及其在现实中的应用。实际教学过程中不妨围绕椭圆的光学性质展开:能否在椭圆内找到两个点,使得从其中一点发出的光源经椭圆反射后,反射光线都经过另一个点? 要搞清楚这个问题,关键是能不能在椭圆上每一点作出切线。在微积分产生之前,曲线的切线是很复杂的几何作图问题。这里不妨逆向分析一下,假设 O,F 是椭圆内两个固定点,P 是椭圆上的任一点,如果 P 点处的切线已知,不妨记为 l,在 P 点作 l 的垂线 h,由反射定律,h 为 $\angle OPF$ 的角平分线。过 F 点作 h 的平行线与 OP 连线的延长线交于 M 点,不难看到 l 是线段 FM 的中垂线,于是 $|MP|=|FP|$。由此可见,如果 M 点确定,则 FM 的中垂线便是椭圆的切线,OM 与中垂线的交点便是切点。这个分析告诉我们,切线问题可以转换成线段

的中垂线问题,后者是可以操作的。

这是在假定两个点 O,F 的确存在的前提下进行的分析,但即使存在这两个点,并不清楚它的具体位置,所以需要反向操作,先固定两个点,看按照上述方法能否找到满足条件的椭圆。最自然的做法是以 O 点(或 F 点)为圆心作一个圆使得 F 点位于圆的内部,将圆上的任一点看成上面所说的 M 点,反过来寻找 P 点,当 M 跑遍圆周时,看 P 点的轨迹是什么,即引导学生思考以下问题:

如图 4.35(a)所示,在半径为 r、圆心为 O 的圆内取定一点 F(异于圆心 O)。在圆周上任取一点 M,对折使得点 M 刚好与点 F 重合,折线为 l。MO 与 l 相交于点 P。求点 P 的轨迹。

容易证明点 P 的轨迹是椭圆(见图 4.35(b)),折线 l 就是对应椭圆的切线,点 P 是切点,由轴对称的性质也容易推导出椭圆切线的性质。

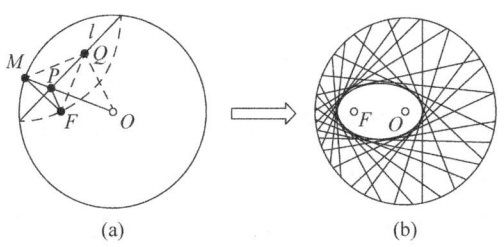

图 4.35

在开始双曲线定义一课的教学时,将上面问题的条件"圆内取定一点 F"改为"圆外取定一点 F",其余条件不变。类比探究可以得到双曲线的轨迹与相应的定义。当点 F 在圆上时,对应的轨迹是圆,这个问题可以作为思考题留给学生课外完成。

如图 4.36(a)所示,如果在半径为 r、圆心为 O 的圆外取定一点 F。在圆周上任取一点 M,对折使得点 M 刚好与点 F 重合,折线为 l。由轴对称的性质可知折线 l 上存在唯一的点 P,使得 $PF-PO=MO=r$,满足条件的点构成双曲线的一支,如图 4.36(b)所示。如图 4.36(c)所示当点 M 的位置使得 PO 的长度大于 PF 时,也有 $PO-PF=MO=r$,满足条件的点构成双曲线的另一支,如图 4.36(d)所示。

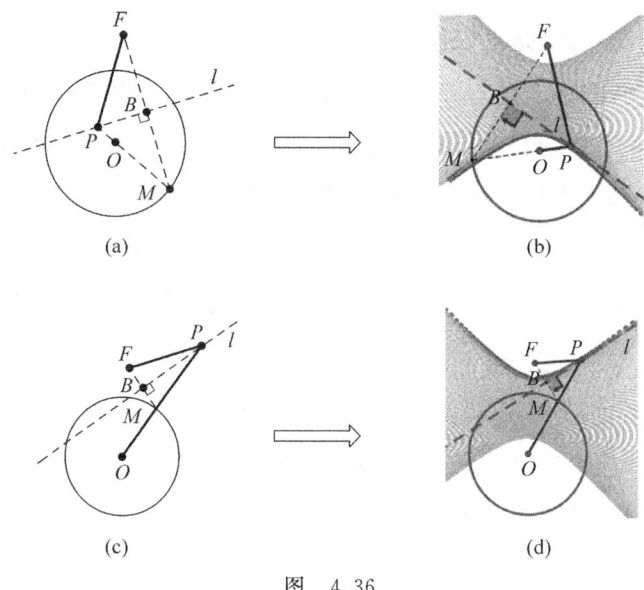

图 4.36

教师的教学要面向全体学生也要关注学有余力的学生,教学设计最好有一定弹性。圆锥曲线的光学性质是很重要的性质,应该让有能力的学生"知其然亦知其所以然"。因此,在概念教学中利用这样的问题除可以自然地从椭圆类比到双曲线外,更重要的是可以在单元复习时设计一节相应的探究或研究性课题,引导学生去探讨圆锥曲线的光学性质及其证明。

3. 抛物线与椭圆、双曲线的内在统一性问题

教学中如何揭示椭圆、双曲线与抛物线三种曲线定义的内在联系?事实上,椭圆与双曲线标准方程的推导过程就隐含了两者的内在统一性,教师需要引导学生将相应的代数方程语言转化为几何的直观描述,抛物线的定义也可由此引出。比如,建立坐标系列出关于椭圆和双曲线的等式后分别进行一次平方得到方框中的(1)式、(2)式,它们等价于(3)式。

$$\sqrt{(x+c)^2+y^2}+\sqrt{(x-c)^2+y^2}=2a \Rightarrow$$

$$\boxed{a^2-cx=a\sqrt{(x-c)^2+y^2}} \tag{1}$$

$$\sqrt{(x+c)^2+y^2}-\sqrt{(x-c)^2+y^2}=\pm 2a \Rightarrow$$

$$\boxed{a^2-cx=\pm a\sqrt{(x-c)^2+y^2}} \tag{2}$$

$$\Leftrightarrow \left| c\left(x - \frac{a^2}{c}\right) \right| = a\sqrt{(x-c)^2 + y^2} \Leftrightarrow \frac{\sqrt{(x-c)^2+y^2}}{\left| x - \frac{a^2}{c} \right|} = \frac{c}{a}。 \quad (3)$$

等式(3)的几何意义是:椭圆或双曲线上的点 $M(x,y)$ 到一焦点 $F(c,0)$ 的距离与它到一定直线 $x = \frac{a^2}{c}$ 的距离之比为 $\frac{c}{a}$,即比值等于离心率。若 $a > c, r = \frac{c}{a} < 1$,曲线是椭圆;若 $a < c, r = \frac{c}{a} > 1$,曲线是双曲线。

很多教师利用类似的方法讨论椭圆曲线与双曲线并且用绳子或电脑模拟出椭圆与双曲线,但到了抛物线则一反前面的做法,改成了动点到定点距离与到定直线距离相等。这个转换不仅突兀,而且失去了三种曲线的统一性。

如果我们注意到圆锥曲线的光学特征,便可以将三种曲线的处理方法统一起来。不过在实际操作前,需要运用一点非欧几何的思想,这种思想对于我们并不陌生。

众所周知,我们行走在地面上可以近似地将地面看成平面,那是因为地球的中心距离地表很远,太阳光线照在身上,可以将光线看成平行光束,那是因为太阳离地球很远。回到纯数学,平面内两条平行线可以看作在无穷远处相交,从拓扑的角度看,我们知道这是对的。这与抛物线有关吗?只要回顾一下生活中经常看到的一些现象就知道抛物线恰好具有类似上述特征的光学性质。例如抛物面状的天线接收装置、传统的以抛物面作为反射面的手电筒等,运用的都是抛物线的这一光学特征。课堂上需要将抛物线的这一特征提取出来,从中发现规律,并且利用这一特征可以像椭圆与双曲线那样完成作图。

我们可以将太阳看成无穷远处的固定点,从太阳发出的光线平行投射到某个面上反射到某个固定点,这是个什么样的曲线?假设 F 是平面内固定点,光线的方向是已知的,不妨假设它们都平行于过 F 点的某条直线 l。平行于 l 的光线投射到某个曲线上,其反射光线都经过 F 点,如何确定这个曲线?

与椭圆、双曲线类似,关键问题依然在于切线的确定。此时可以将无穷远看成曲线的一个焦点,直线可以看成以无穷远为圆心的圆,这条直线 n 与所有平行于 l 的直线都是垂直的,它与曲线的关系是什么?不妨假设曲线与 l 的交点为 O,在 n 上任取一点 M,为了找到曲线上的切点与切线,过 M 作 n 的垂线 m,设 MF 的中垂线 h 与 m 的交点为 P,显然 $|MP|=|FP|$,如果在 P 点作 h 的垂线 r,可知 r 平分 m 与 PF 所成的角。由此可见,沿 m 的光线投射到 P 点,其反射光线恰好过 F 点。问题的关键是直线(那个广义的圆) n 在哪里?如果搞清楚 n 与 l 的交点,其位置就不难确定。由于曲线的切线恰好是 MF 的中垂线,故 n 与 l 的交点应该是 MF 的中点。换言之,M 到 O 点的距离等于 F 到 O 点的距离,这就确定了 n 的位置。如图 4.37 所示,它给出了抛物线的基本作图方法,P 点的轨迹即为抛物线,这个作图方法与椭圆、双曲线的作图方法是一脉相承的。

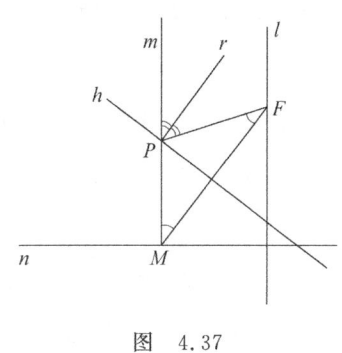

图 4.37

上述方法的重要之处在于同样的思想贯穿于椭圆、双曲线与抛物线的始终,将三种曲线的作图方法统一了起来,使得圆锥曲线在光学特性统领下形成了一个有机整体。

4. 标准方程的多种推导问题

以椭圆为例,类比圆的研究方法"定义→建系→方程",根据椭圆定义容易列出等式 $\sqrt{(x+c)^2+y^2}+\sqrt{(x-c)^2+y^2}=2a$。在推导椭圆标准方程的过程中,为了化简去掉根号,学生常规的思维也自然会想到通过两次平方进行整理计算,这种方法称为"两次平方方法"。"两次平方方法"过程虽然有些繁杂却适合学生的常规思路,是一般性的方法。

历史上关于圆锥曲线标准方程的推导方式还有"和差术""平方差法""余弦法"等,计算过程更为简捷也有一定的技巧性。教学中可以结合学情决定是否在"两次平方方法"后提出:根据所建立的坐标系,能不能找到更简捷的推导方法？鼓励学生反思教材,以达到开阔视野、培养反思精神之效,通过将新知识与已有代数、几何知识有机融为一体,形成联系丰富的整体知识结构。

5. 教学中数学思想方法的渗透问题

数学教学的根本目的是以知识为载体,通过数学思想与方法的熏陶教学生学会思考,学会用数学方法去分析问题并解决问题。"圆锥曲线与方程"需要传递给学生数形结合、类比、分类讨论、转化等重要数学思想方法。

教学如果在尊重历史的基础上围绕着前面所说的四个方面展开,相应的思想方法自然也就渗进了课堂。例如,在对椭圆的研究过程中,通过空间的原始定义转化为对平面的第一定义的研究,可以更方便于问题的研究,它体现了从三维空间向二维平面转化的思想;从椭圆到双曲线再到抛物线的定义及几何性质的研究则反映了数形结合、类比与分类讨论的思想。

圆锥曲线教学设计的难点在于让学生明白寻找两个定点或一个定点与一条定直线的内在动因(光学原理)？如何发现动点到两个定点的距离之和(差)是常数？为什么抛物线只剩下一个定点？那个准线是如何出现的？等等。

通过离心率的确可以将三者统一起来,事实上,大多数的教师在介绍完圆锥曲线的定义后正是这么做的,作为定义之后的性质来研究不会带来理解上的困难,但如果以此作为圆锥曲线的定义,同样存在怎么想到的问题,而且很难通过实际的操作完成作图。

统一圆锥曲线的方法并不唯一,如果将直线看成圆心在无穷远的圆,那么根据定点在圆内与圆外的不同情形可以由动点到圆周的距离等于到定点(定直线)的距离得到三种不同的圆锥曲线,利用这个性质还可以实际操作完成作图,三种曲线的探索思路是完全一致的。

古希腊人对圆锥曲线的研究源于爱好,并无特别目的。能再次激发人们的兴趣必是看到了它的重要价值。而笛卡儿坐标系则给圆锥曲线的研究插上了翅膀,借助坐标系,代数走进了圆锥曲线并发挥了强大的威力,使得这一古老学科焕发出勃勃生机,最终形成了一套完整丰富的理论。了解圆锥曲线曲折的发展历程,从历史中找到探究性教学的恰当方式,可以培养学生积极探索的兴趣。更重要的是,探究性教学不仅教学生学会发现,并且让学生在潜移默化中意识到,发现一个概念或原理比理解一个概念或证明一个原理更重要。

4.4 圆锥曲线教学案例设计

4.4.1 椭圆曲线教学案例设计

案例 1 **椭圆曲线的定义与标准方程**

教学目的:掌握椭圆的定义、椭圆标准方程的推导过程以及焦点、焦距与方程的关系。

教学重点:椭圆标准方程的推导;焦点、焦距与方程的关系。

教学难点:坐标系的选择原则。

教学过程:

一、问题引入

问题 1 一个球位于墙壁与光源(例如手电筒)之间,光线投射到球体上时在墙壁上留下的投影是什么形状?

有条件可以实际演示一下,学生会发现随着光源角度的变化,在墙壁上可以投射出圆或椭圆甚至抛物线。讨论这个问题的目的是便于后续帮助学生分析椭圆可以由平面(墙壁)截圆锥(光线散射出去的光柱)所得的图形。

问题 2 散射光源投射出去的光柱是什么形状? 如果将墙壁近似看成平面,能不能从纯几何的角度解释一下光柱投射到球体在墙壁上留下的阴影是怎么得到的?

这是问题 1 的抽象化,散射光源投射出去的光柱可以近似看成以光源为顶点与球体相切的圆锥面,球体在墙壁上的投影则是墙壁所在的平面截圆锥面所得的图形,称之为椭圆。这正是这类曲线之所以称为圆锥曲线的缘故。

从圆锥曲线到解析几何经历了漫长的发展过程,其历史比较复杂,课

堂上试图详细介绍是不现实的,但可以简要作一个说明,关键强调两点:
(1)古希腊人们研究圆锥曲线纯属爱好,并无任何特别的目的;(2)直到发现
圆锥曲线的光学性质,人们才再次对其产生兴趣,特别是直角坐标系产生之
后,代数进入了几何,它为研究圆锥曲线提供了强有力的工具,逐步形成了一
套完善的理论,这就是解析几何。这个简单介绍便于后面进一步展开讨论。

二、新课教学

问题3　地球绕着太阳运行的轨道是什么形状?

学生虽然不可能见过地球绕太阳运行的现实轨道是什么样子,但各种
天文科普读物中多有介绍,教师不妨以科普的方
式向学生再做一番介绍(见图 4.38)。这些例子
说明,椭圆曲线在现实生活与自然科学中不仅很
常见,而且很有用。

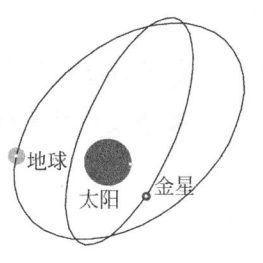

图　4.38

思考题1　从封闭曲线(椭圆)内的某一点 O
发出的光线射到曲线上的某一点 P,光线在 P 点
将被反射出去,反射光线的方向如何确定? 能不
能在曲线围成的区域内找到一个点,使得从这个点发出的光源投射到曲线
上每一点后反射的光线都经过曲线内另一个固定点?

通过这个问题的分析可以看到,要确定反射光线的方向,关键在于确
定曲线在 P 点的切线。

问题4　设平面内有两点 O,F,以 O 点为圆心,$r>|OF|$ 为半径画一
个圆。当光线从圆心发出时,如果没有阻挡,
将会投射到圆周上并沿着原来的方向反射到
圆心,如果光线被圆内的一条曲线挡住,光线
的反射方向将发生变化,能否找到一条曲线,
使得从圆心发出的光线都被该曲线反射到
点 F?

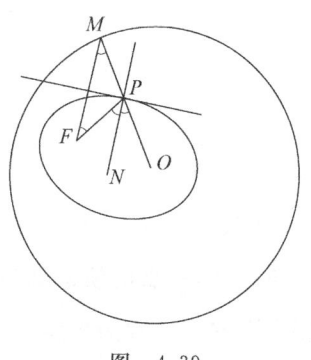

图　4.39

可以进行反向分析,假设有这样一条曲
线存在,如图 4.39 所示,在圆周上任取一点

M,从圆心射向 M 点的光线经过曲线上的点 P 反射到 F 点。关键是确定 P 点的位置以及曲线在 P 点的切线。连接 PF,则 PF 为光线的反射线,因此 $\angle OPF$ 的角平分线 PN 即为曲线在 P 点的法线,法线过 P 点的垂线即为该曲线过 P 点的切线。直观地看,法线 PN 与 OP 的夹角和 $\angle OMF$ 很像同位角,法线与 PF 的夹角和 $\angle MFP$ 很像内错角,所以应该有 $\angle OMF = \angle MFP$。这就提示我们作 MF 的中垂线 l,中垂线 l 与 OM 的交点就应该是曲线上的 P 点,l 即为曲线在 P 点的切线。对圆周上每一点都如法炮制便得到所要的曲线。只要注意到 $|FP| = |MP|$,从而 $|FP| + |OP| = |MP| + |PO| = |MP| = r$。这便是利用椭圆的光学特性作图,根据上述作图方法很容易证明 P 点所形成的曲线确实满足前述的光学特性:从 O 点发出的光线经过曲线上任一点反射到 F 点。

从椭圆的作图过程可以看出椭圆的另一个重要特征:动点 P 到一个固定圆周的距离等于到圆内一固定点的距离,则动点 P 的轨迹为椭圆。这一性质也可以作为椭圆的定义。

问题 5 用一根绳子、两颗图钉与一支粉笔能不能画出问题 4 中 P 点的轨迹来?

有了问题 4,问题 5 的出现就很自然了。设绳子的长度为 r,将两个图钉分别钉在两个固定点处(即问题 4 中的 F 点与圆心 O),绳子的两头分别绑在两颗图钉上,再用粉笔始终将绳子绷紧并沿着绳子滑动时,看粉笔能画出什么图形来。

粉笔相当于动点 P,粉笔画出来的图形便是动点 P 的轨迹,由于粉笔始终将绳子绷紧,绳子的长度是固定的,所以动点到两个固定点的距离之和是常数(绳子的长度)r,这正是问题 4 中动点 P 的轨迹。它反映了问题 2、问题 3 中图形的重要特征。

定义 平面内与两个定点 F_1,F_2 的距离之和等于常数 $2a$(大于 $|F_1F_2|$)的动点的轨迹称为椭圆。这两个定点称为椭圆的焦点,两焦点间的距离 $|F_1F_2|$ 称为焦距(一般用 $2c$ 表示)。

问题 6 如果试图建立椭圆的方程,就需要建立适当的坐标系。对于给定的椭圆($2a$,$2c$ 均取定),如何选择合适的坐标系?

椭圆的两个焦点是取定的,为了便于建立椭圆的方程,焦点处于坐标系的特殊位置或许更便于方程的建立。例如位于坐标轴上且坐标原点在两个焦点的中点,此时两个焦点的坐标分别为 $F_1(-c,0)$,$F_2(c,0)$,设动点的坐标为 $A(x,y)$,由定义知

$$|AF_1|+|AF_2|=2a,$$

由距离公式可得

$$\sqrt{(x+c)^2+y^2}+\sqrt{(x-c)^2+y^2}=2a。$$

对上述等式得化简需要一点技巧,比较方便的方法是将左边的一个根式移到右边后两边同时平方并整理可得

$$a^2-cx=a\sqrt{(x-c)^2+y^2}。$$

这个方程有两种变形方法,一种方法是继续平方得

$$(a^2-c^2)x^2+a^2y^2=a^2(a^2-c^2)。$$

由于 $a>c$,可以令 $b^2=a^2-c^2$(显然 $a>b$),可以在完成标准方程的建立之后再来解释 b 的几何意义。再次化简得

$$\frac{x^2}{a^2}+\frac{y^2}{b^2}=1。$$

上述方程称为椭圆的标准方程。

另一种方法将在下个案例的问题 2 中给出。

问题 7 标准方程中的 b 在几何上指的是什么?

学生只需要在方程中取特殊值便不难得知 b 恰好是椭圆与 y 轴的交点到坐标原点的距离。通常把 b 称为椭圆的短轴的长,a 称为椭圆的长轴的长。

思考题 2 如果将椭圆的两个焦点置于坐标系中的 y 轴上,即两个焦点的坐标分别为 $F_1(0,-c)$,$F_2(0,c)$,此时如何建立椭圆的方程?

>>> 例 1 平面内两个定点的距离为 8,写出到这两个定点的距离之和为 10 的点的轨迹方程。

由椭圆的定义可知:所求轨迹为椭圆;则只要求出 a,b,c 即可。

三、课外作业

略

▶ 案例 2　椭圆的定义与标准方程（续）

教学目的：强化对椭圆及相关概念的理解，掌握离心率的概念。

教学重点：进一步熟悉求轨迹方程的方法与步骤，掌握椭圆长短轴与焦距的几何意义。

教学难点：求椭圆轨迹方程的方法，离心率的概念。

教学过程：

一、问题引入

问题 1　将一根固定长度的绳子两端用图钉钉在黑板上，当两颗图钉的距离发生变化时，画出来的图形将发生什么变化？

可以通过电脑动态作图演示这个过程，然后在通过椭圆的标准方程进行分析，两颗图钉的距离发生变化意味着焦距 c 发生了变化，此时椭圆与纵轴的交点也发生了变化，从关系式 $b^2 = a^2 - c^2$ 可以看出随着焦距变小，椭圆将变得更"扁"。通过这个问题的讨论可以看出在长半轴 a 一定的情况下，随着焦距的变化，椭圆的形状是如何发生变化的。

二、新课教学

问题 2　将上节课问题 6 中所得方程

$$a^2 - cx = a\sqrt{(x-c)^2 + y^2},$$

变形为

$$\frac{\sqrt{(x-c)^2 + y^2}}{\dfrac{a^2}{c} - x} = \frac{c}{a}。$$

由于等式的右边是正数，所以方程也可以改写成

$$\frac{\sqrt{(x-c)^2 + y^2}}{\left|\dfrac{a^2}{c} - x\right|} = \frac{c}{a}。$$

能从几何上解释一下上面的等式吗？

这个问题对于学生有一定难度，需要教师引导观察，方程左边的分子

表示椭圆上点到焦点 $F_2(c,0)$ 的距离,关键是学生可能一时看不清分母是什么。通过对几何图形的简单分析不难看出,它恰好是椭圆上的点到定直线 $x=\dfrac{a^2}{c}$ 的距离。

定义　$\dfrac{c}{a}$ 称为椭圆的离心率,记为 $e=\dfrac{c}{a}$; $x=\dfrac{a^2}{c}$ 称为椭圆的准线。

问题 3　能否解释一下离心率的几何意义? 它在什么范围内变化? 极端情形将得到什么图形?

学生应该不难回答这个问题。离心率的大小反映了椭圆的扁平程度,所谓极端情形即两个焦点重合($c=0$)或两个焦点相距最远($c=a$),也即离心率分别为 0 与 1。

问题 4　椭圆与坐标轴的交点是什么? 椭圆曲线是否具有某种对称性?

这个问题几乎是平凡的,不妨让学生自主探讨,进而归纳出椭圆的顶点、对称轴、对称中心的概念。

>>> 例 1　焦点在 y 轴上,且 $a=5,e=\dfrac{3}{5}$ 的椭圆的标准方程为(　　)。

A. $\dfrac{x^2}{25}+\dfrac{y^2}{16}=1$　　　　　　B. $\dfrac{x^2}{16}+\dfrac{y^2}{25}=1$

C. $\dfrac{x^2}{25}+\dfrac{y^2}{9}=1$　　　　　　D. $\dfrac{x^2}{9}+\dfrac{y^2}{25}=1$

答案　B。

>>> 例 2　设 P 为椭圆 $\dfrac{x^2}{5}+\dfrac{y^2}{4}=1$ 上的点,F_1,F_2 是两焦点,若 $\angle F_1PF_2=30°$,则 $\triangle F_1PF_2$ 的面积是(　　)。

A. $\dfrac{16\sqrt{3}}{3}$　　　　　　B. $4(2-\sqrt{3})$

C. $16(2+\sqrt{3})$　　　　　　D. 16

答案　B。

这道题既需要余弦定理也需要利用椭圆的定义(动点到两个定点的距离为常值 $2a$),求出 P 点到两焦点距离的乘积便可以利用三角形面积公式计算了。

>>> **例 3**　过椭圆左焦点 F 且倾斜角为 $60°$ 的直线交椭圆于 A，B 两点，若 $|FA|=2|FB|$，则椭圆的离心率为（　　　）。

A. $\dfrac{\sqrt{2}}{3}$ 　　　　 B. $\dfrac{\sqrt{2}}{2}$ 　　　　 C. $\dfrac{1}{2}$ 　　　　 D. $\dfrac{2}{3}$

答案　D。

根据离心率的几何意义可知直线与椭圆两个交点到焦点的距离与到准线的距离之比均为离心率 e，由于其中一个交点到焦点的距离是另一个交点到焦点距离的两倍，据此可以算出离心率。

>>> **例 4**　椭圆 $\dfrac{x^2}{9}+\dfrac{y^2}{4}=1$ 的焦点为 F_1，F_2，点 P 为其上的动点，当 $\angle F_1PF_2$ 为钝角时，点 P 横坐标的取值范围是_____。

答案　$\left(-\dfrac{3\sqrt{5}}{5},\dfrac{3\sqrt{5}}{5}\right)$。

由于 $\angle F_1PF_2$ 是钝角，故 $\cos\angle F_1PF_2<0$，利用余弦定理可知

$$(2c)^2=(x+c)^2+y^2+(x-c)^2+y^2$$

$$-2\sqrt{(x+c)^2+y^2}\sqrt{(x-c)^2+y^2}\cos\angle F_1PF_2>$$

$$(x+c)^2+y^2+(x-c)^2+y^2。$$

将 $y^2=4\left(1-\dfrac{x^2}{9}\right)$ 代入上式便可得到一个关于 x 的不等式，由此可以得 x 的取值范围。

也可以利用向量法，两向量的内积 $\overrightarrow{PF_1}\cdot\overrightarrow{PF_2}=|\overrightarrow{PF_1}||\overrightarrow{PF_2}|\cos\alpha<0$，其中 α 是两向量的夹角，将向量用坐标表示便可以得到关于 P 点坐标的一个不等式，根据椭圆方程，将 y 用 x 取代，据此可以得到关于 x 的不等式，解出这个不等式便得 x 的取值范围。

三、课外作业

略

案例 3　椭圆的几何性质

教学目的：掌握利用方程组求解曲线公共点的方法、步骤。

教学重点：求公共点的过程中判别式 Δ 对于公共点个数的影响。

教学难点：运用数形结合思想解决综合性问题。

教学过程：

一、问题引入

问题 1　平面直角坐标系中如何判断两条直线的位置关系？如果直线有交点,如何求交点坐标？

通过这个问题帮助学生回顾如何通过直线方程判断两条直线的位置关系,特别是如何求交点坐标,如何将此方法运用于椭圆曲线的情形。

二、新课教学

问题 2　椭圆与直线之间可能有几种关系？如何判断？

学生已经了解直线与圆的位置关系,自然不难回答直线与椭圆可能有的位置关系：相离、相切、相交。如果知道椭圆与直线的方程,则可以利用直线方程消去椭圆方程中的一个变量,从而得到一个一元二次方程,根据判别式便可以判断两者的位置关系。在此基础上可以由学生总结出判别方法与步骤。

问题 3　经过椭圆 $\dfrac{x^2}{2}+y^2=1$ 的右焦点 F_2 做倾斜角为 $135°$ 的直线,与椭圆相交于 A,B 两点,则 $|AB|$ 等于多少？

答案　$\dfrac{8\sqrt{2}}{3}$。

椭圆方程是已知的,焦点坐标便不难计算,利用点斜式方程可以求出过右焦点且倾斜角为 $135°$ 的直线方程,据此可以算出 $|AB|$。

问题 4　直线 l 过点 $M(1,1)$,与椭圆 $\dfrac{x^2}{4}+\dfrac{y^2}{3}=1$ 相交于 A,B 两点,若 AB 的中点为 M,直线 l 的方程是什么？

答案　$3x+4y-7=0$。

设直线方程为 $y-1=k(x-1)$,代入椭圆方程得到含参数 k 的一元二次方程,利用韦达定理可以求出斜率 k。

问题 5 斜率为 1 的直线 l 与椭圆 $\dfrac{x^2}{4}+y^2=1$ 相交于 A,B 两点,则 $|AB|$ 的最大值是多少?

答案 $\dfrac{4\sqrt{10}}{5}$。

设直线方程为 $y=x+b$,代入椭圆方程得到与参数 b 有关的一元二次方程,由此不难计算 $|AB|$,根据 b 的变化范围可以求出 $|AB|$ 的最大值。

三、课堂练习

练习 假设 $(4,2)$ 是直线 l 被椭圆 $\dfrac{x^2}{36}+\dfrac{y^2}{9}=1$ 所截得线段的中点,试求直线 l 的方程。

四、课外作业

略

◢ **案例 4** **椭圆的几何性质(续)**

教学目的:强化对椭圆标准方程中长短轴的理解,并能解决相关问题。

教学重点:熟练掌握求椭圆轨迹方程的方法、步骤,了解长短轴及焦距之间的关系。

教学难点:熟练运用数形结合思想解决综合性问题。

教学过程:

一、问题引入

问题 1 如果已知椭圆经过点 $A(-2,0)$ 和 $B\left(-1,-\dfrac{3\sqrt{3}}{2}\right)$,如何求该椭圆的标准方程?

这个问题可以帮助学生更深刻理解椭圆标准方程中长短轴的几何特征。应该注意的是,两个点不一定能确定一个椭圆,但如果要求标准方程,实际上蕴含了另一个条件:椭圆的两个焦点在坐标轴上,这种情况下,椭圆是唯一确定的。实际计算过程并不难,将两点坐标代入椭圆标准方程算出长短轴便可。

二、新课教学

问题 2 如果方程 $\dfrac{x^2}{25-k}+\dfrac{y^2}{16+k}=1$ 是椭圆,焦点可能在哪个轴上?如果焦点在 y 轴上,则 k 的取值范围是多少?

解这道题需要提醒学生注意两个问题,首先,方程的分母都是正数时,方程才表示椭圆,所以 $-16<k<25$;其次,$25-k<16+k$ 时,焦点位于 y 轴上。据此可以计算出 k 的取值范围。

问题 3 如果点 $M(x,y)$ 与定点 $F(4,0)$ 的距离和它到定直线 $L:x=\dfrac{25}{4}$ 的距离之比是常数 $\dfrac{4}{5}$,M 的轨迹是什么曲线?如何求其方程?

这个问题需要学生理解椭圆曲线的另一几何特征:曲线上的动点到固定点(焦点)的距离与动点到定直线距离之比是小于 1 的常数(离心率)。

问题 4 点 $P(-3,0)$ 在圆 $x^2+y^2-6x-55=0$ 的内部还是外部?如果以 M 为圆心的动圆与已知圆相切且过 P 点,动圆圆心 M 的轨迹方程可以求出来吗?

已知圆的圆心为 $O(3,0)$,半径为 8,计算一下 P 点到圆心的距离将发现 P 点位于圆的内部,如果动圆过 P 点且与已知圆相切,必定与已知圆内切。假设动圆圆心为 $M(x,y)$,半径为 r,由动圆过 $P(-3,0)$ 知

$$(-3-x)^2+y^2=r^2。$$

注意到动圆圆心与已知圆圆心以及两圆切点三点成一线,于是有

$$8-r=|MO|=\sqrt{(x-3)^2+y^2},$$

即

$$\sqrt{(x-3)^2+y^2}+\sqrt{(-3-x)^2+y^2}=8。$$

由此可见动圆圆心的轨迹是以 $F_1(-3,0)$,$F_2(3,0)$ 为焦点,长半轴为 4 的椭圆,转化成标准方程为

$$\dfrac{x^2}{16}+\dfrac{y^2}{7}=1。$$

问题 5　已知椭圆方程为 $\dfrac{x^2}{25}+\dfrac{y^2}{9}=1$，直线 L 的方程为 $4x-5y+40=0$，椭圆上是否存在一点，它到直线 L 的距离最小？最小距离是多少？

椭圆上与直线最短距离的点必是切线与直线平行的点，故不妨设该点处切线方程为

$$4x-5y+m=0,$$

解出 y 代入椭圆方程得到关于 x 的一元二次方程。由于上述直线是椭圆的切线，故判别式 $\Delta=0$，由此可以解出 $m=\pm 25$。切线到直线 L 的距离即为切点到 L 的距离。由距离公式得最短距离为 $d=\dfrac{|m-40|}{\sqrt{4^2+5^2}}=$

$\dfrac{|m-40|}{\sqrt{41}}$，易知最小值为 $d=\dfrac{15}{\sqrt{41}}=\dfrac{15}{41}\sqrt{41}$。

还也可以令 $x=5\sin\alpha$，$y=3\cos\alpha$，代入直线方程再利用关于两角和的三角公式便可以计算出最短距离。

还可以将 $y=\pm 3\sqrt{1-\dfrac{x^2}{25}}$ 代入距离公式，然后求其最小值，这个过程相对复杂一些。

三、课外作业

略

4.4.2　双曲线教学案例设计

案例 5　**双曲线的定义与标准方程**

教学目的：掌握双曲线的定义与标准方程。

教学重点：掌握焦点、焦点位置、焦距与方程关系，会求双曲线的标准方程。

教学难点：双曲线的定义及标准方程的推导过程。

教学过程：

一、问题引入

问题 1　用平面去截圆锥,除了能截出椭圆,还能截出什么图形?

这里要将锥体看成无限延伸没有底面的图形,它由两条始点相同的射线以这两条射线所构成角的角平分线为轴旋转而成。通过平面与锥体的母线、轴夹角的不同可以看出有三种不同的截法,进而得到三种不同的图形:椭圆、双曲线的一支与抛物线。

思考题 1　想象一下,从"双曲线"内的某一点 O 发出的光线射到曲线上的某一点 P,光线在 P 点将被反射出去,反射光线的方向如何确定?

类似椭圆教学设计的思考题 1,通过这个问题的分析可以看到,要确定反射光线的方向,关键在于确定曲线在 P 点的切线。

二、新课教学

问题 2　设平面内有两点 O,F,以 O 点为圆心,$r<|OF|$ 为半径画一个圆(见图 4.40)。是否存在这样的曲线,光线从圆心发出投射到该曲线上的任一点 P,反射光线与 PF 共线?

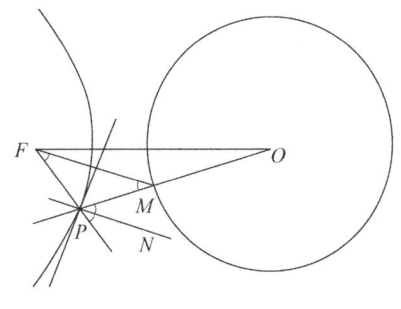

图　4.40

这个问题的分析与椭圆教学设计中的问题 4 类似。作线段 MF 的中垂线 l 与 OM 所在直线交与 P 点,则 $|PF|=|PM|$,由对称性不难看出

$$|PO|-|PF|=|PO|-|PM|=|OM|=r。$$

换言之,P 点到两个定点的距离之差为常值。

在问题 2 基础上不妨如同椭圆作图一样通过教具画出 P 的轨迹,会发现其轨迹与平行于圆锥体对称轴的平面截锥体所得图形很相似。

从问题 2 的作图过程可以发现双曲线与椭圆类似的另一个重要特征:动点 P 到一个固定圆周的距离等于到圆外一固定点的距离,则动点 P 的轨迹为双曲线。它也可以作为双曲线的定义。

定义　平面内与两个定点 F_1,F_2 的距离之差等于常数 $2a$(小于 $|F_1F_2|$)的动点的轨迹称为双曲线。这两个定点称为双曲线的焦点,两焦

点的距离 $|F_1F_2|$ 称为焦距(一般用 $2c$ 表示)。

思考题 2 能否根据光学原理解释一下问题 2 中的作图过程?

不难看出直线 l 是双曲线在 P 点的切线,光线从 O 点发出射到 P 点形成反射,由反射定律,反射光线与 P 点处双曲线法线的夹角等于从 O 点发出的光线与 P 点处法线的夹角。由于 P 点处的法线与切线相互垂直,故法线与线段 FM 平行,可见在 P 点处反射光线的反向延长线正好经过 F 点。

问题 3 如何选择合适的坐标系建立双曲线的方程?

类似椭圆标准方程的建立,将两个焦点置于 x 轴上,使得其坐标分别为 $F_1(-c,0)$,$F_2(c,0)$,设动点的坐标为 $A(x,y)$,由定义知

$$|AF_1| - |AF_2| = 2a。$$

由距离公式可得

$$\sqrt{(x+c)^2 + y^2} - \sqrt{(x-c)^2 + y^2} = 2a。$$

移项得

$$\sqrt{(x+c)^2 + y^2} = \sqrt{(x-c)^2 + y^2} + 2a。$$

两边平方并化简得

$$cx - a^2 = a\sqrt{(x-c)^2 + y^2}。$$

类似椭圆方程的简化方法,上述方程两边再次平方便可得到双曲线的标准方程

$$\frac{x^2}{a^2} - \frac{y^2}{b^2} = \pm 1,$$

其中 a 称为双曲线的实半轴的长,$b = \sqrt{c^2 - a^2}$ 称为双曲线的虚半轴的长。

>>> 例 1 一炮弹在某处爆炸,在 A 处听到爆炸声的时间比在 B 处晚 2s。

(1) 爆炸点应在什么位置?

(2) 已知 A,B 两地相距 800m,声速为 340m/s,求爆炸点所在曲线的方程。

由声速及 A,B 两处听到爆炸声的时间差,可知 A,B 两处与爆炸点的距离之差,因此爆炸点应位于以 A,B 为焦点的双曲线上。因为爆炸点

距离 A 处更远,所以爆炸点应在靠近 B 处的一支上。

如图 4.41 所示,建立直角坐标系 xOy,使 A,B 两点在 x 轴上,并且点 O 与线段 AB 的中点重合。

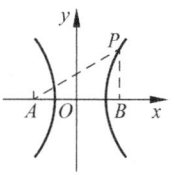

设爆炸点的坐标为 $P(x,y)$,则

$$|PA|-|PB|=340\times2=680,$$

故长轴 $2a=680$,即 $a=340$。又 $|AB|=800$,故 $2c=$

图　4.41

800,即 $c=400$。设虚半轴为 b,则 $b^2=c^2-a^2=44400$,因为 $|PA|-|PB|>0$,故 $x>0$。所求双曲线的方程为

$$\frac{x^2}{115600}-\frac{y^2}{44400}=1,\quad x>0。$$

练习　已知动圆 P 与定圆 $C_1:(x+5)^2+y^2=49,C_2:(x-5)^2+y^2=1$ 都相切,求动圆圆心的轨迹方程。

动圆有可能与两个定圆外切,此时有 $|PC_1|=7+r,|PC_2|=1+r$,于是 $|PC_1|-|PC_2|=6$。动圆也有可能与两个定圆内切,此时有 $|PC_1|=r-7,|PC_2|=r-1$,此时也有 $|PC_2|-|PC_1|=6$。因此点 P 的轨迹是双曲线 $\dfrac{x^2}{9}-\dfrac{y^2}{16}=1$。

三、课外作业

略

案例 6　双曲线的几何性质

教学目的:了解双曲线的简单的几何性质,能运用双曲线的几何性质解决一些简单问题。

教学重点:双曲线的渐近线与离心率。

教学难点:从双曲线的标准方程出发,推导双曲线的几何性质。

教学过程:

一、问题引入

问题 1　将方程 $cx-a^2=a\sqrt{(x-c)^2+y^2}$ 变形为

$$\frac{\sqrt{(x-c)^2+y^2}}{x-\dfrac{a^2}{c}}=\frac{c}{a}。$$

由于 $\dfrac{c}{a}$ 是正数,故上述方程也可以写成

$$\frac{\sqrt{(x-c)^2+y^2}}{\left|x-\dfrac{a^2}{c}\right|}=\frac{c}{a}。$$

上述方程的几何意义是什么?

由于有椭圆曲线的相关分析,学生对这个问题应该不会感到陌生,$\dfrac{c}{a}$ 称为双曲线的离心率,显然,$\dfrac{c}{a}>1$。

二、新课教学

问题 2　离心率的大小如何影响双曲线的形状?

离心率越接近1,说明虚半轴越小,通过在双曲线上取若干点便不难看出双曲线的离心率反映了双曲线的扁平程度。

思考题 1　反比例函数 $y=\dfrac{1}{x}$ 的图像是什么曲线?能不能将反比例函数转化成曲线的标准方程?

教师可以根据学情决定是否进行下面的分析,如果感觉学生接受比较困难,可以略过详细推导,让学生了解基本事实即可。因为这个问题超出了教材的要求,但对于引导学生发现渐近线却不无帮助。从反比例函数的图像可以看出来,它很像双曲线,但形状像双曲线并不一定就是双曲线,例如抛物线看上去有些像双曲线的一支,但它与双曲线完全不同。后面会看到,双曲线是有渐近线的,抛物线却没有。反比例函数的图像与双曲线的重要差别在于直角坐标系与它们的位置关系不同,如果重新建立坐标系,将原坐标系为新坐标系的原点,直线 $y=x$ 为新坐标系的 x 轴,反比例函数的图像看上去便与标准方程下的双曲线很相似了。可见,新坐标系的建立以及新旧坐标系之下对应点的坐标关系是研究的关键。

虽然中学阶段不介绍坐标旋转,但针对这个特殊坐标系的变换不需要专门讲坐标旋转,简单的平面几何就可以解决问题。或者将平面内的点与复数对应起来,新的坐标系相当于将原坐标系逆时针旋转了 $45°$。如果用 (x', y') 表示平面内的点在新坐标系下的坐标,利用复数乘法($45°$ 角的旋转相当于用幅角为 $45°$ 的单位复数与任意复数相乘)便可得到下面的坐标变换公式

$$
\begin{cases}
x = \dfrac{\sqrt{2}}{2}x' - \dfrac{\sqrt{2}}{2}y', \\[2mm]
y = \dfrac{\sqrt{2}}{2}x' + \dfrac{\sqrt{2}}{2}y',
\end{cases}
$$

代入反比例函数得

$$
\frac{x'^2}{2} - \frac{y'^2}{2} = 1。
$$

可见反比例函数的图像的确是双曲线。

问题 3　坐标轴与反比例函数的图像是什么关系?

简单观察便可以看出,随着 $x > 0$ 不断增大,曲线会越来越接近 x 轴,但它们永不相交。当 $x > 0$ 越来越小(越来越接近 0)时,曲线越来越接近 y 轴,同样,它们也永不相交。负半轴情形可以类似地分析。通常把与曲线越来越接近但又永不相交的直线称为曲线的渐近线。

问题 4　一般的双曲线也有渐近线吗? 如果有,能不能写出它的方程?

如果双曲线有渐近线,由对称性,有理由相信渐近线过坐标原点。不妨假设渐近线的方程为 $y = kx$(即使不作此假设也无妨,多一步讨论而已),考虑双曲线位于正半轴的一支,其方程为

$$
y = \pm b\sqrt{\frac{x^2}{a^2} - 1}, \quad x > 0,
$$

按照渐近线的定义,应该有 $\pm b\sqrt{\dfrac{x^2}{a^2} - 1} - kx = x\left(\pm b\sqrt{\dfrac{1}{a^2} - \dfrac{1}{x^2}} - k\right)$ 越来

越小。由于 x 越来越大，所以 $\pm b\sqrt{\dfrac{1}{a^2} - \dfrac{1}{x^2}} - k$ 必定越来越小，注意到 $\dfrac{1}{x^2}$ 越来越小，所以应有 $k = \pm\dfrac{b}{a}$。换言之，$y = \pm\dfrac{b}{a}x$ 为双曲线的渐近线。$x < 0$ 的情形类似讨论。

>>> 例 1 假设双曲线与已知双曲线 $\dfrac{x^2}{9} - \dfrac{y^2}{16} = 1$ 有共同的渐近线，且过点 $(-3, 2\sqrt{3})$，求此双曲线方程。

解 设双曲线的方程为 $\dfrac{x^2}{a^2} - \dfrac{y^2}{b^2} = 1$，由题意，得

$$\begin{cases} \dfrac{b}{a} = \dfrac{4}{3}, \\[2mm] \dfrac{(-3)^2}{a^2} - \dfrac{(2\sqrt{3})^2}{b^2} = 1。 \end{cases}$$

解得 $a^2 = \dfrac{9}{4}, b^2 = 4$，所以双曲线的方程为 $\dfrac{x^2}{\dfrac{9}{4}} - \dfrac{y^2}{4} = 1$。

也可以设 $\dfrac{b}{a} = \lambda$，代入标准方程，再将已知点代入方程便可以解出 λ，进而得到标准方程。

三、课堂练习

练习 试比较椭圆与双曲线的几何性质以及 a, b, c, e 之间的关系并用表格表示。

	椭圆	双曲线
定义	$\|MF_1\| + \|MF_2\| = 2a, (2a > \|F_1F_2\|)$	$\|MF_1\| - \|MF_2\| = 2a$
图形		

	椭圆	双曲线
标准方程	$\dfrac{x^2}{a^2}+\dfrac{y^2}{b^2}=1(a>b>0)$	$\dfrac{x^2}{a^2}-\dfrac{y^2}{b^2}=1$
范围	$\lvert x\rvert\leqslant a,\lvert y\rvert\leqslant b,(x,y$ 都有限$)$	$\lvert x\rvert\geqslant a,y\in\mathbf{R},(x,y$ 都无限$)$
对称性	关于 x 轴,y 轴,原点都对称	关于 x 轴,y 轴,原点都对称
顶点	$(\pm a,0),(0,\pm b)$	$(\pm a,0)$
离心率	$0<e=\dfrac{c}{a}<1$	$e=\dfrac{c}{a}>1$
渐近线	无	$y=\pm\dfrac{b}{a}x$

四、课外作业

略

◀ **案例 7**　**双曲线的几何性质（续）**

教学目的：进一步了解双曲线的标准方程和简单的几何性质。

教学重点：双曲线的简单几何性质的运用。

教学难点：直线与双曲线位置关系的求解技巧。

教学过程：

一、问题引入

问题 1　双曲线有哪些几何特征？通常需要知道几个特征才可以确定曲线的方程？

与椭圆类似,双曲线具有对称性,它有对称轴与对称中心,有实轴,虚轴,顶点,离心率。如果坐标轴是双曲线的对称轴,只需要知道实半轴、虚半轴、焦半径或离心率中的任意两个,便可以确定其标准方程。有时候需要根据双曲线的性质计算这些量。

二、新课教学

问题 2　方程$(1-k)x^2+(3-k^2)y^2=4(k\in\mathbf{R})$的图像是什么曲线？

学生需要根据 k 的不同取值判断是椭圆还是双曲线。

>>> **例 1**　双曲线型冷却塔的外型,是双曲线的一部分绕其虚轴旋转所成

的曲面,它的最小半径为 $12\mathrm{m}$,上口半径为 $13\mathrm{m}$,下口半径为 $25\mathrm{m}$,高 $55\mathrm{m}$,如何建立该双曲线的方程(精确到 $1\mathrm{m}$)?

解 如图 4.42 所示,建立直角坐标系,不妨设双曲线的标准方程为 $\dfrac{x^2}{a^2}-\dfrac{y^2}{b^2}=1$,截面上口与下口所在的点分别为 $C(13,y)$,$B(25,y-55)$,$a=12$,将两点坐标代入标准方程便可以解出 b。

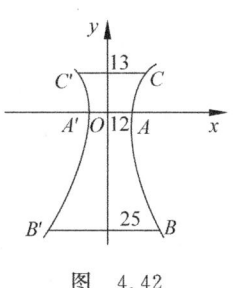

图 4.42

>>> 例 2 过双曲线 $\dfrac{x^2}{a^2}-\dfrac{y^2}{b^2}=1(a>0,b>0)$ 的左焦点且垂直于 x 轴的直线与双曲线相交于 M,N 两点,以 MN 为直径的圆恰好过双曲线的右顶点,双曲线的离心率是多少?

解 依题意,以 M,N 为直径的圆的半径为 $a+c$,于是 M,N 的坐标分别为 $M(-c,a+c),N(-c,-(a+c))$。据此可以算出离心率为 2。

>>> 例 3 点 $M(x,y)$ 到定点 $F(5,0)$ 的距离和它到定直线 $l:x=\dfrac{16}{5}$ 的距离的比是常数 $\dfrac{5}{4}$,求点 M 的轨迹。

解 根据圆锥曲线的第二定义可知

$$\frac{\sqrt{(x-5)^2+y^2}}{\left|\dfrac{16}{5}-x\right|}=\frac{5}{4},$$

上式两边平方并化简可得

$$\frac{x^2}{16}-\frac{y^2}{9}=1。$$

三、课堂练习

练习 1 已知双曲线 $C:x^2-\dfrac{y^2}{4}=1$,过点 $P(1,1)$ 作直线 l,使 l 与 C 有且只有一个公共点,则满足上述条件的直线 l 共有( )。

A. 1 条　　　　B. 2 条　　　　C. 3 条　　　　D. 4 条

回答这个问题需要对渐近线的性质有所了解,还需要了解双曲线过 P

点的切线与渐近线的关系。答案：D。

练习 2　若双曲线 $x^2-y^2=1$ 的右支上一点 $P(a,b)$ 到直线 $y=x$ 的距离为 $\sqrt{2}$，则 $a+b$ 的值为（　　）。

A. $-\dfrac{1}{2}$　　　　B. $\dfrac{1}{2}$　　　　C. $\pm\dfrac{1}{2}$　　　　D. ± 2

由 $P(a,b)$ 点在双曲线上，得 $a^2-b^2=1$，即 $(a+b)(a-b)=1$。又由点到直线的距离公式得 $\dfrac{|a-b|}{\sqrt{2}}=\sqrt{2}$，所以 $|a-b|=2$。又 P 点在双曲线的右支上，故有 $a>b$，于是 $a-b=2$，可见 $a+b=\dfrac{1}{2}$。答案：B。

四、课外作业

略

案例 8　抛物线的定义与标准方程

教学目的： 掌握抛物线定义和抛物线标准方程的概念；能根据抛物线标准方程求焦距和焦点，初步掌握求抛物线标准方程的方法。

教学重点： 抛物线的定义及标准方程。

教学难点： 抛物线的引入与标准方程的推导。

教学过程：

一、问题引入

抛物线的光学性质比椭圆与双曲线的光学性质更为学生日常生活所熟悉。然而要将其运用于教学中需要具备一点非欧几何的思想。

问题 1　我们在地面上行走时为什么可以将眼前的路看成一条直线？地球不是椭球吗？照射到我们身上的那些太阳光线为什么可以看成平行光线？

这个问题是进一步探究的基础，因为我们需要将直线看成圆心在无穷远处的圆。

问题 2　有些地方（见图 4.43）的楼顶有着大小不同的像锅一样的无线接收器，在锅的中央有一个架子支撑着的装置，这个装置干什么用的？

其工作原理是什么?

这个问题的意图很明显,学生也不难回答,高频头位于锅所在抛物面的焦点处,天空的无线电波可以近似看成平行的电波,经过抛物面反射到高频头,从而完成无线电波的接受。

二、新课教学

问题 3 如图 4.44 所示,一条直线 l 过固定点 F,一束平行于 l 光线投射到某个曲线上后反射光线均经过 F 点,这是什么曲线? 能不能画出这条曲线?

图 4.43

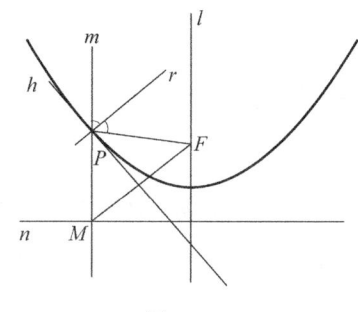
图 4.44

可以将这束平行光看成从无穷远处发射出来的,这里有两个问题需要考虑,一是与椭圆及双曲线讨论中,以其中一个焦点为圆心所作的圆类似的圆心在无穷远点的圆(直线)n 在哪里? 二是如何寻找曲线的切点 P? 如果这两个问题解决了,问题 3 便迎刃而解。

如前所述,这条直线 n 与所有平行于 l 的直线都是垂直的,它与曲线的关系是什么? 不妨假设曲线与 l 的交点为 O(由于 F 点是给定的,只要焦距已知,O 点的位置就是明确的),在 n 上任取一点 M,为了找到曲线上的切点与切线,过 M 作 n 的垂线 m,设 MF 的中垂线 h 与 m 的交点为 P,显然 $|MP|=|FP|$,如果在 P 点作 h 的垂线 r,可知 r 平分 m 与 PF 所成的角。由此可见,沿 m 的光线投射到 P 点,其反射光线恰好过 F 点。由于曲线的切线恰好是 MF 的中垂线,故如果 M 是 n 与 l 的交点,则 M 到 O 点的距离等于 F 到 O 点的距离,这就确定了 n 的位置,P 点的轨迹便是所要的曲线。

问题 4 能否归纳出上述曲线具有什么本质特征?

通过对问题 3 的分析,学生比较容易提炼出抛物线的本质特征,这个特征与椭圆及双曲线有所不同:"P 点到定点 F 的距离与到定直线 n 的距离相等",这正是通常使用的定义。

定义 动点 P 到定点 F 的距离等于它到定直线 n 的距离,称 P 点的轨迹为抛物线。定点 F 称为抛物线的焦点,定直线 n 称为抛物线的准线。

问题 5 如何选择合适的坐标系建立抛物线的方程?

坐标系的选择有多种,分别对应于焦点位于 x 轴的正半轴或负半轴、y 轴的正半轴或负半轴,每一种情形都对应一种标准方程。标准方程的建立取决于抛物线的本质特征:"动点 P 到定点 F 的距离等于它到定直线 n 的距离。"利用距离公式不难建立方程。

问题 6 抛物线的标准方程有几种? 分别是什么?

从下表可以清楚了解抛物线开口方向不同时标准方程的不同:

抛物线的几种标准方程

图像	方程	焦点坐标	准线方程
	$y^2 = 2px$ $(p > 0)$	$\left(\dfrac{p}{2}, 0\right)$	$x = -\dfrac{p}{2}$
	$y^2 = -2px$ $(p > 0)$	$\left(-\dfrac{p}{2}, 0\right)$	$x = \dfrac{p}{2}$
	$x^2 = 2py$ $(p > 0)$	$\left(0, \dfrac{p}{2}\right)$	$y = -\dfrac{p}{2}$
	$x^2 = -2py$ $(p > 0)$	$\left(0, -\dfrac{p}{2}\right)$	$y = \dfrac{p}{2}$

学生独立总结出上述几种形式的标准方程并非难事,这是适合学生自主完成的问题。

三、课外作业

略

◆ **案例 9**　**抛物线的几何性质**

教学目的:掌握抛物线的范围,对称性、顶点、准线、离心率等几何性质。

教学重点:熟练掌握抛物线的对称性、顶点、准线、离心率等几何性质。

教学难点:抛物线的几何性质及其应用。

教学过程:

一、问题引入

问题 1　已知抛物线的顶点在原点,对称轴为坐标轴,且过点 $A(4,2\sqrt{3})$,能判断抛物线的开口方向吗? 其标准方程是什么?

仅仅知道抛物线上两个点(其中一个坐标原点)是无法确定其开口方向,但因为坐标轴是对称轴,所以由抛物线过 A 点可以确认开口方向只可能有两个。一种情形是开口方向为 x 轴的正半轴,另一种情形的开口方向为 y 轴的正半轴,所以可以分别设抛物线的标准方程为

$$y^2 = 2px, \quad x^2 = 2py。$$

将 A 点坐标分别代入两个方程便可以求出焦点坐标。知道了焦点坐标,准线方程自然也可以写出来。

二、新课教学

问题 2　汽车前灯反射镜与轴截面的交线是抛物线的一部分,灯口所在的圆面与反射镜的轴垂直,灯泡位于抛物线焦点处。已知灯口的直径是 24cm,灯深 10cm,那么灯泡与反射镜的顶点距离是多少?

如图 4.45 所示,反射镜的轴截面是一个抛物线,只需要求出这个抛物线的焦点坐标便可得知灯泡与反射镜的顶点距离。

在轴截面所在平面内建立直角坐标系,使反光镜的顶点(即抛物线的

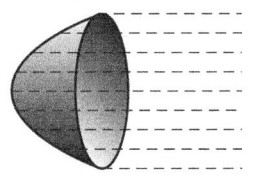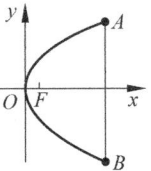

图 4.45

顶点)与原点重合,x 轴垂直于灯口直径。于是可以设抛物线的标准方程为 $y^2=2px\,(p>0)$,已知 $A(10,12)$ 在抛物线上,代入方程得:$12^2=2p\cdot10$,故 $p=\dfrac{36}{5}$。可见抛物线的标准方程为 $y^2=\dfrac{72}{5}x$,焦点坐标为 $F\left(\dfrac{18}{5},0\right)$,即灯泡与反射镜的顶点距离是 $\dfrac{18}{5}$。

问题 3 过抛物线 $y^2=2px$ 的焦点 F 任作一条直线 m,交抛物线于 A,B 两点,以 AB 为直径的圆和抛物线的准线是什么关系?

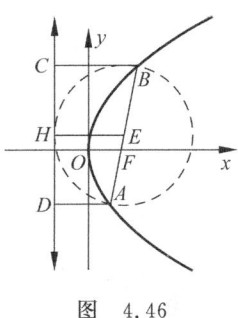

如图 4.46 所示,设 AB 的中点为 E,过 A,E,B 分别向准线 l 引垂线 AD,EH,BC,垂足为 D,H,C,则

图 4.46

$$|AF|=|AD|,\quad |BF|=|BC|,$$

所以 $|AB|=|AF|+|BF|=|AD|+|BC|=2|EH|$。

可见 EH 是以 AB 为直径、E 为圆心的圆的半径,且 $EH\perp l$,因此圆 E 和抛物线的准线 l 相切。

问题 4 过抛物线 $y^2=4x$ 焦点 F 的直线 l 交抛物线于 A,B 两点,弦 AB 中点的轨迹方程是什么?

焦点 F 的坐标为 $F(1,0)$,过 F 点的直线方程为 $y=k(x-1)$,设 $A(x_1,y_1),B(x_2,y_2)$ 为直线与抛物线的交点坐标,则由

$$k(x_i-1)^2=4x_i,\quad i=1,2$$

可得 $x_1+x_2=2\left(1+\dfrac{2}{k^2}\right)$,于是

$$\frac{y_1+y_2}{2}=k\left(\frac{x_1+x_2}{2}-1\right)=\frac{2}{k}。$$

由此可知弦 A,B 的中点 $M(x,y)=M\left(\frac{x_1+x_2}{2},\frac{y_1+y_2}{2}\right)$ 满足

$$y^2=2(x-1)。$$

三、课堂练习

练习 1 过抛物线 $y^2=4x$ 的焦点作直线交抛物线于 $A(x_1,y_1)$，$B(x_2,y_2)$ 两点，如果 $x_1+x_2=6$，那么 $|AB|=(\quad)$。

A. 10　　　　B. 8　　　　C. 6　　　　D. 4

参考答案：B。

练习 2 过抛物线 $y=ax^2(a>0)$ 的焦点 F 作直线交抛物线于 P,Q 两点，若线段 PF,QF 的长分别是 p,q，则 $\frac{1}{p}+\frac{1}{q}=(\quad)$。

A. $2a$　　　　B. $\frac{1}{2a}$　　　　C. $4a$　　　　D. $\frac{4}{a}$

参考答案：C。

四、课外作业

略

案例 10 **抛物线的几何性质（续）**

教学目的：掌握抛物线的范围，对称性、顶点、准线、离心率等几何性质，掌握直线与抛物线位置关系等相关概念及公式。

教学重点：抛物线的几何性质及其应用。

教学难点：抛物线的几何性质的应用。

教学过程：

一、问题引入

问题 1 设圆锥曲线 $C：f(x,y)=0$ 与直线 $l：y=kx+b$ 相交于 $A(x_1,y_1)$、$B(x_2,y_2)$ 两点，如何计算弦长 $|AB|$？

利用勾股定理不难得

$$|AB| = \sqrt{1 + \frac{1}{k^2}}\,|y_1 - y_2| = \sqrt{1 + \frac{1}{k^2}}\,\sqrt{(y_1 + y_2)^2 - 4y_1 y_2}\,,$$

或

$$|AB| = \sqrt{1 + k^2}\,|x_1 - x_2| = \sqrt{1 + k^2}\,\sqrt{(x_1 + x_2)^2 - 4x_1 x_2}\,。$$

上述弦长公式可以结合圆锥曲线方程及韦达定理用于分析相关问题。

二、新课教学

问题 2 正三角形的一个顶点位于坐标原点,另外两个顶点在抛物线 $y^2 = 2px\,(p > 0)$ 上,该正三角形的边长是多少?

如图 4.47 所示,设正三角形 OAB 的顶点 A,B 在抛物线上,直观地看,线段 AB 应该垂直于 x 轴,为了验证这一点,不妨设 A,B 的坐标分别为 (x_1, y_1)、(x_2, y_2),则 $y_1^2 = 2px_1$,$y_2^2 = 2px_2$。

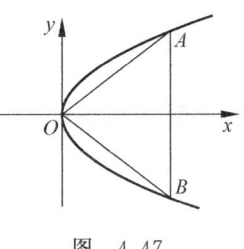

图 4.47

又 $|OA| = |OB|$,所以 $x_1^2 + y_1^2 = x_2^2 + y_2^2$,即

$$x_1^2 + 2px_1 = x_2^2 + 2px_2,$$

$$(x_1^2 - x_2^2) + 2p(x_1 - x_2) = 0,$$

$$[(x_1 + x_2) + 2p](x_1 - x_2) = 0。$$

因为 $x_1 > 0$,$x_2 > 0$,$2p > 0$,所示 $x_1 = x_2$。

由此可得 $|y_1| = |y_2|$,即线段 AB 关于 x 轴对称,所以 $\dfrac{y_1}{x_1} = \tan 30° = \dfrac{\sqrt{3}}{3}$,$y_1 = 2px_1 \cdot \dfrac{1}{y_1} = 2\sqrt{3}\,p$,故 $|AB| = 2y_1 = 4\sqrt{3}\,p$。

问题 3 过抛物线 $y = -\dfrac{1}{4}x^2$ 的焦点作倾斜角为 α 的直线 l 与抛物线交于 A,B 两点,且 $|AB| = 8$,倾斜角 α 应为多少? 直线 l 唯一吗?

抛物线标准方程为 $x^2 = -4y$,焦点 F 的坐标为 $F(0, -1)$。

当 $\alpha = 90°$时,则直线 l:$x = 0$(不合题意,舍去)。

当 $\alpha \neq 90°$时,设 $k = \tan\alpha$,则直线 l 的方程为 $y + 1 = kx$;即 $y = kx - 1$。

将其与 $x^2=-4y$ 联立,消去 y 得: $x^2+4kx-4=0$。则

$$x_1+x_2=-4;\ x_1x_2=-4。从而得 |x_1-x_2|=\sqrt{16k^2+16},$$

故 $|AB|=\sqrt{1+k^2}\,|x_1-x_2|=\sqrt{1+k^2}\sqrt{16k^2+16}=4(1+k^2)=8。$

这说明 $k=\pm1$,从而 $\alpha=45°$ 或 $135°$,即可以符合条件的直线有两条。

问题 4　已知抛物线方程为 $y^2=2p(x+1)(p>0)$,直线 $l:x+y=m$ 过抛物线的焦点 F 且被抛物线截得的弦长为 3,能否由此确定 p 的值?

不妨设 l 与抛物线交于 $A(x_1,y_1),B(x_2,y_2)$,则 $|AB|=3$。由弦长公式 $|AB|=\sqrt{1+\dfrac{1}{k^2}}\,|y_1-y_2|=\sqrt{2}\,|y_1-y_2|=3$,于是 $(y_1-y_2)^2=\dfrac{9}{2}$。

由于 l 过焦点,故 $m=-1+\dfrac{p}{2}$,联立方程

$$\begin{cases} x+y=-1+\dfrac{p}{2}, \\ y^2=2p(x+1)。 \end{cases}$$

消去 x,得 $y^2+2py-p^2=0$。由韦达定理知

$$y_1+y_2=-2p,\quad y_1y_2=-p^2。$$

从而 $(y_1-y_2)^2=(y_1+y_2)^2-4y_1y_2$,即 $(-2p)^2+4p^2=\dfrac{9}{2}$。因为 $p>0$,

所以 $p=\dfrac{3}{4}$。

三、课堂练习

练习 1　若正三角形一顶点在原点,另外两点在抛物线 $y^2=4x$ 上,求此正三角形的边长。

答案　边长为 $8\sqrt{3}$。

练习 2　正三角形的一个顶点位于坐标原点,另外两个顶点在抛物线 $y^2=2px(p>0)$ 上,求正三角形外接圆的方程。

显然,正三角形的外接圆过原点,且圆心在 x 轴上,故可设圆的方程为 $x^2+y^2+dx=0$,正三角形过原点的两条边所在方程分别为 $y=\tan30°x=$

$\dfrac{\sqrt{3}}{3}x$，$y=-\tan 30°x=-\dfrac{\sqrt{3}}{3}x$。将 $y=\dfrac{\sqrt{3}}{3}x$ 代入抛物线方程得 $\dfrac{1}{3}x^2=$

$2px$，故 $x=6p$，$y=2\sqrt{3}p$，点 $A(6p,2\sqrt{3}p)$ 在圆周上，代入圆的方程得

$$36p^2+12p^2+6dp=0，$$

解得 $d=8p$，所以圆的方程为 $x^2+y^2+8px=0$。

四、课外练习

1. 已知抛物线 $y^2=6x$，过点 $(4,1)$ 引一弦，使它恰在这点被平分，求弦所在直线的方程。

参考答案：$3x-y-11=0$。

2. 顶点在坐标原点，焦点在 x 轴上的抛物线被直线 $y=2x+1$ 截得的弦长为 $\sqrt{15}$，求抛物线的方程。

参考答案：$y^2=12x$ 或 $y^2=-4x$。

3. 斜率为 1 的直线经过抛物线 $y^2=4x$ 的焦点，与抛物线相交于两点 A，B，求线段 AB 的长。

参考答案：$|AB|=8$。

4. 已知直角三角形 OAB 的直角顶点 O 为原点，A，B 在抛物线 $y^2=2px(p>0)$ 上，原点在直线 AB 上的射影为 $D(2,1)$，求抛物线的方程。

参考答案：$y^2=\dfrac{5}{2}x$。

参 / 考 / 文 / 献

[1] 哈代、利特尔伍德、波利亚. Inequalities [M]. Cambrige：Cambrige University Press，1959.

[2] 曹广福，严从荃，实变函数与泛函分析(第三版，下册)[M].北京：高等教育出版社，2008.

[3] 曹广福，卢建川，沈威.问题驱动的中学数学课堂教学：复数域三角卷[M]. 北京：清华大学出版社，2019.

[4] 莫里斯·克莱因.古今数学思想(第一册)[M].上海：上海科学技术出版社,2014.

[5] 莫里斯·克莱因.古今数学思想(第三册)[M].上海：上海科学技术出版社,2014.

[6] 菲利克斯·克莱因.高观点下的初等数学(第一卷)[M].舒湘芹，等译.上海：复旦大学出版社,2011：1,80-90.

[7] 阿波罗尼斯.圆锥曲线论[M].朱恩宽，等译.西安：陕西科学技术出版社,2007.

[8] 霍华德·伊夫斯.数学史概论[M].6版.欧阳绛,译.哈尔滨：哈尔滨工业大学,2013.

[9] 《数学辞海》编辑委员会.数学辞海(第六卷)[M].太原：山西教育出版社,2002.

[10] 范先令.二次曲线[M].北京：科学出版社,2006.

[11] 项武义.几何学在文明中扮演的角色——纪念陈省先生的辉煌几何人生[M].北京：高等教育出版社,2005.

[12] 白尚恕.圆锥曲线小史[J].数学通报,1964,(2)：36-41.

[13] M.贝尔热.现代数学译丛——几何(第四卷)：二次型、二次超曲面与圆锥曲线[M].陈志杰、周克希,译.北京：科学出版社,1989.

[14] 张泽湘.二次曲线[M].上海：上海教育出版社,1981.

[15] INGVAR JOHANSSON. Mathematical Vectors and Physical Vectors [J]. Dialectica,2009,63(4)：433-447.

[16] DAVID MARSHALL MILLER. The Parallelogram Rule from Pseudo-Aristotle to Newton[J]. Arch. Hist. Exact Sci.,2017,71(2)：157-191.

[17] C. TRUDSDELL. Essay in the history of mechanics［M］. New York：Springer，1968：106-107.

[18] MICHAEL J. CROWE. A history of vector analysis［M］. New York：Dover Publications Inc，1985：1-10.

[19] 孙庆华,包芳勋.向量理论的产生与发展[J].自然辩证法通讯,2011,(1)：49-54.

[20] L.戈丁.数学概观[M].北京：科学出版社,2001.

[21] 卡兹.数学史通论[M].北京：高等教育出版社,2004.

[22] 莫里斯·克莱因.古今数学思想(第四册)[M].上海：上海科学技术出版社,2002：101-105.

[23] 胡作玄,邓明立.20世纪数学思想[M].济南：山东教育出版社,1999：20-34.

[24] A.D.亚历山大洛夫.数学——它的内容、方法和意义(第一卷)[M].北京：科学出版社,2001：55-58.

[25] 张顺燕.从变量数学到现代数学[J].高等数学研究,2006(5)：2-5.

[26] 徐宗本.从大学数学走向现代数学[M].北京：科学出版社,2007.

[27] 阿蒂亚.数学的统一性[M].南京：江苏教育出版社,1995.

[28] 波利亚.数学与猜想：数学中的归纳和类比(第一卷)[M].李心灿,等译.北京：科学出版社,2001：1-4.

[29] HANS-JOACHIN PETSCHE. Grassman［M］. Berlin：Die Deutsche Bibliothek，2009.

[30] 课程教材研究所.普通高中教科书·数学(必修第二册)[M].北京：人民教育出版社,2019.

[31] 课程教材研究所.普通高中教科书·数学(选择性必修第一册)[M].北京：人民教育出版社,2019.

名 / 词 / 索 / 引